MADE IN ABYSS 6

Akihito Tsukushi

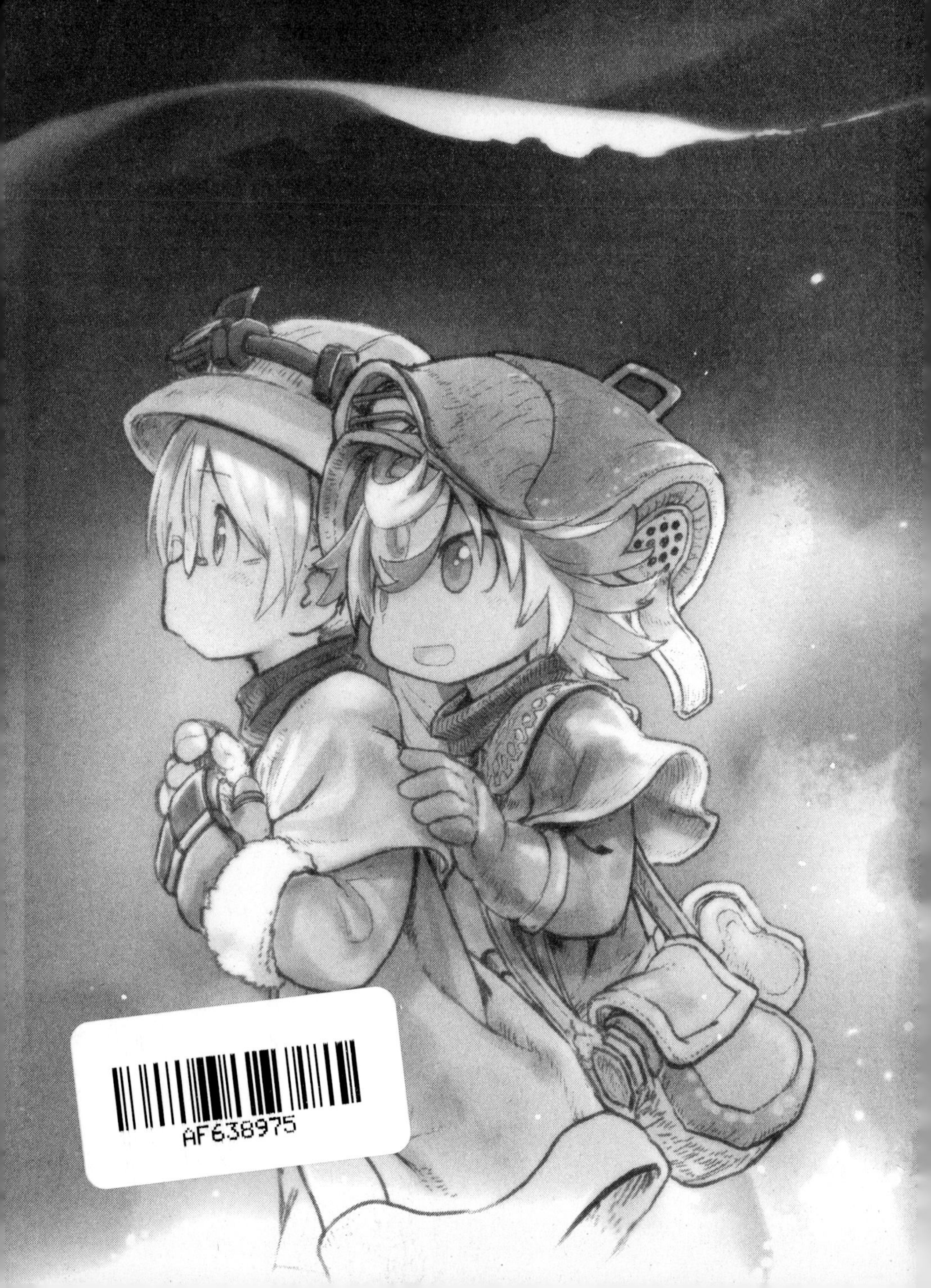

INHALT

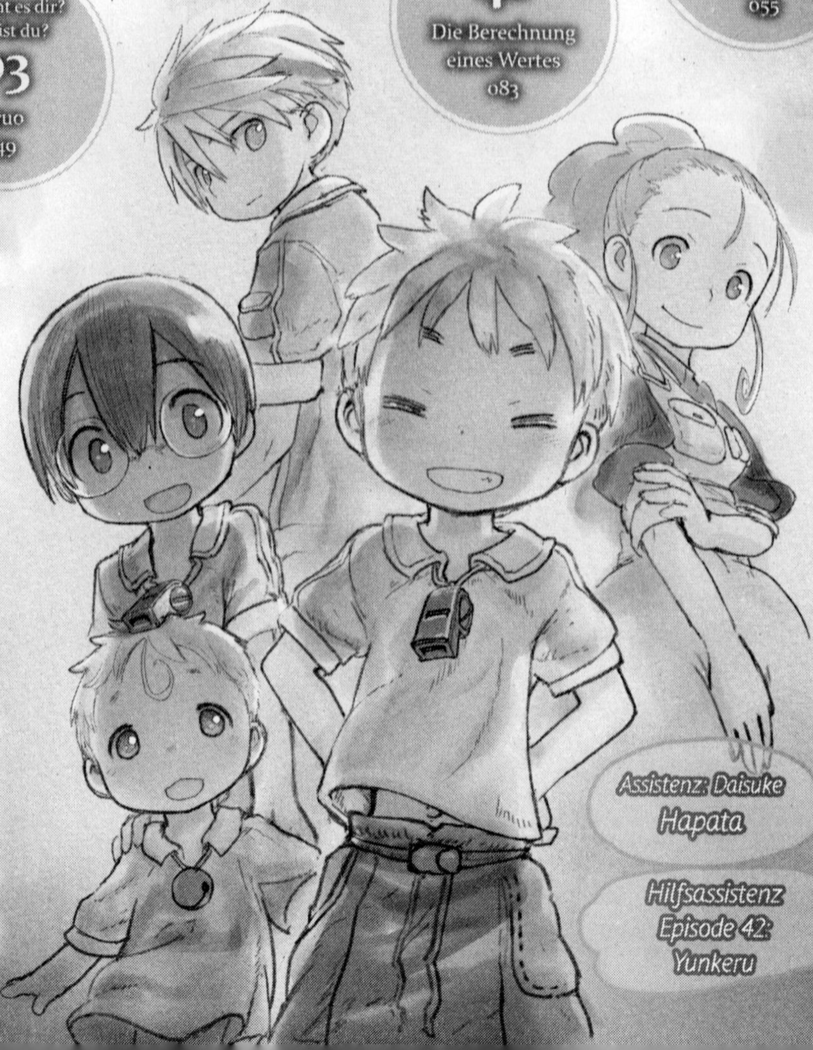

MADE IN ABYSS 6

Akihito Tsukushi

Assistenz: Daisuke Hapata

Hilfsassistenz Episode 42: Yunkeru

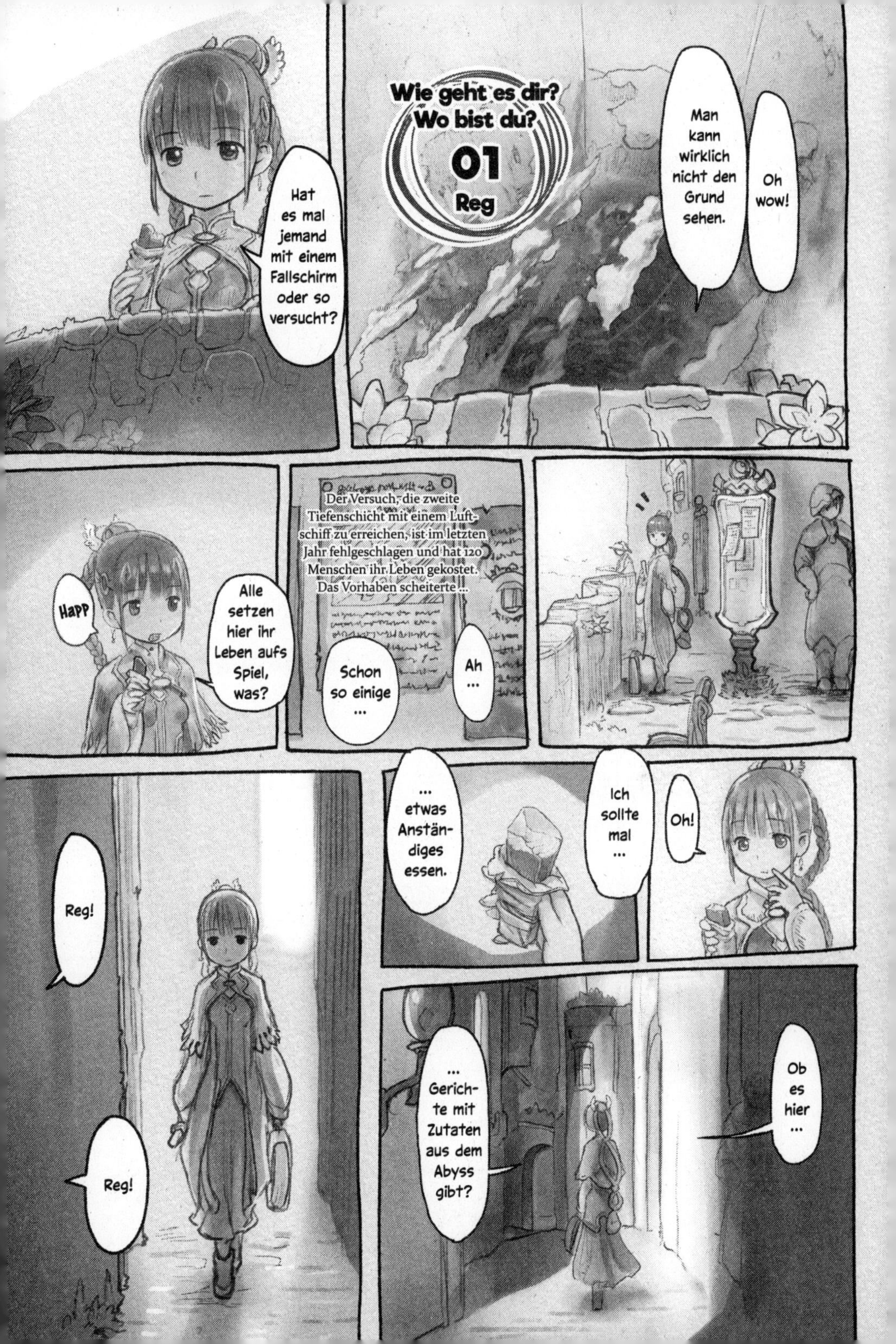

Wie geht es dir? Wo bist du?
01
Reg
Oh wow!
Man kann wirklich nicht den Grund sehen.
Hat es mal jemand mit einem Fallschirm oder so versucht?
Der Versuch, die zweite Tiefenschicht mit einem Luftschiff zu erreichen, ist im letzten Jahr fehlgeschlagen und hat 120 Menschen ihr Leben gekostet. Das Vorhaben scheiterte …
Ah …
Schon so einige …
Alle setzen hier ihr Leben aufs Spiel, was?
Happ
Oh!
Ich sollte mal …
… etwas Anständiges essen.
Reg!
Reg!
Ob es hier …
… Gerichte mit Zutaten aus dem Abyss gibt?

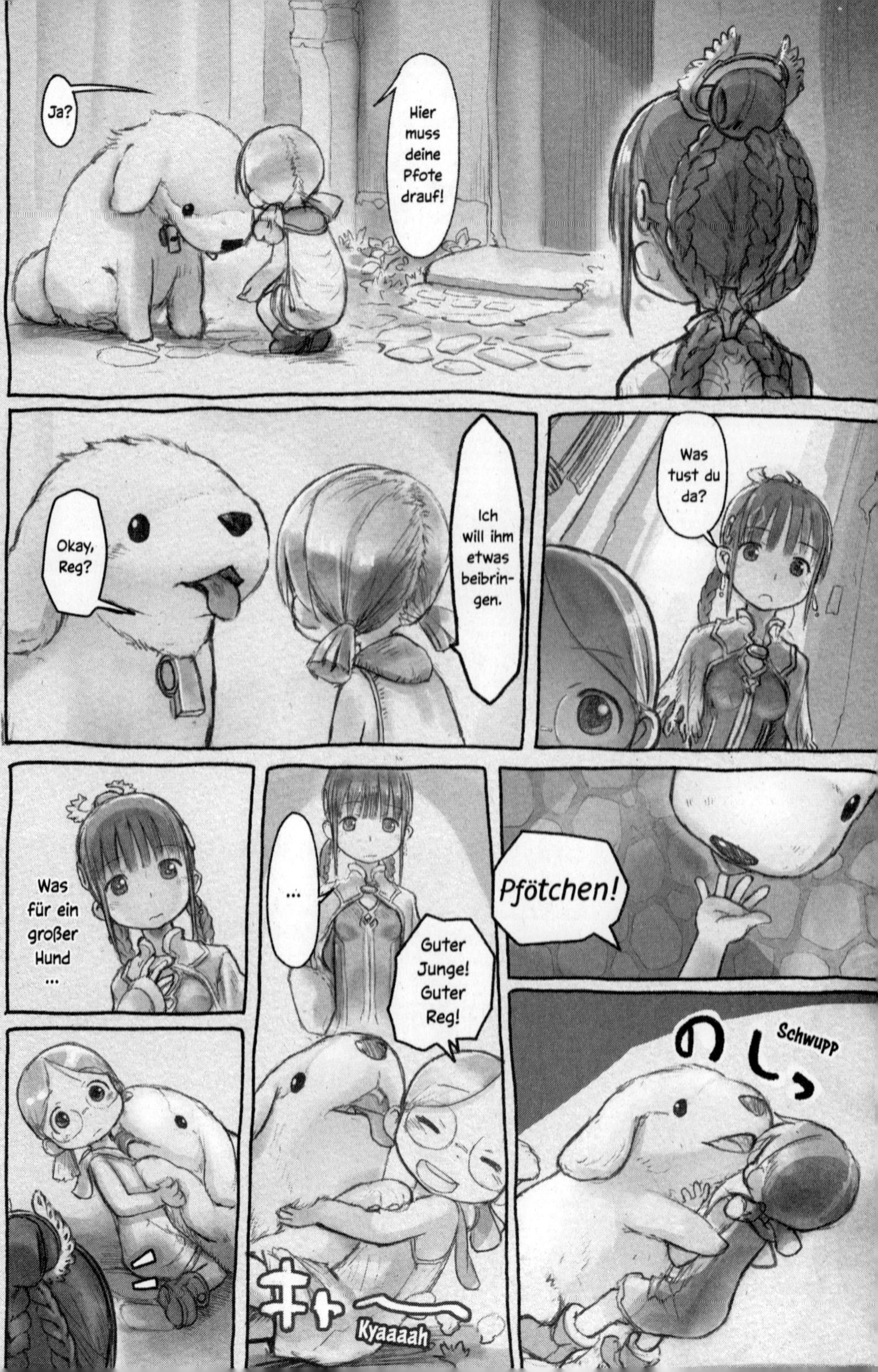
Hier muss deine Pfote drauf!
Ja?
Was tust du da?
Ich will ihm etwas beibrin-gen.
Okay, Reg?
Pfötchen!
...
Was für ein großer Hund ...
Guter Junge! Guter Reg!
Schwupp
のしっ
Kyaaaah

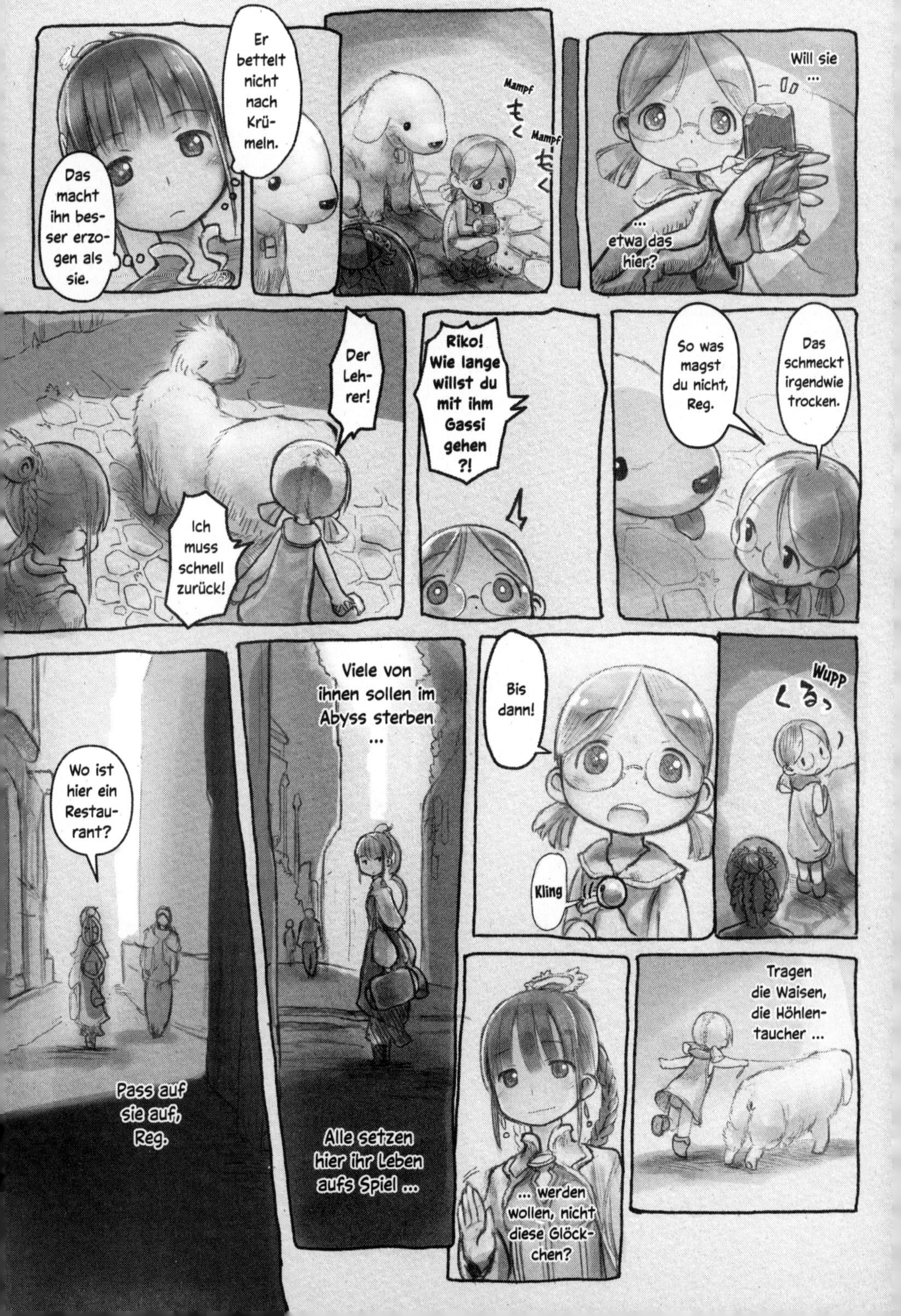
Will sie ...
... etwa das hier?
Mampf
もく
Mampf
もく
Er bettelt nicht nach Krümeln.
Das macht ihn besser erzogen als sie.
Das schmeckt irgendwie trocken.
So was magst du nicht, Reg.
Riko! Wie lange willst du mit ihm Gassi gehen?!
Der Lehrer!
Ich muss schnell zurück!
Wupp
くるっ
Bis dann!
Kling
Tragen die Waisen, die Höhlentaucher ...
... werden wollen, nicht diese Glöckchen?
Viele von ihnen sollen im Abyss sterben ...
Alle setzen hier ihr Leben aufs Spiel ...
Wo ist hier ein Restaurant?
Pass auf sie auf, Reg.

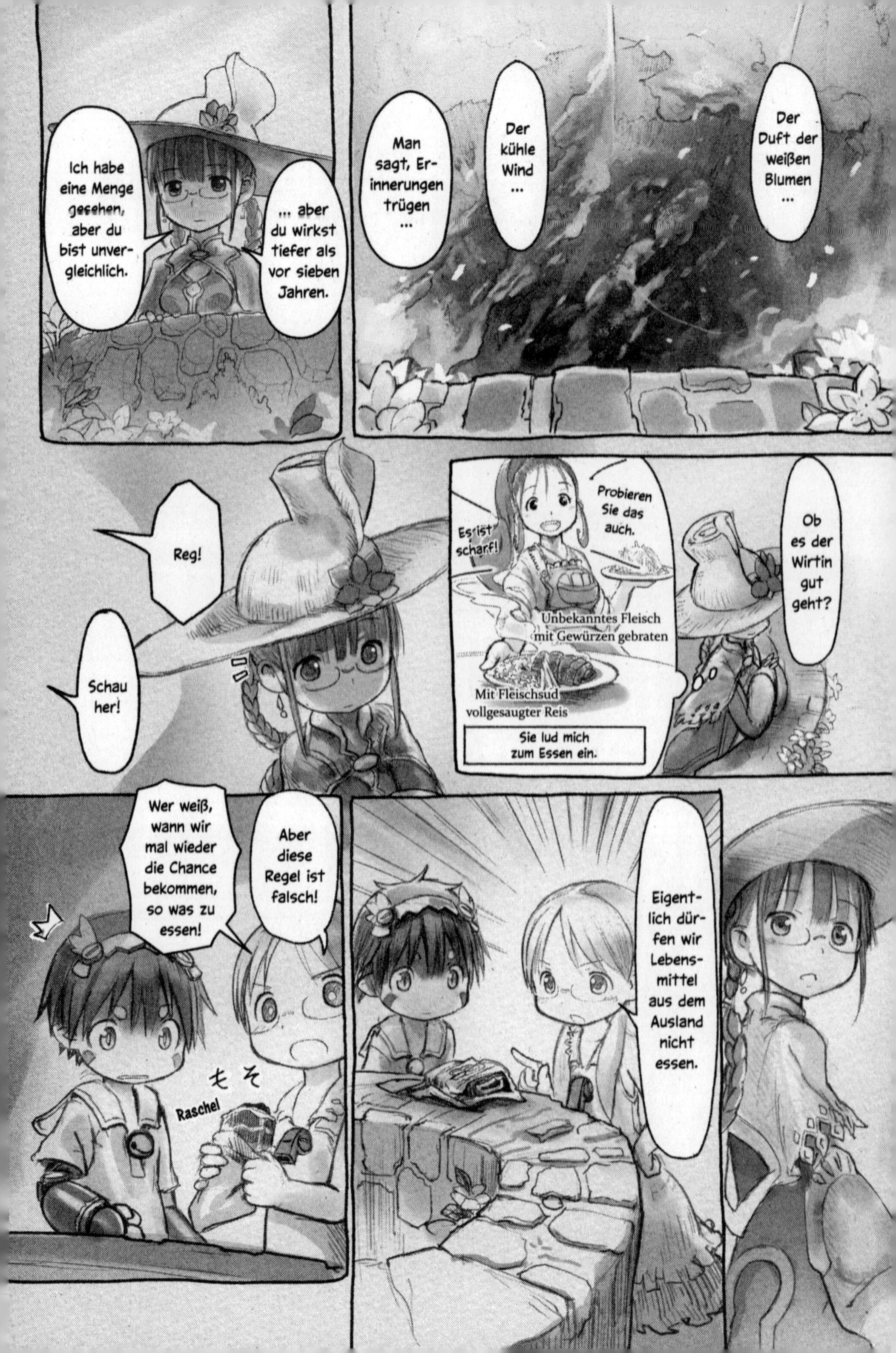
Der Duft der weißen Blumen ...
Der kühle Wind ...
Man sagt, Erinnerungen trügen ...
... aber du wirkst tiefer als vor sieben Jahren.
Ich habe eine Menge gesehen, aber du bist unvergleichlich.
Ob es der Wirtin gut geht?
Probieren Sie das auch.
Es ist scharf!
Unbekanntes Fleisch mit Gewürzen gebraten
Mit Fleischsud vollgesaugter Reis
Sie lud mich zum Essen ein.
Reg!
Schau her!
Eigentlich dürfen wir Lebensmittel aus dem Ausland nicht essen.
Aber diese Regel ist falsch!
Wer weiß, wann wir mal wieder die Chance bekommen, so was zu essen!
もそ
Raschel

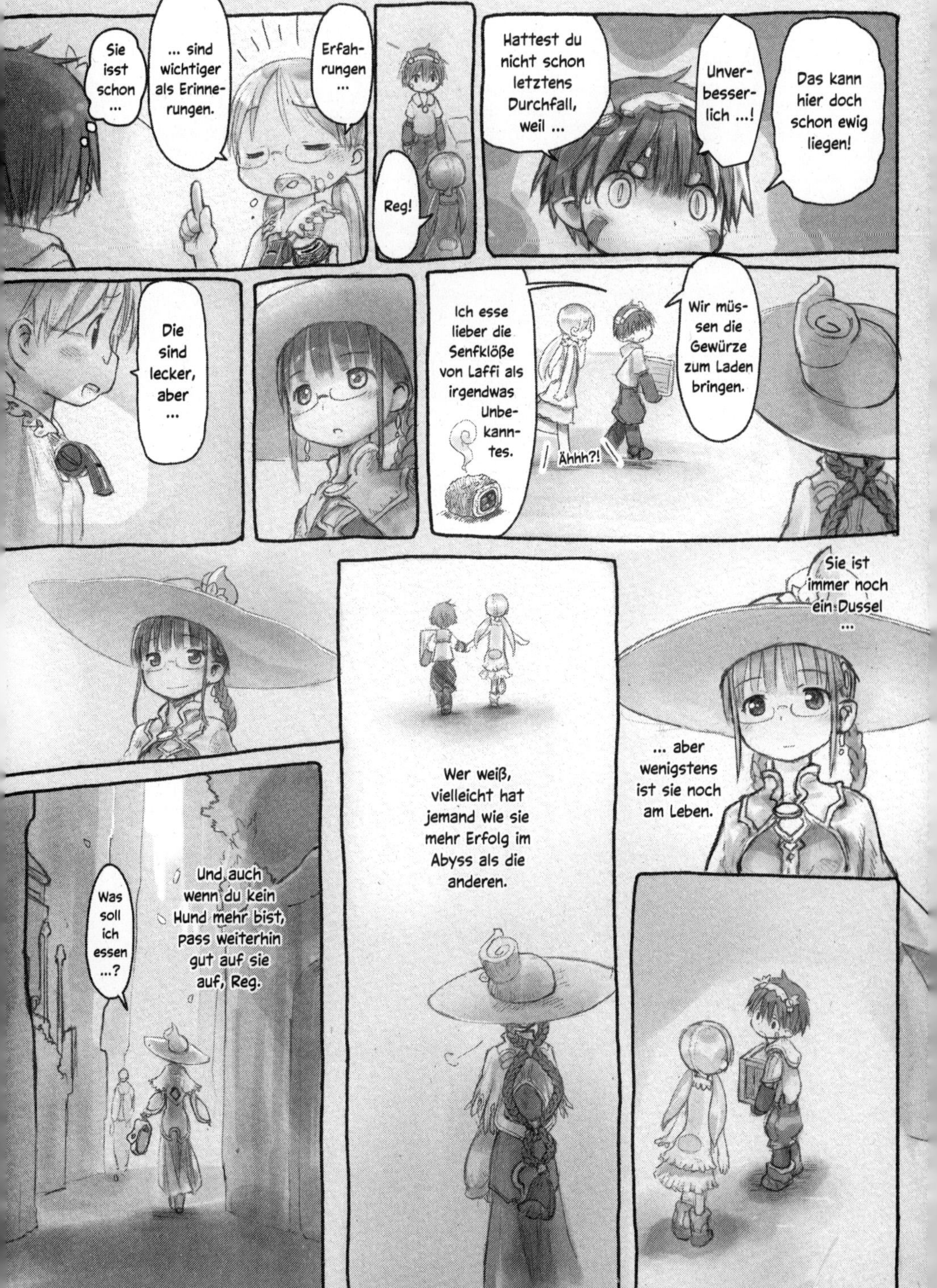
Das kann hier doch schon ewig liegen!
Unverbesserlich ...!
Hattest du nicht schon letztens Durchfall, weil ...
Reg!
Erfahrungen ...
... sind wichtiger als Erinnerungen.
Sie isst schon ...
Wir müssen die Gewürze zum Laden bringen.
Ähhh?!
Ich esse lieber die Senfklöße von Laffi als irgendwas Unbekanntes.
Die sind lecker, aber ...
Sie ist immer noch ein Dussel ...
... aber wenigstens ist sie noch am Leben.
Wer weiß, vielleicht hat jemand wie sie mehr Erfolg im Abyss als die anderen.
Und auch wenn du kein Hund mehr bist, pass weiterhin gut auf sie auf, Reg.
Was soll ich essen ...?

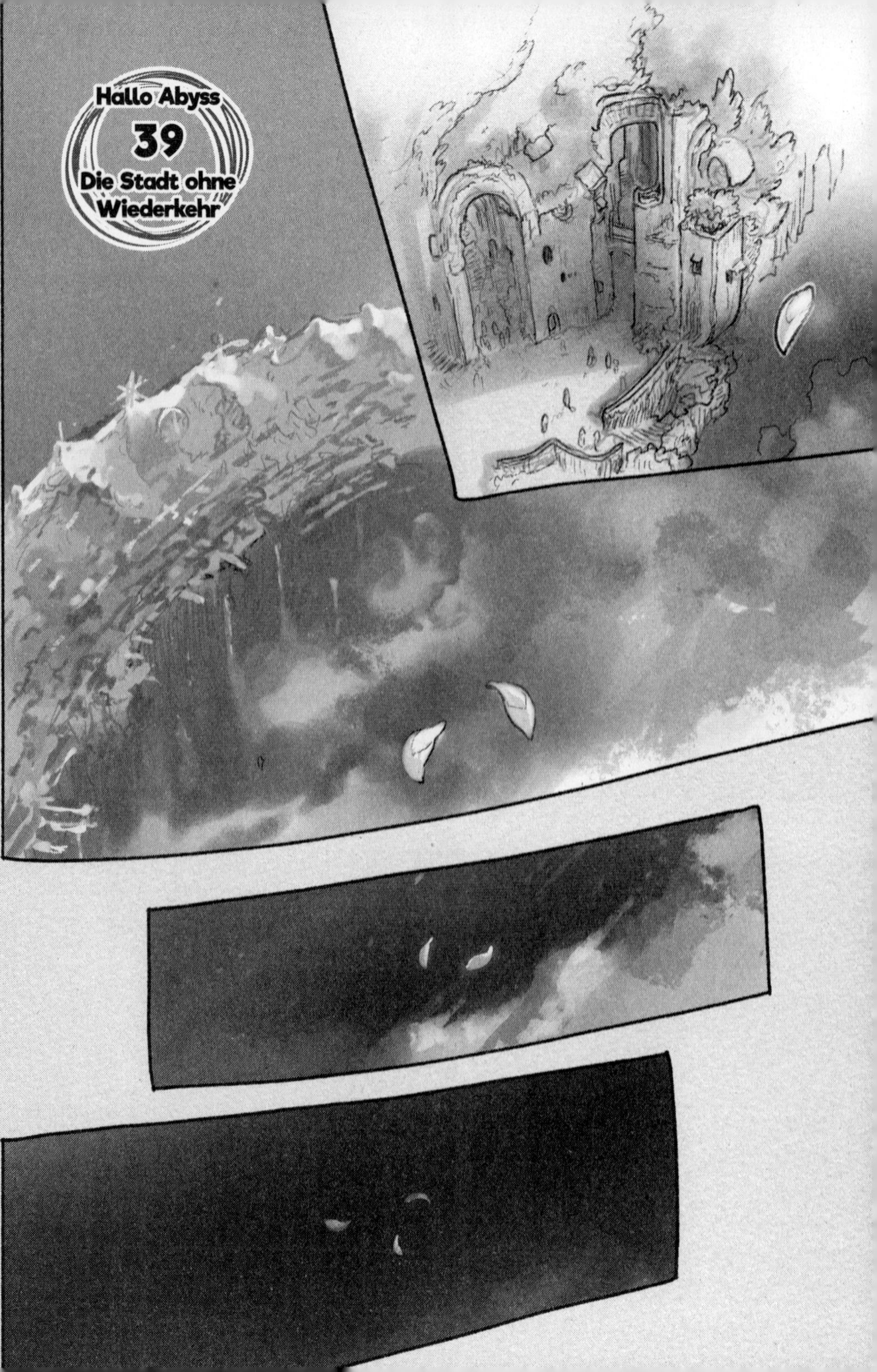
Hallo Abyss
39
Die Stadt ohne Wiederkehr

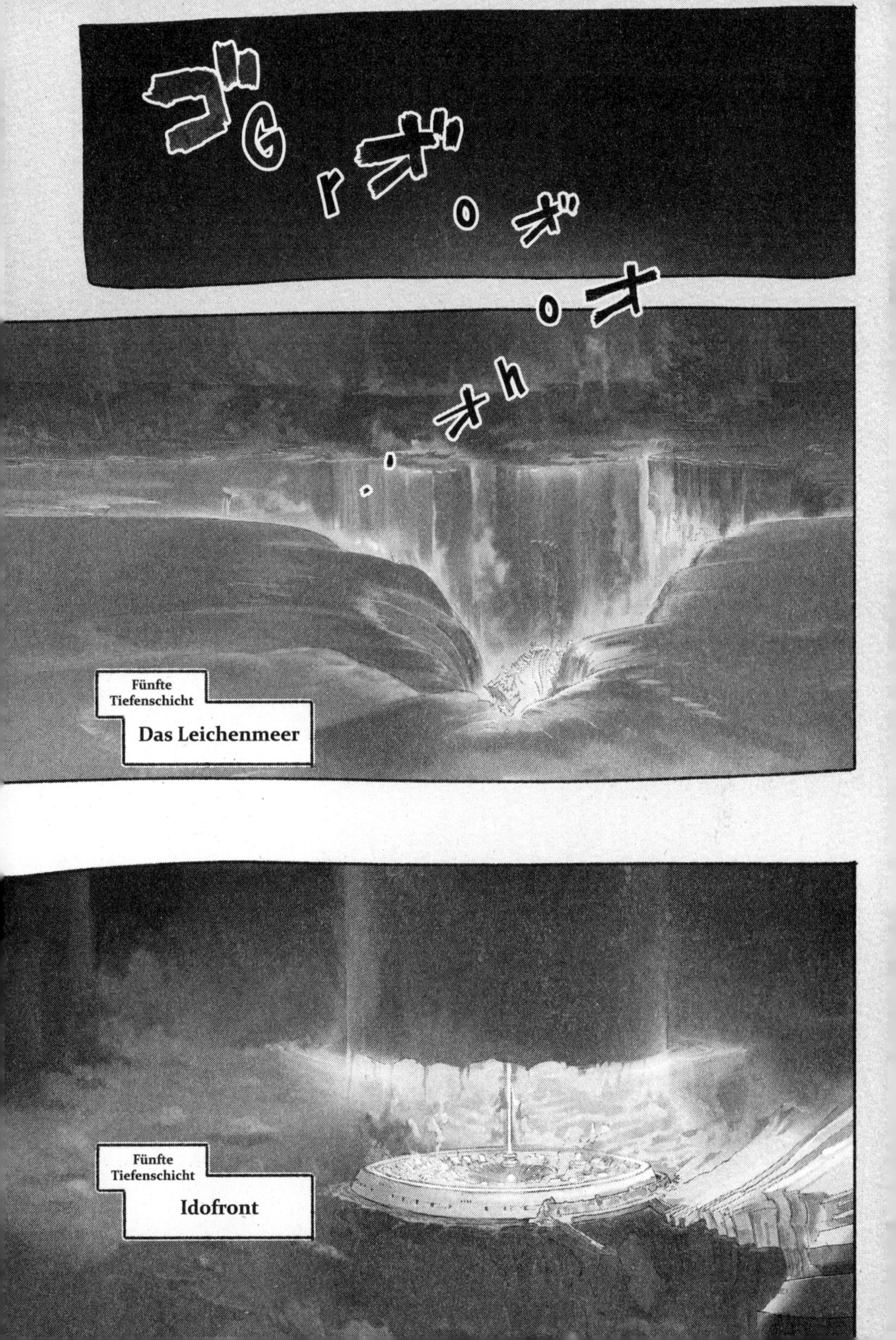
Fünfte Tiefenschicht
Das Leichenmeer
Fünfte Tiefenschicht
Idofront

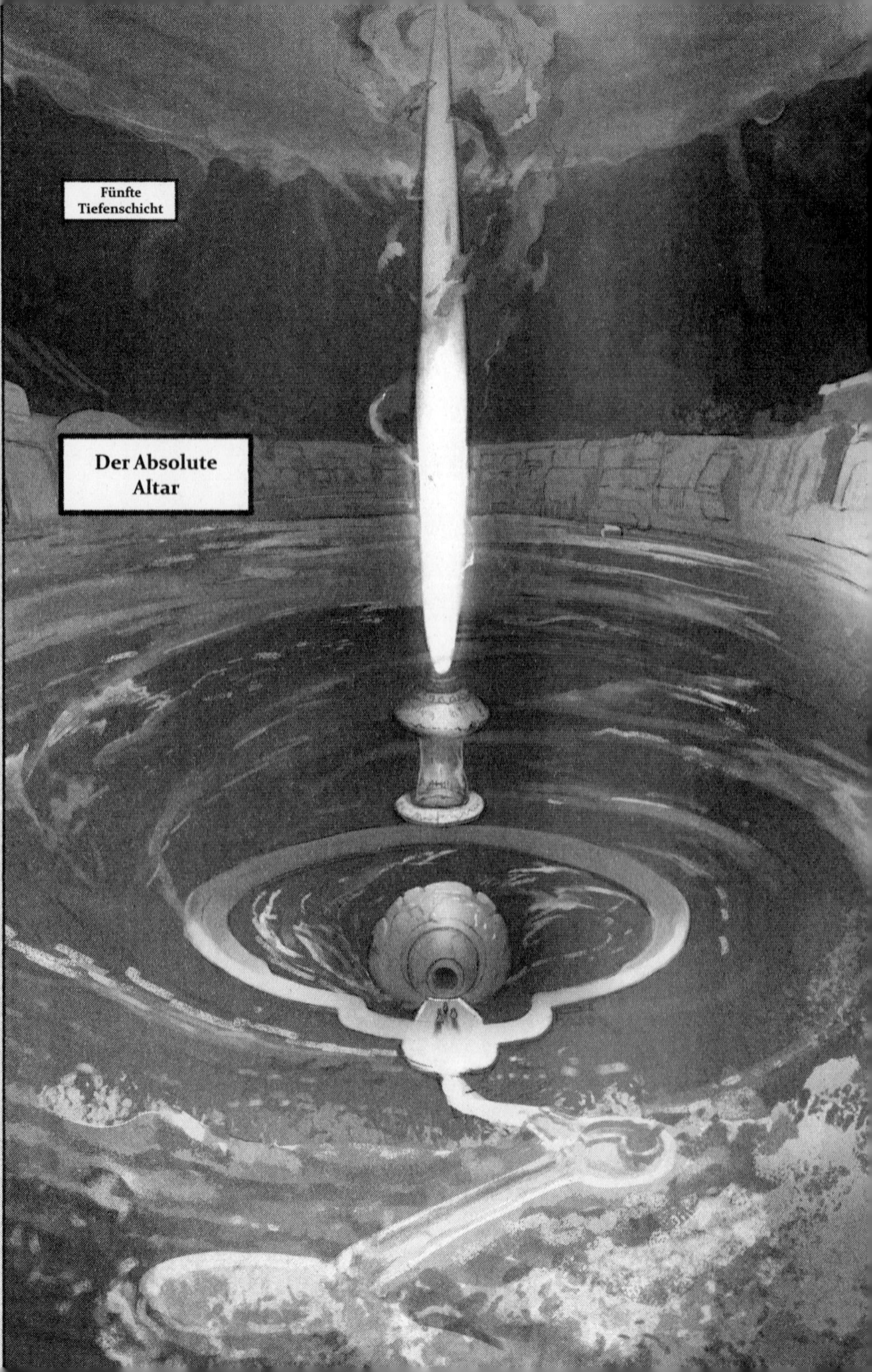
Fünfte Tiefenschicht
Der Absolute Altar

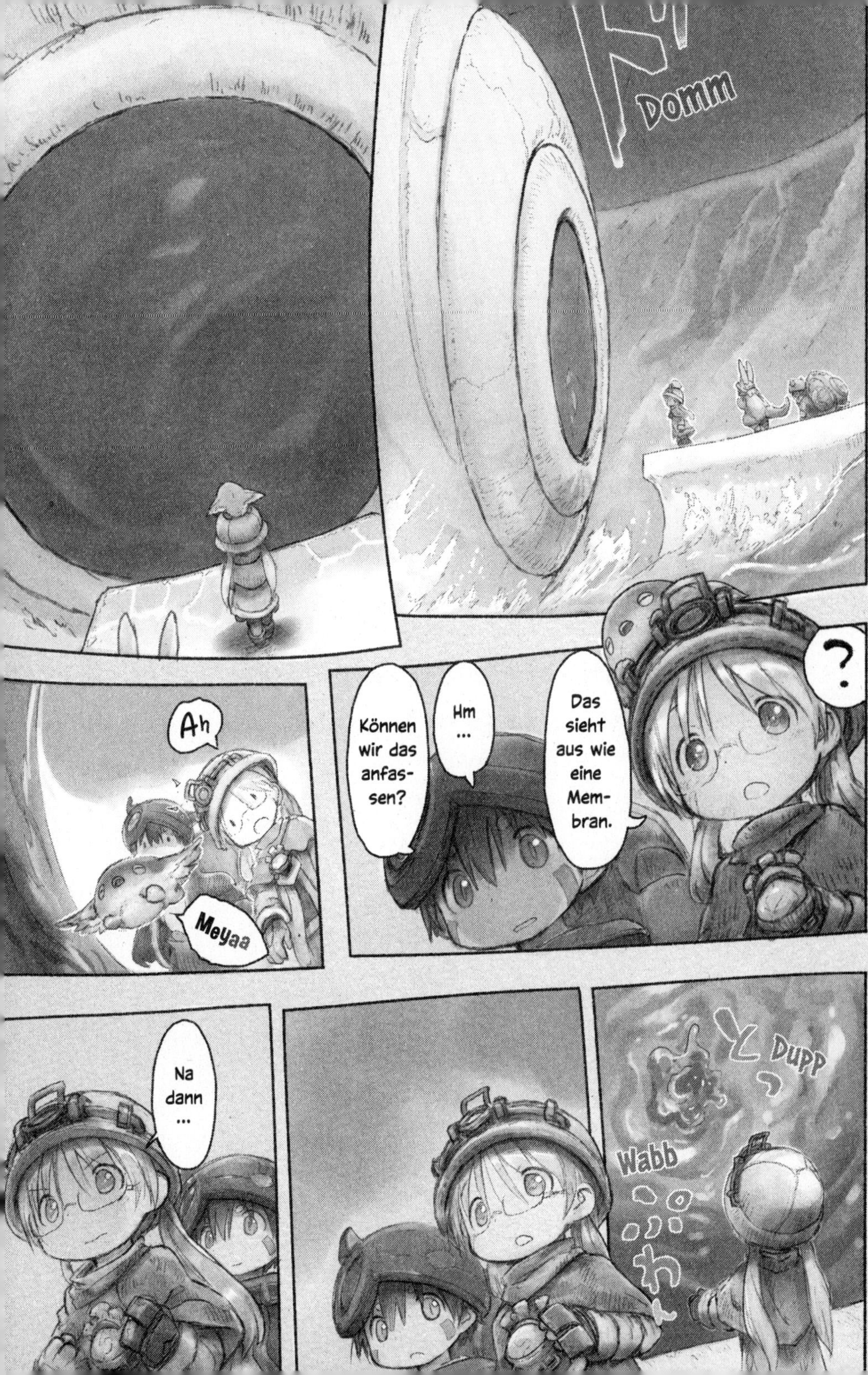
Domm
?
Das sieht aus wie eine Membran.
Hm ...
Können wir das anfassen?
Ah
Meyaa
Dupp
Wabb
Na dann ...

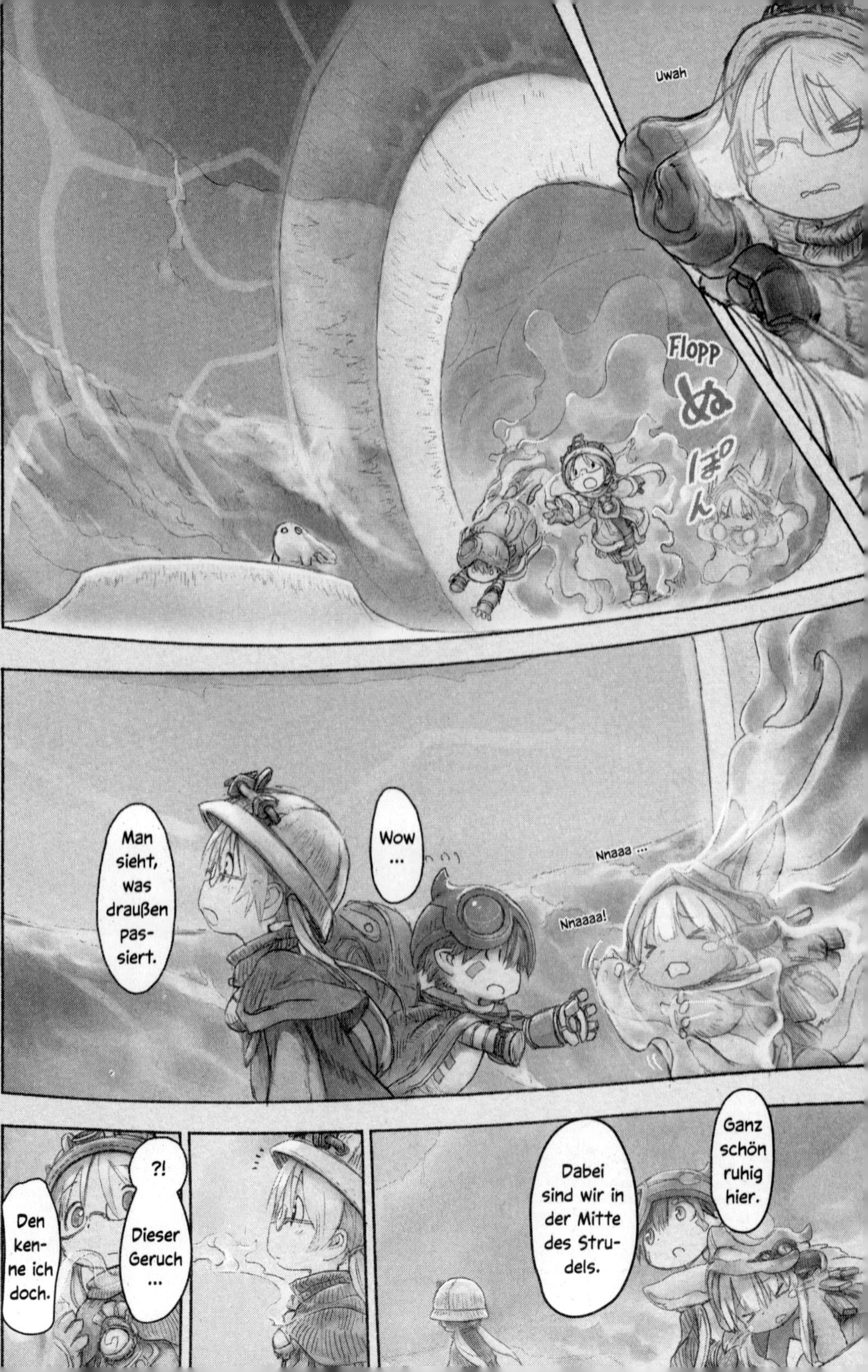
Uwah
Flopp
ぬぽん
Nnaaa …
Nnaaaa!
Wow …
Man sieht, was draußen pas-siert.
Ganz schön ruhig hier.
Dabei sind wir in der Mitte des Stru-dels.
?!
Dieser Geruch …
Den ken-ne ich doch.

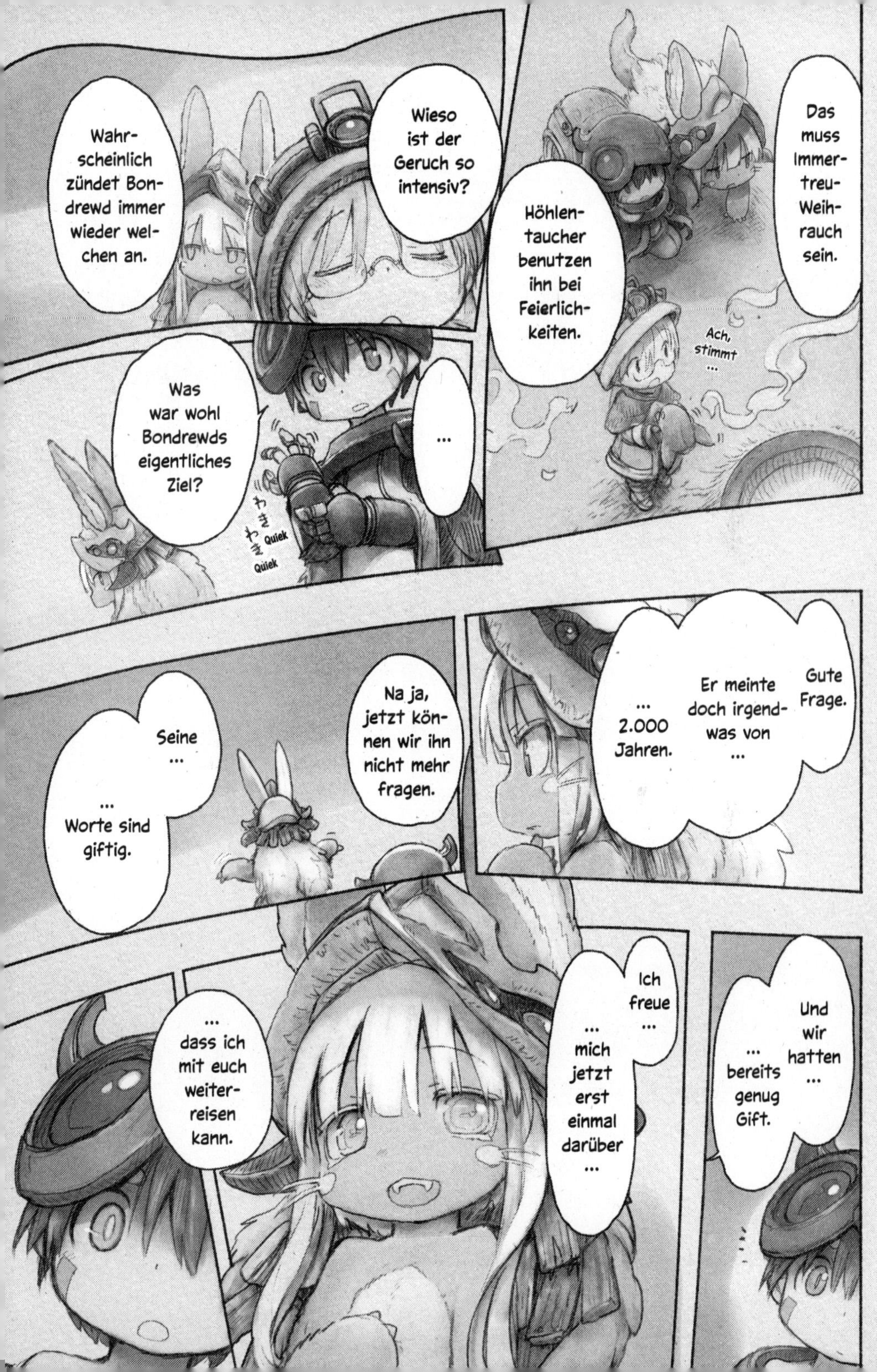

Das muss Immertreu-Weihrauch sein.
Höhlentaucher benutzen ihn bei Feierlichkeiten.
Ach, stimmt ...
Wieso ist der Geruch so intensiv?
Wahrscheinlich zündet Bondrewd immer wieder welchen an.
...
Was war wohl Bondrewds eigentliches Ziel?
Quiek
Quiek
Gute Frage.
Er meinte doch irgendwas von ...
... 2.000 Jahren.
Na ja, jetzt können wir ihn nicht mehr fragen.
Seine ...
... Worte sind giftig.
Und wir hatten ...
... bereits genug Gift.
Ich freue ...
... mich jetzt erst einmal darüber ...
... dass ich mit euch weiterreisen kann.

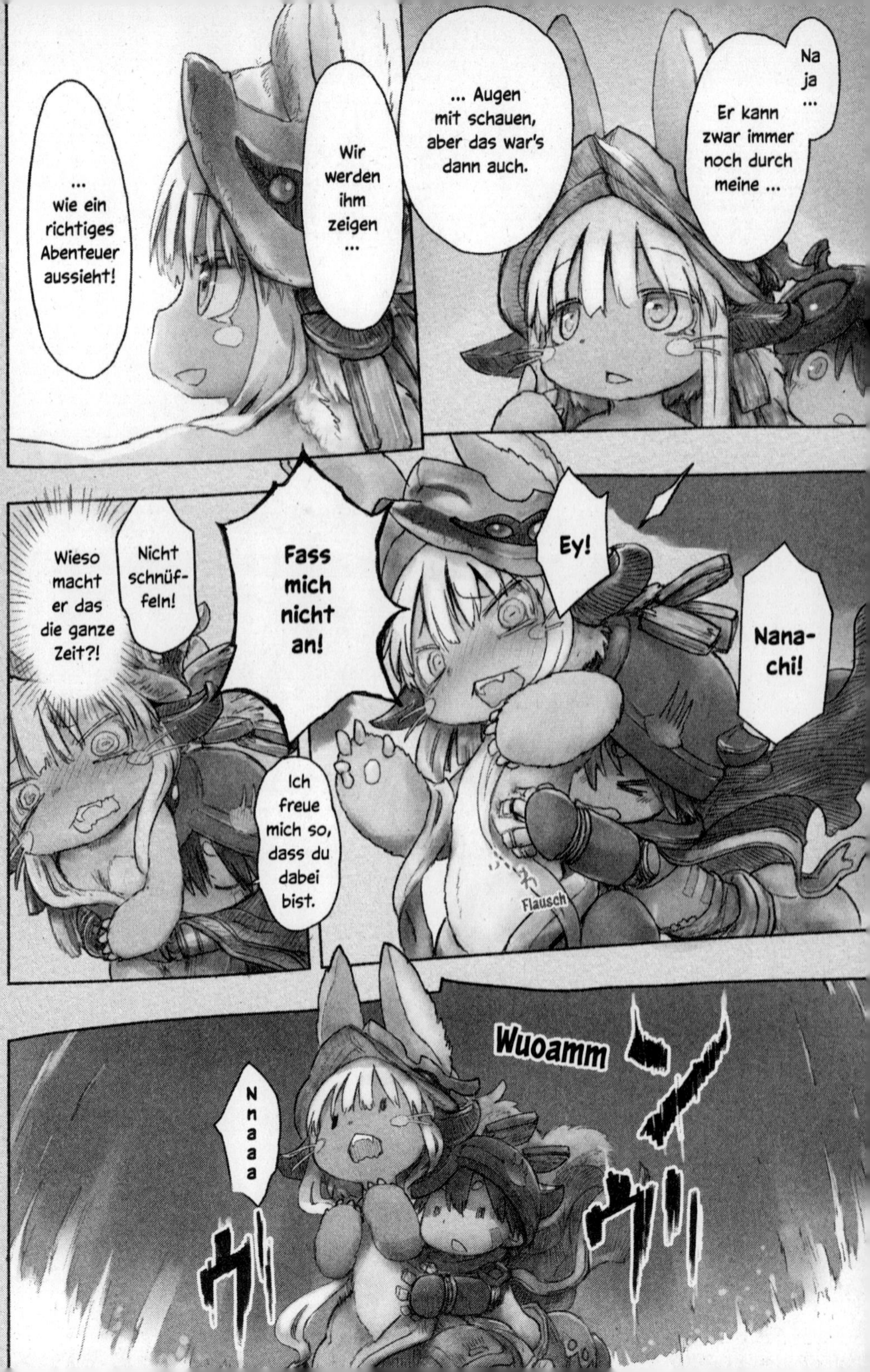
Na ja ... Er kann zwar immer noch durch meine ...
... Augen mit schauen, aber das war's dann auch.
Wir werden ihm zeigen ...
... wie ein richtiges Abenteuer aussieht!
Nana-chi!
Ey!
Fass mich nicht an!
Flausch
Ich freue mich so, dass du dabei bist.
Nicht schnüffeln!
Wieso macht er das die ganze Zeit?!
Wuoamm
Nnaaa

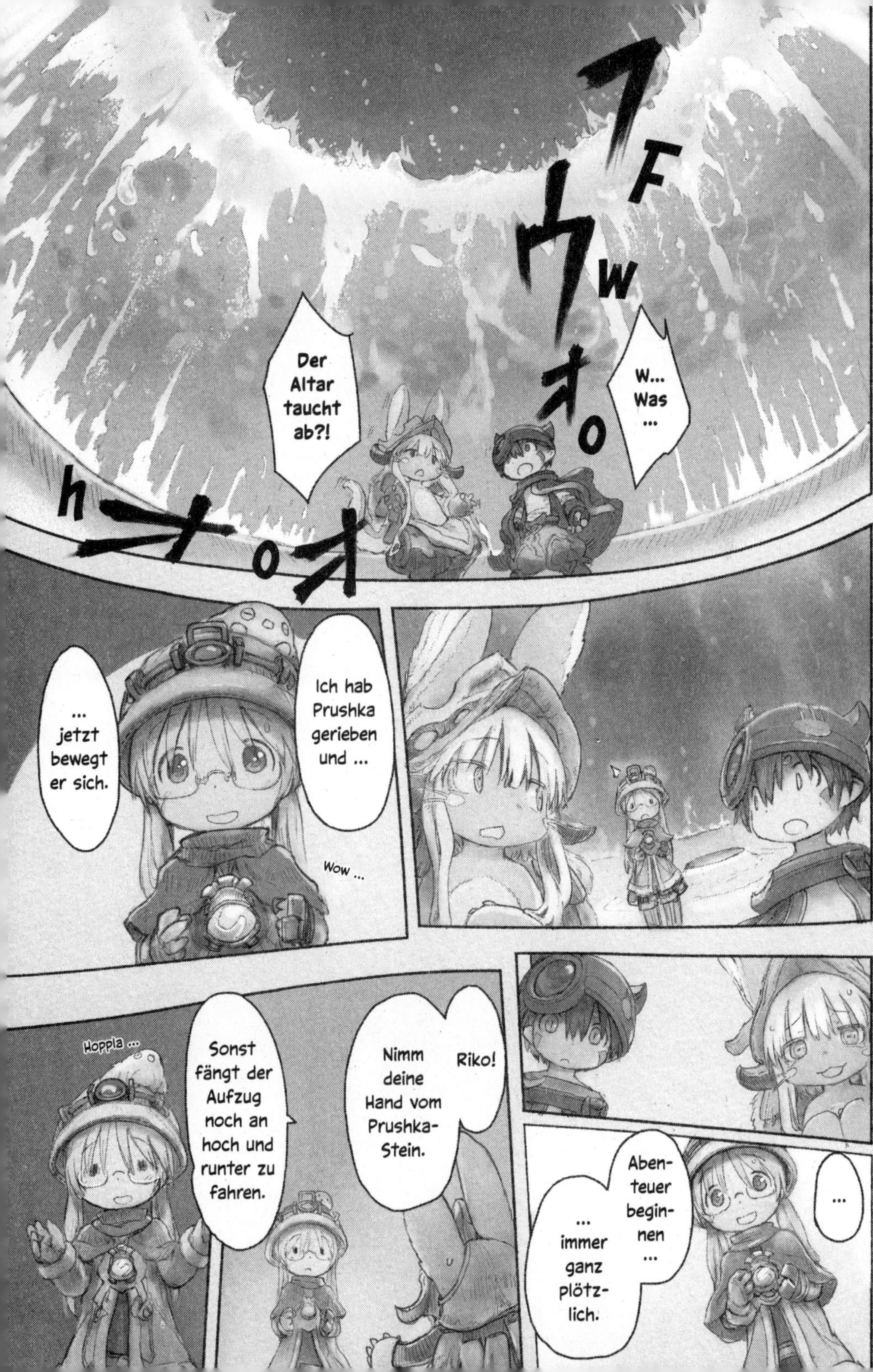
F w o
W... Was ...
Der Altar taucht ab?!
h o
Wow ...
Ich hab Prushka gerieben und ...
... jetzt bewegt er sich.
...
Aben-teuer begin-nen ...
... immer ganz plötz-lich.
Riko!
Nimm deine Hand vom Prushka-Stein.
Sonst fängt der Aufzug noch an hoch und runter zu fahren.
Hoppla ...

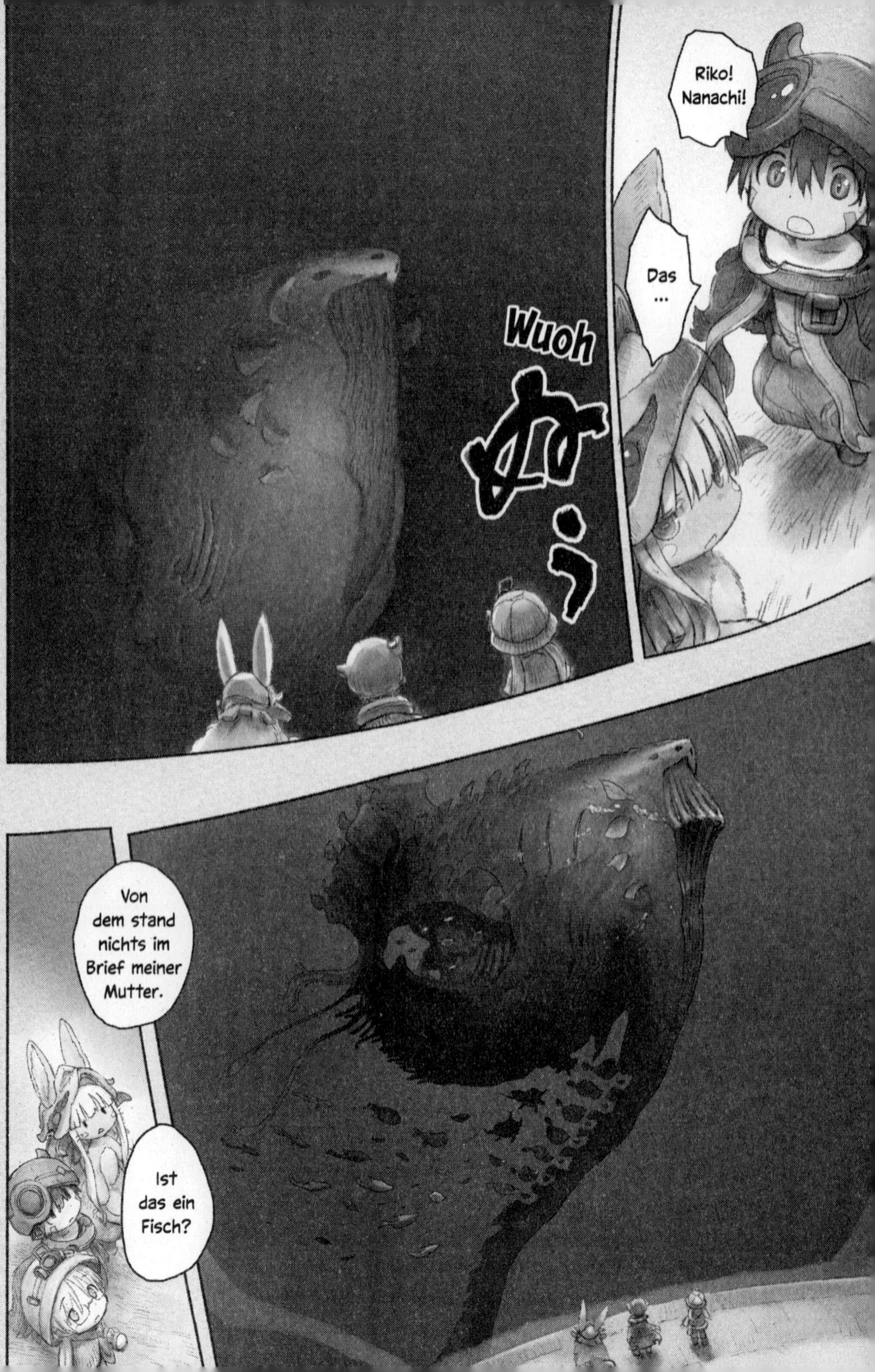
Riko! Nanachi!
Das ...
Wuoh
ぬう
Von dem stand nichts im Brief meiner Mutter.
Ist das ein Fisch?

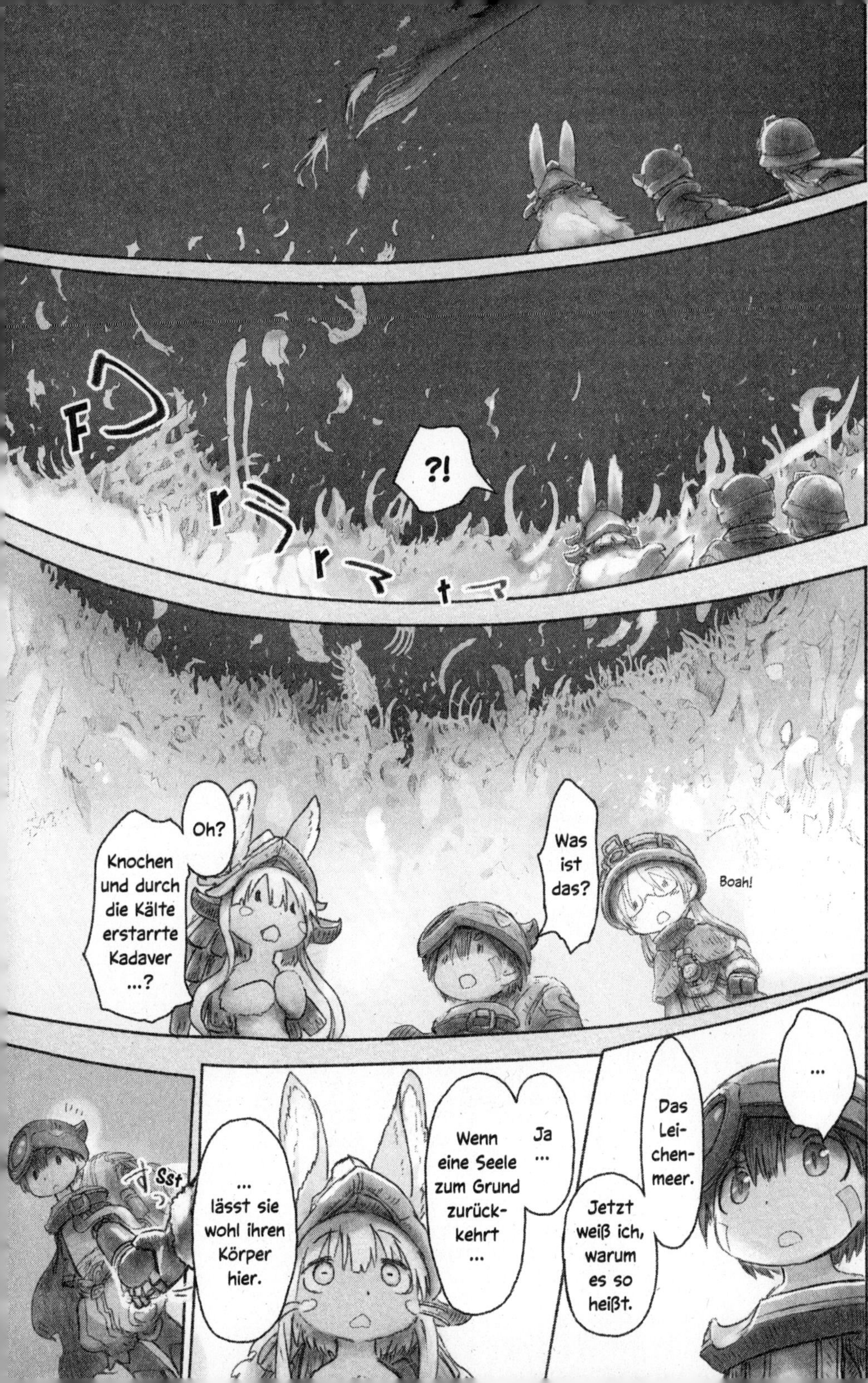
?!
Boah!
Was ist das?
Oh?
Knochen und durch die Kälte erstarrte Kadaver ...?
...
Das Leichenmeer.
Jetzt weiß ich, warum es so heißt.
Ja ...
Wenn eine Seele zum Grund zurückkehrt ...
... lässt sie wohl ihren Körper hier.
Sst

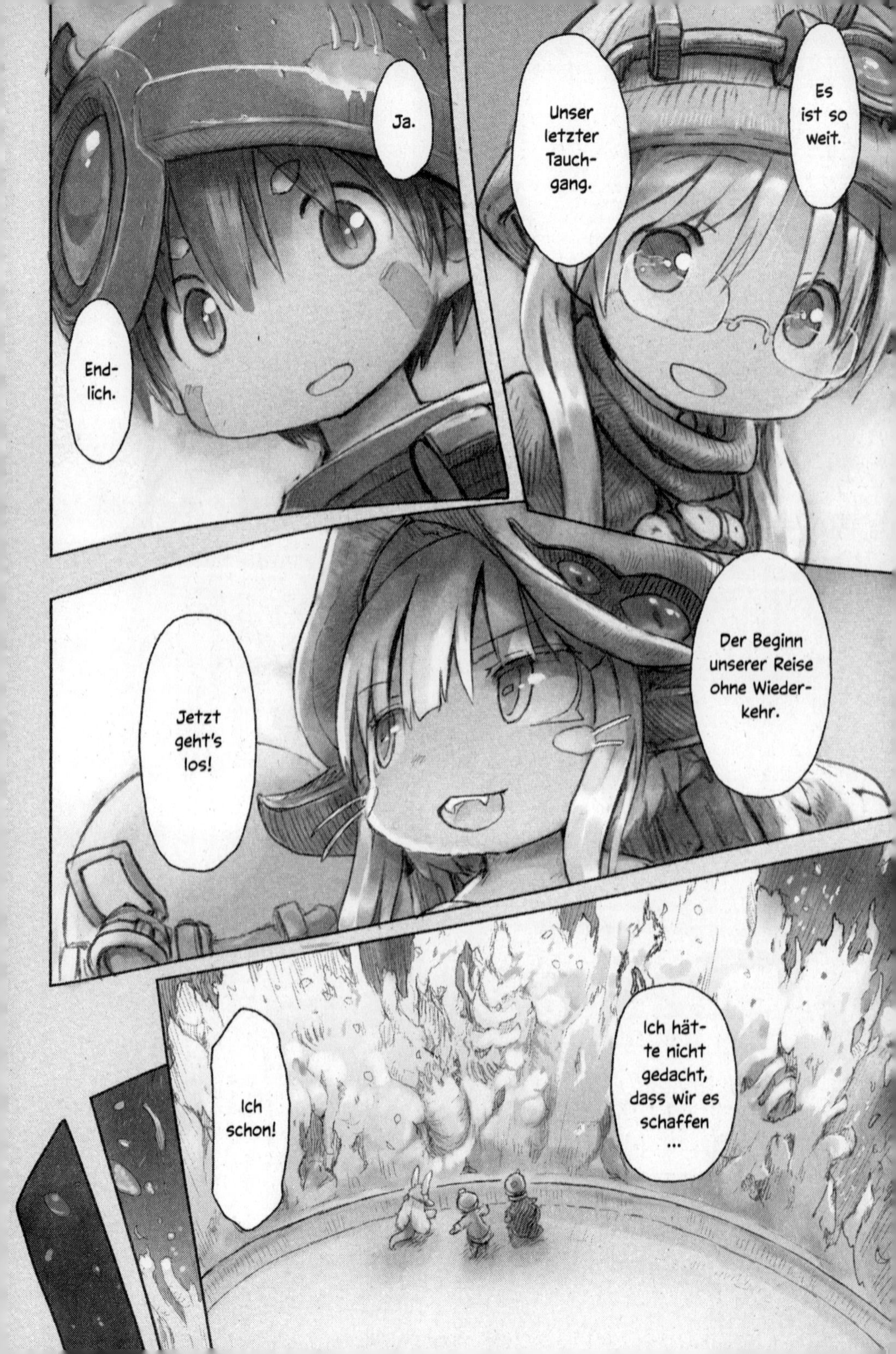
Es ist so weit.
Unser letzter Tauchgang.
Ja.
Endlich.
Der Beginn unserer Reise ohne Wiederkehr.
Jetzt geht's los!
Ich hätte nicht gedacht, dass wir es schaffen ...
Ich schon!

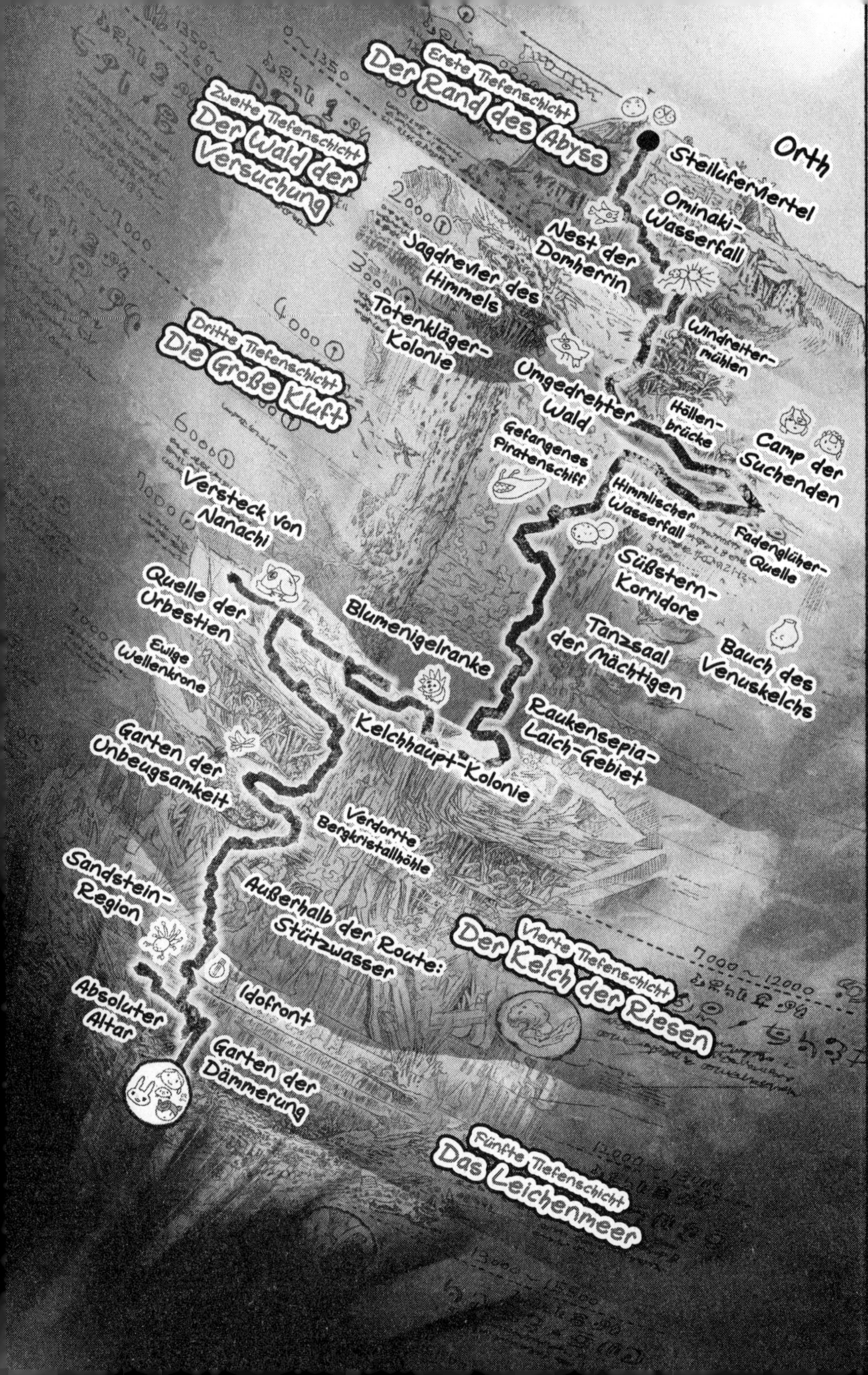
Erste Tiefenschicht
Der Rand des Abyss
Zweite Tiefenschicht
Der Wald der Versuchung
Orth
Steiluferviertel
Ominaki-Wasserfall
Nest der Domherrin
Jagdrevier des Himmels
Totenkläger-Kolonie
Windreiter-mühlen
Dritte Tiefenschicht
Die Große Kluft
Umgedrehter Wald
Höllen-brücke
Camp der Suchenden
Gefangenes Piratenschiff
Himmlischer Wasserfall
Fadenglüher-Quelle
Versteck von Nanachi
Süßstern-Korridore
Quelle der Urbestien
Blumenigelranke
Tanzsaal der Mächtigen
Bauch des Venuskelchs
Ewige Wellenkrone
Raukensepia-Laich-Gebiet
Kelchhaupt-Kolonie
Garten der Unbeugsamkeit
Verdorrte Bergkristallhöhle
Sandstein-Region
Außerhalb der Route: Stützwasser
Vierte Tiefenschicht
Der Kelch der Riesen
Idofront
Absoluter Altar
Garten der Dämmerung
Fünfte Tiefenschicht
Das Leichenmeer

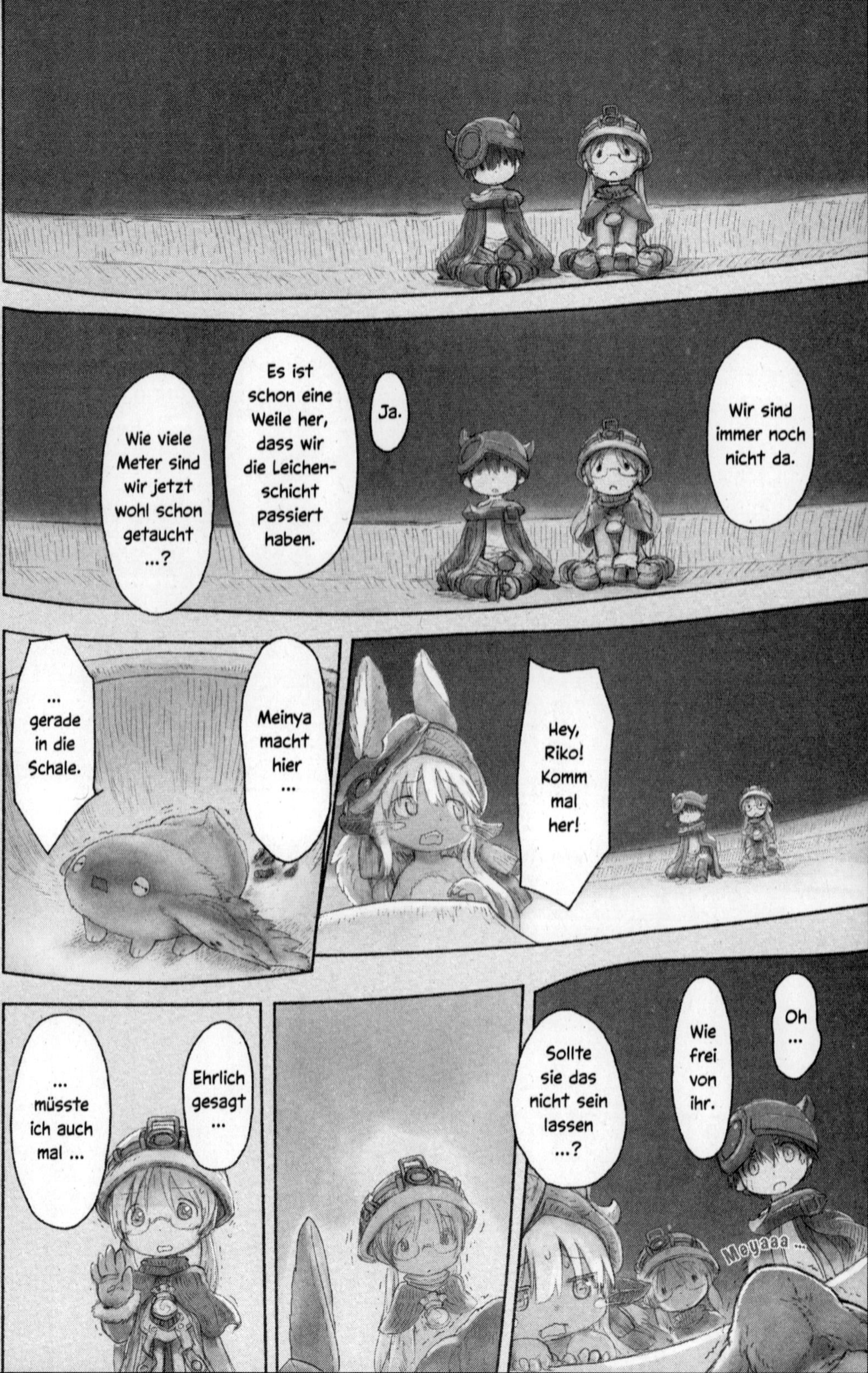
Wir sind immer noch nicht da.
Ja.
Es ist schon eine Weile her, dass wir die Leichen-schicht passiert haben.
Wie viele Meter sind wir jetzt wohl schon getaucht ...?
Hey, Riko! Komm mal her!
Meinya macht hier ...
... gerade in die Schale.
Oh ...
Wie frei von ihr.
Meyaaa ...
Sollte sie das nicht sein lassen ...?
Ehrlich gesagt ...
... müsste ich auch mal ...

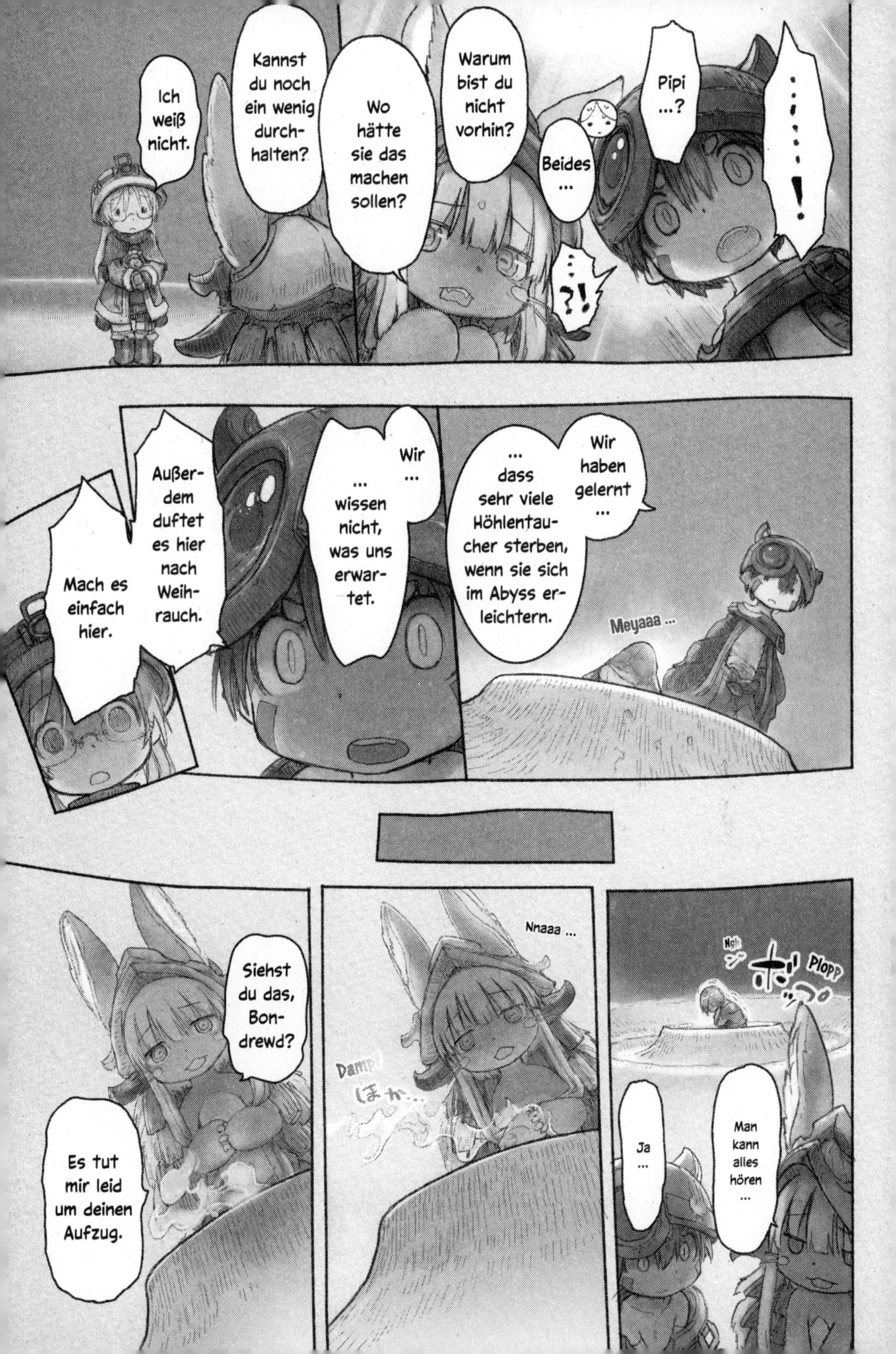
……!
Pipi …?
Beides …
Warum bist du nicht vorhin?
…?!
Wo hätte sie das machen sollen?
Kannst du noch ein wenig durchhalten?
Ich weiß nicht.
Wir haben gelernt …
… dass sehr viele Höhlentaucher sterben, wenn sie sich im Abyss erleichtern.
Meyaaa …
Wir …
… wissen nicht, was uns erwartet.
Außerdem duftet es hier nach Weihrauch.
Mach es einfach hier.
Ngh
Plopp
Man kann alles hören …
Ja …
Nnaaa …
Damp
Siehst du das, Bondrewd?
Es tut mir leid um deinen Aufzug.

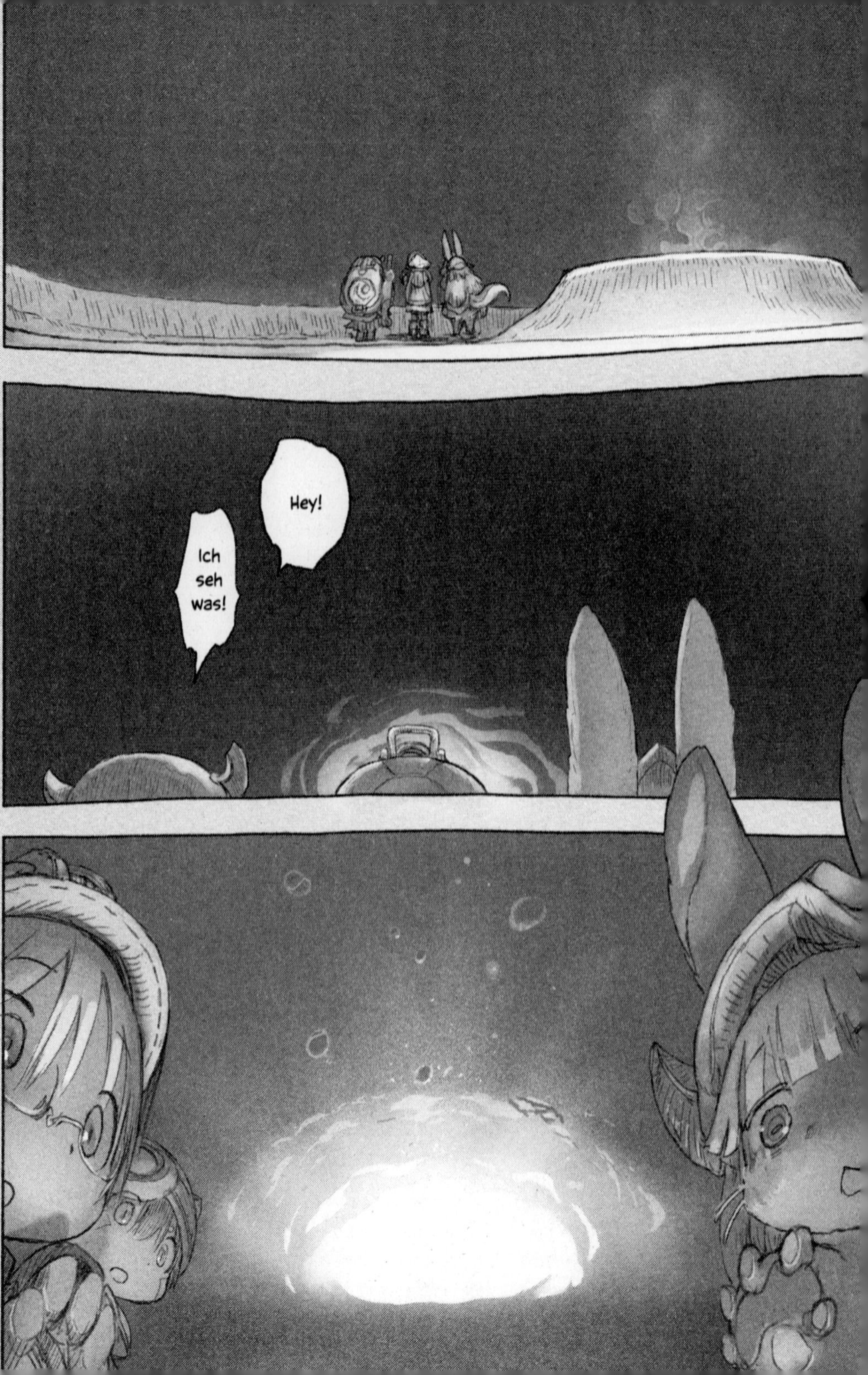
Hey!
Ich seh was!

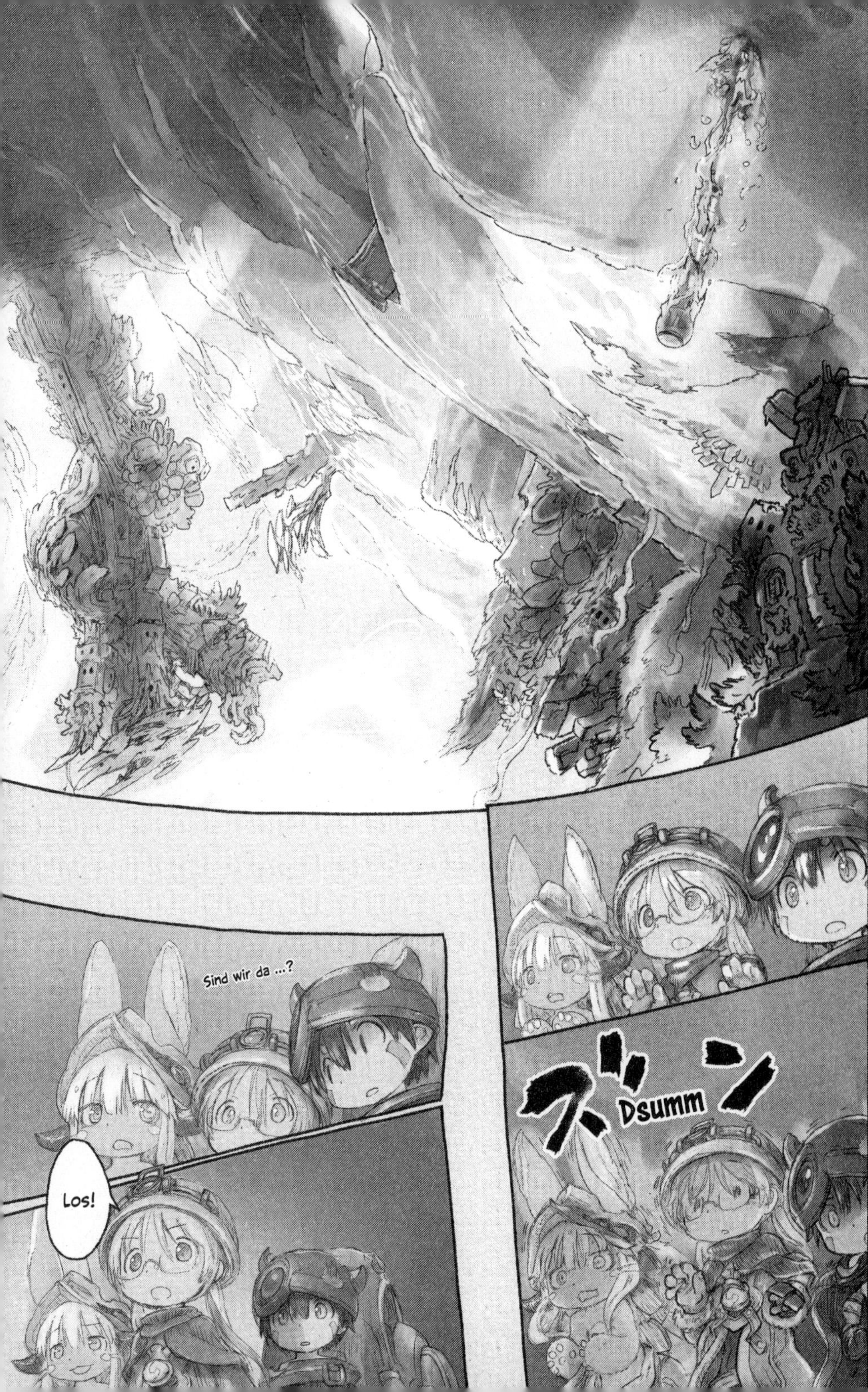
Sind wir da …?
Dsumm
Los!

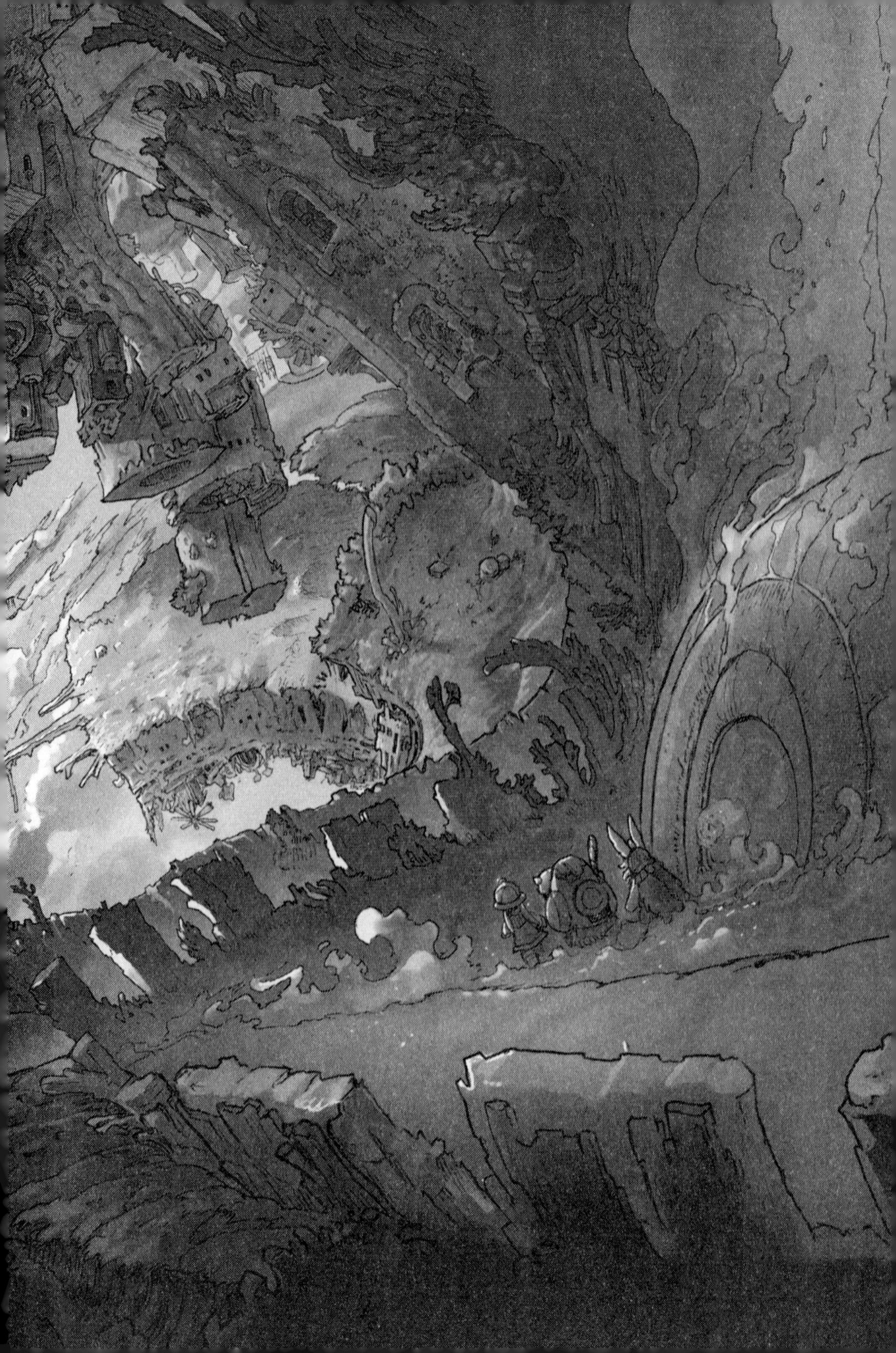

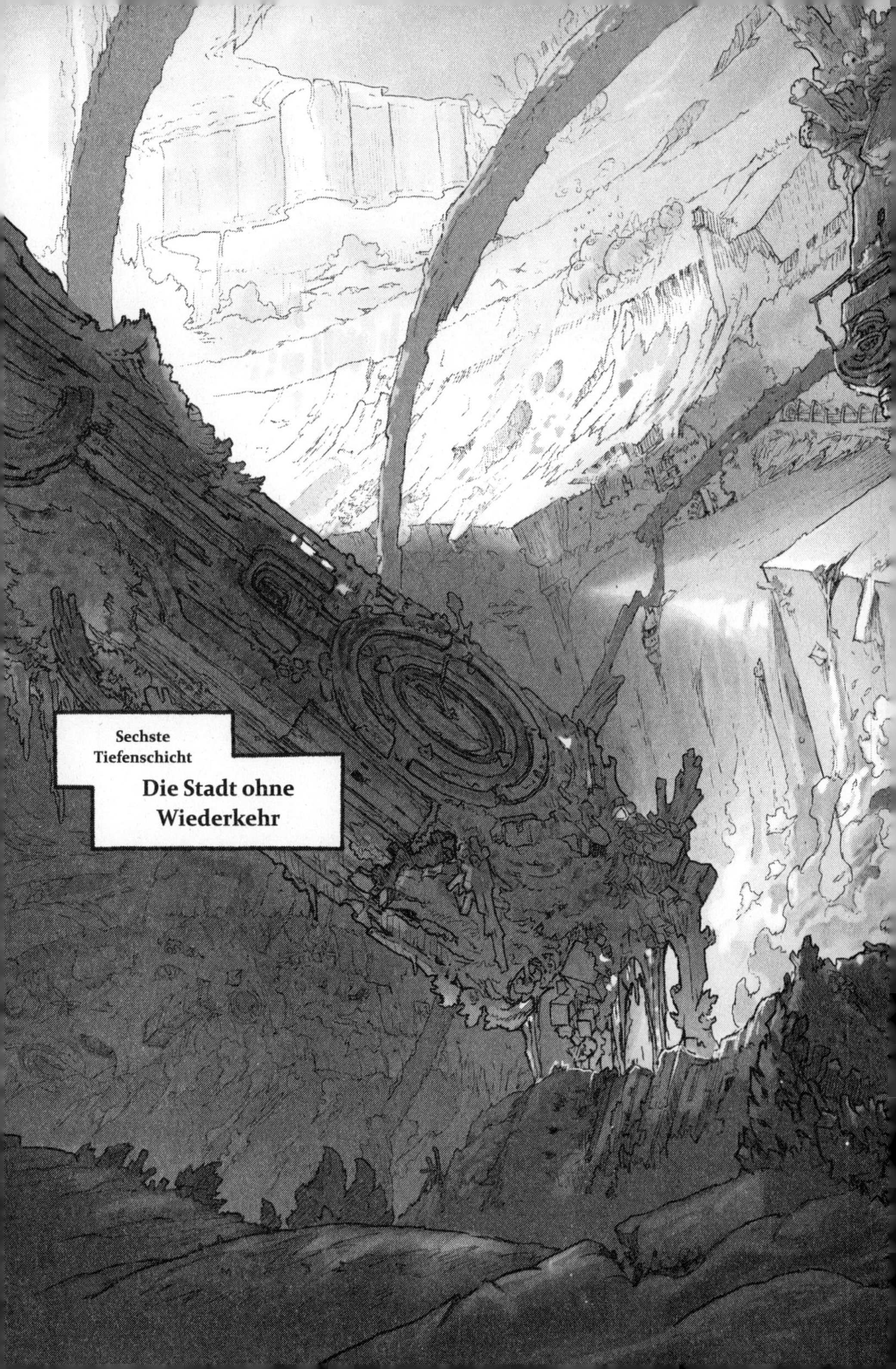
Sechste Tiefenschicht
Die Stadt ohne Wiederkehr

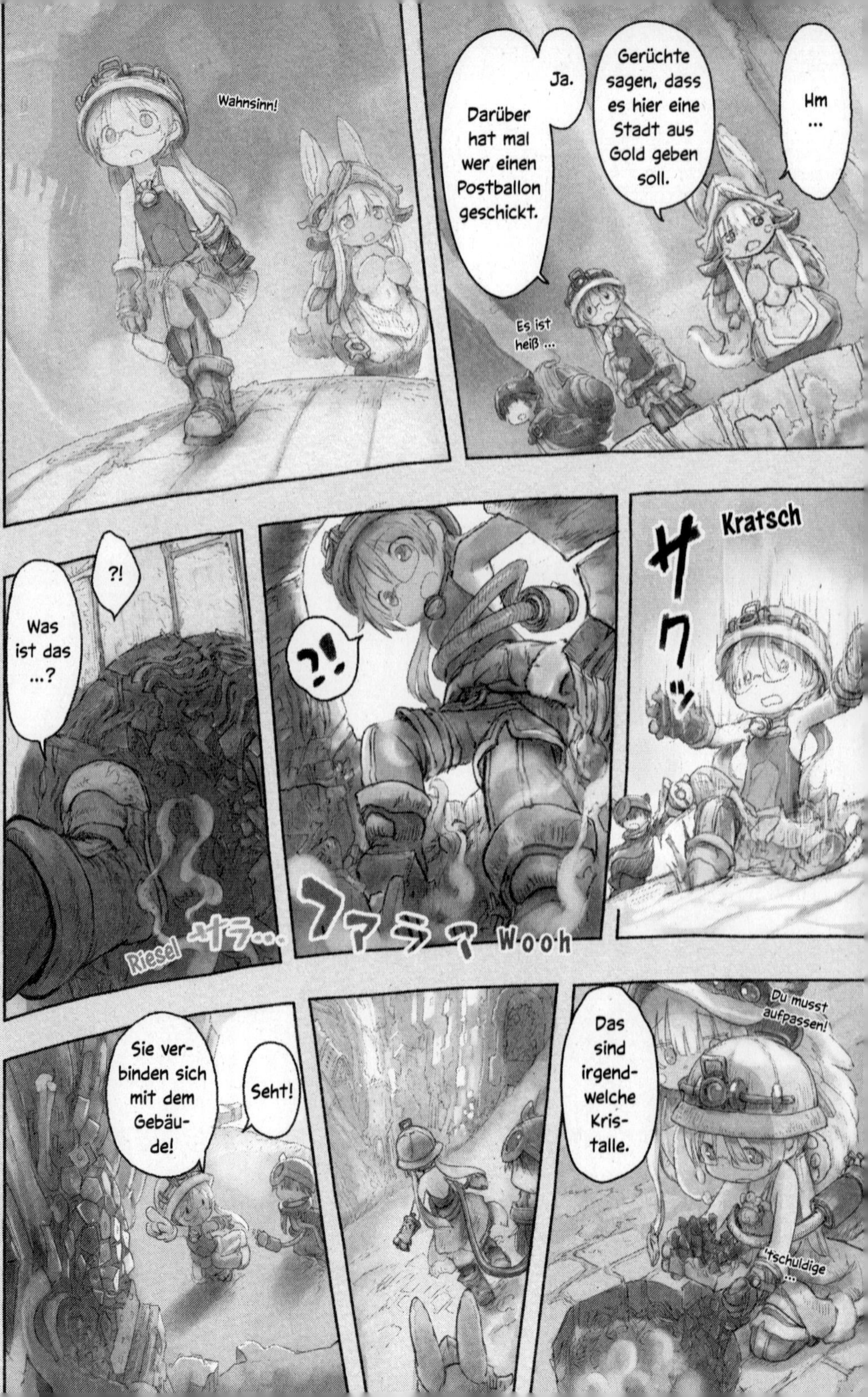
Hm ...
Gerüchte sagen, dass es hier eine Stadt aus Gold geben soll.
Ja.
Darüber hat mal wer einen Postballon geschickt.
Es ist heiß ...
Wahnsinn!
ザクッ
Kratsch
?!
ファラァ
Wooh
?!
Was ist das ...?
サラ...
Riesel
Du musst aufpassen!
Das sind irgend-welche Kris-talle.
'tschuldige ...
Seht!
Sie ver-binden sich mit dem Gebäu-de!

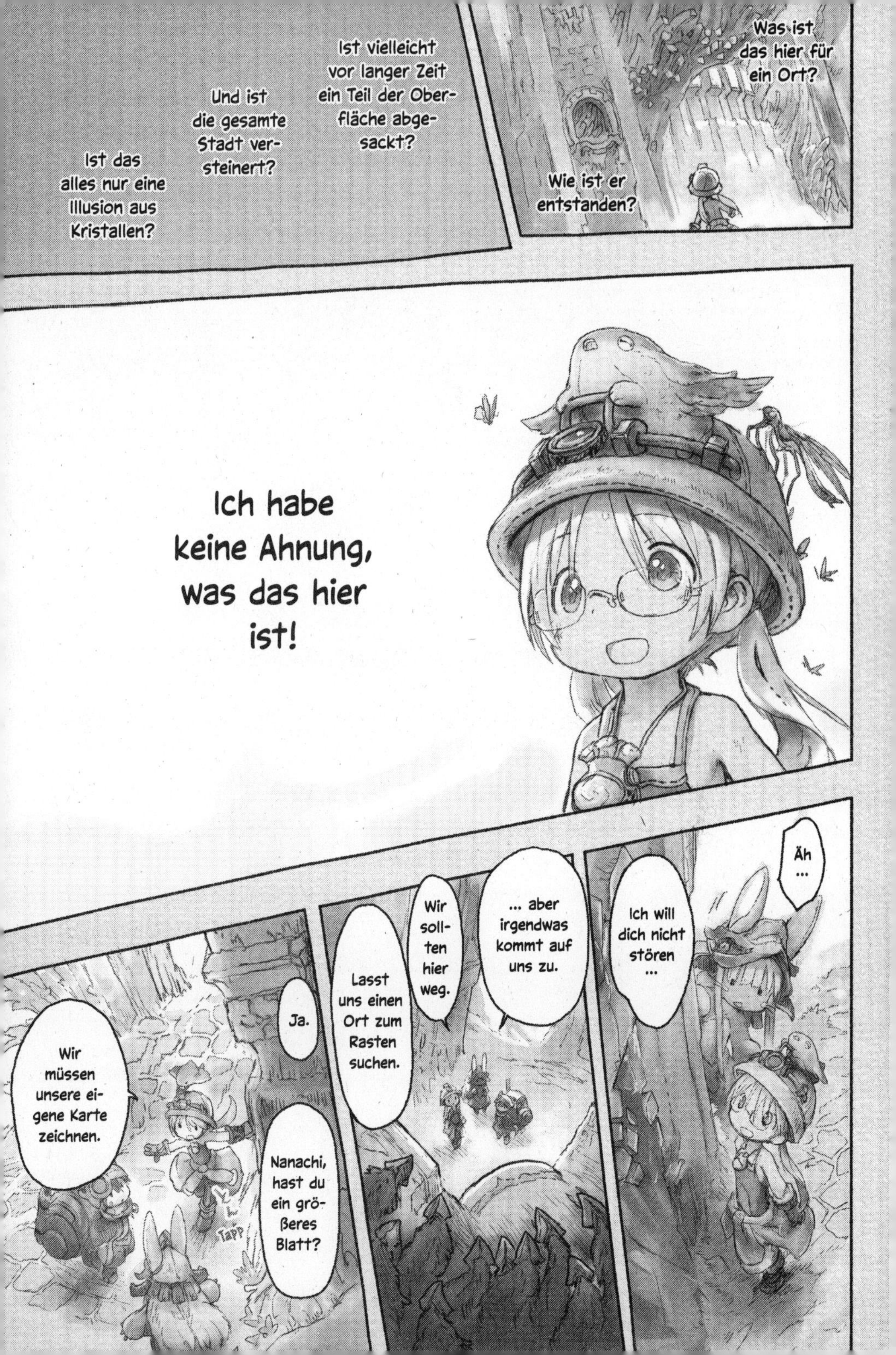
Was ist das hier für ein Ort?
Wie ist er entstanden?
Ist vielleicht vor langer Zeit ein Teil der Oberfläche abgesackt?
Und ist die gesamte Stadt versteinert?
Ist das alles nur eine Illusion aus Kristallen?
Ich habe keine Ahnung, was das hier ist!
Äh ...
Ich will dich nicht stören ...
... aber irgendwas kommt auf uns zu.
Wir sollten hier weg.
Lasst uns einen Ort zum Rasten suchen.
Nanachi, hast du ein größeres Blatt?
Ja.
Wir müssen unsere eigene Karte zeichnen.
Tapp

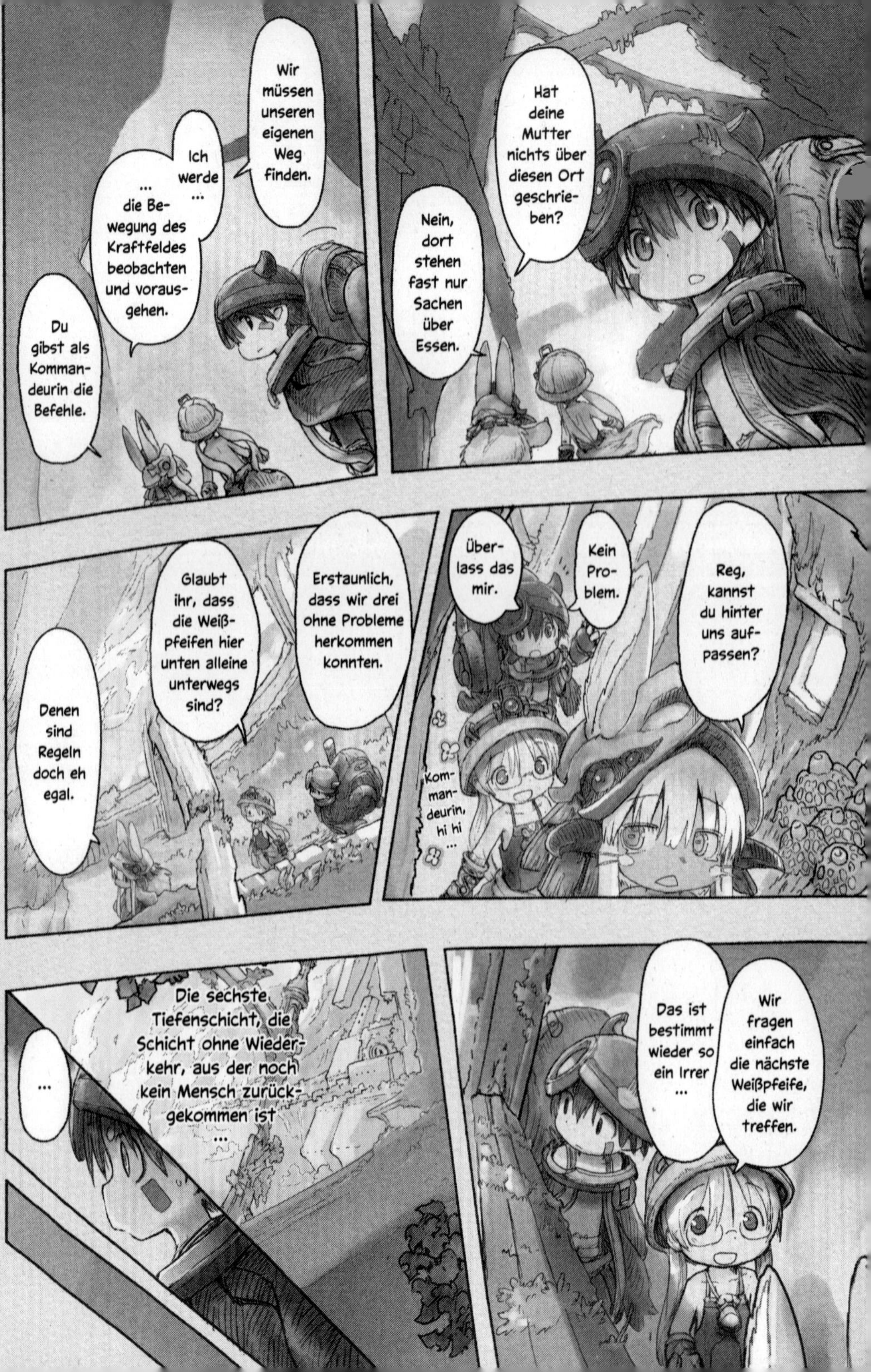

Hat deine Mutter nichts über diesen Ort geschrieben?
Nein, dort stehen fast nur Sachen über Essen.
Wir müssen unseren eigenen Weg finden.
Ich werde ...
... die Bewegung des Kraftfeldes beobachten und vorausgehen.
Du gibst als Kommandeurin die Befehle.
Reg, kannst du hinter uns aufpassen?
Kein Problem.
Überlass das mir.
Kommandeurin, hi hi ...
Erstaunlich, dass wir drei ohne Probleme herkommen konnten.
Glaubt ihr, dass die Weißpfeifen hier unten alleine unterwegs sind?
Denen sind Regeln doch eh egal.
Wir fragen einfach die nächste Weißpfeife, die wir treffen.
Das ist bestimmt wieder so ein Irrer ...
Die sechste Tiefenschicht, die Schicht ohne Wiederkehr, aus der noch kein Mensch zurückgekommen ist ...
...

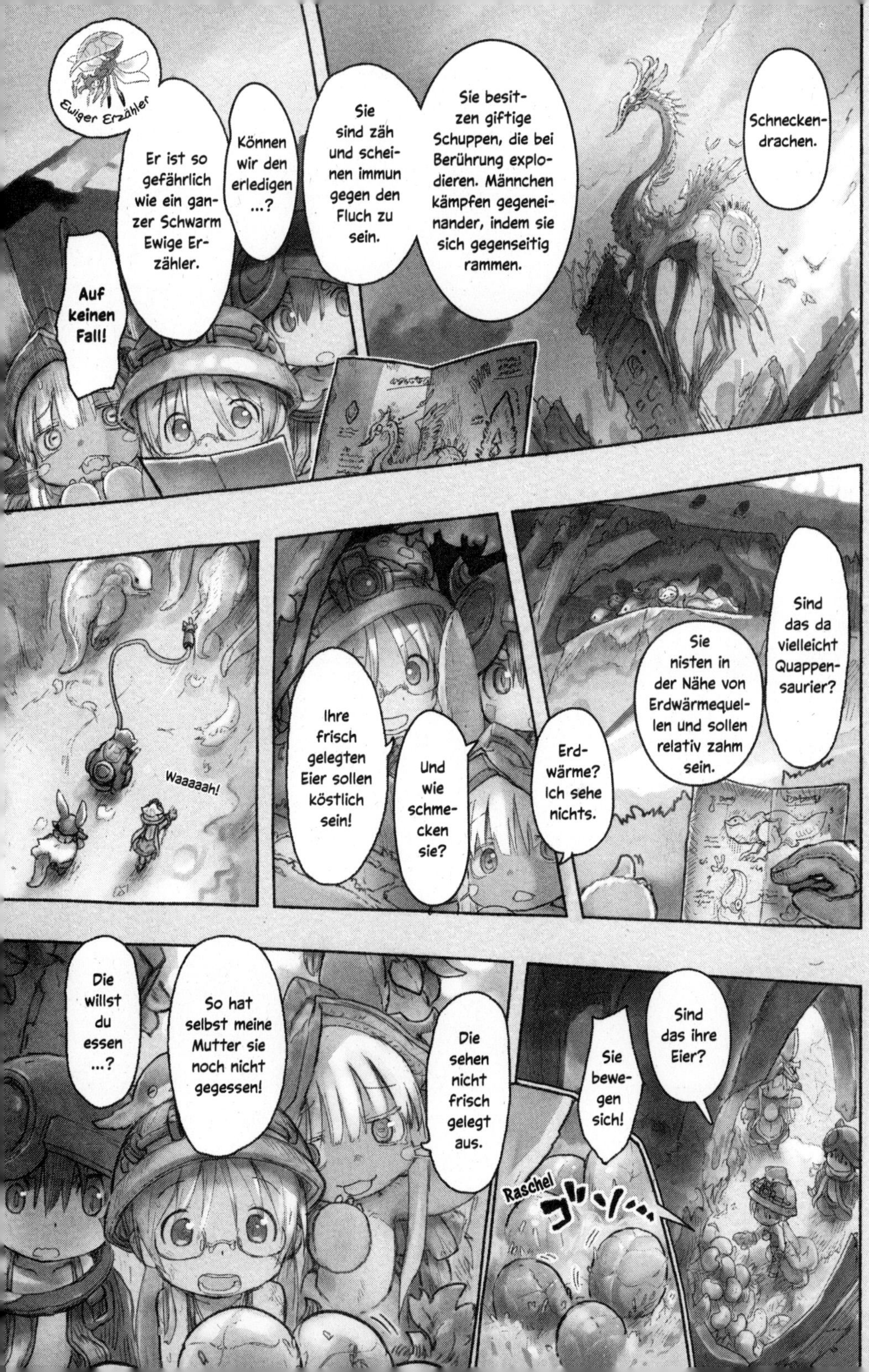
Schneckendrachen.
Sie besitzen giftige Schuppen, die bei Berührung explodieren. Männchen kämpfen gegeneinander, indem sie sich gegenseitig rammen.
Sie sind zäh und scheinen immun gegen den Fluch zu sein.
Können wir den erledigen ...?
Ewiger Erzähler
Er ist so gefährlich wie ein ganzer Schwarm Ewige Erzähler.
Auf keinen Fall!
Sind das da vielleicht Quappensaurier?
Sie nisten in der Nähe von Erdwärmequellen und sollen relativ zahm sein.
Erdwärme? Ich sehe nichts.
Und wie schmecken sie?
Ihre frisch gelegten Eier sollen köstlich sein!
Waaaaah!
Sind das ihre Eier?
Sie bewegen sich!
Raschel
Die sehen nicht frisch gelegt aus.
So hat selbst meine Mutter sie noch nicht gegessen!
Die willst du essen ...?

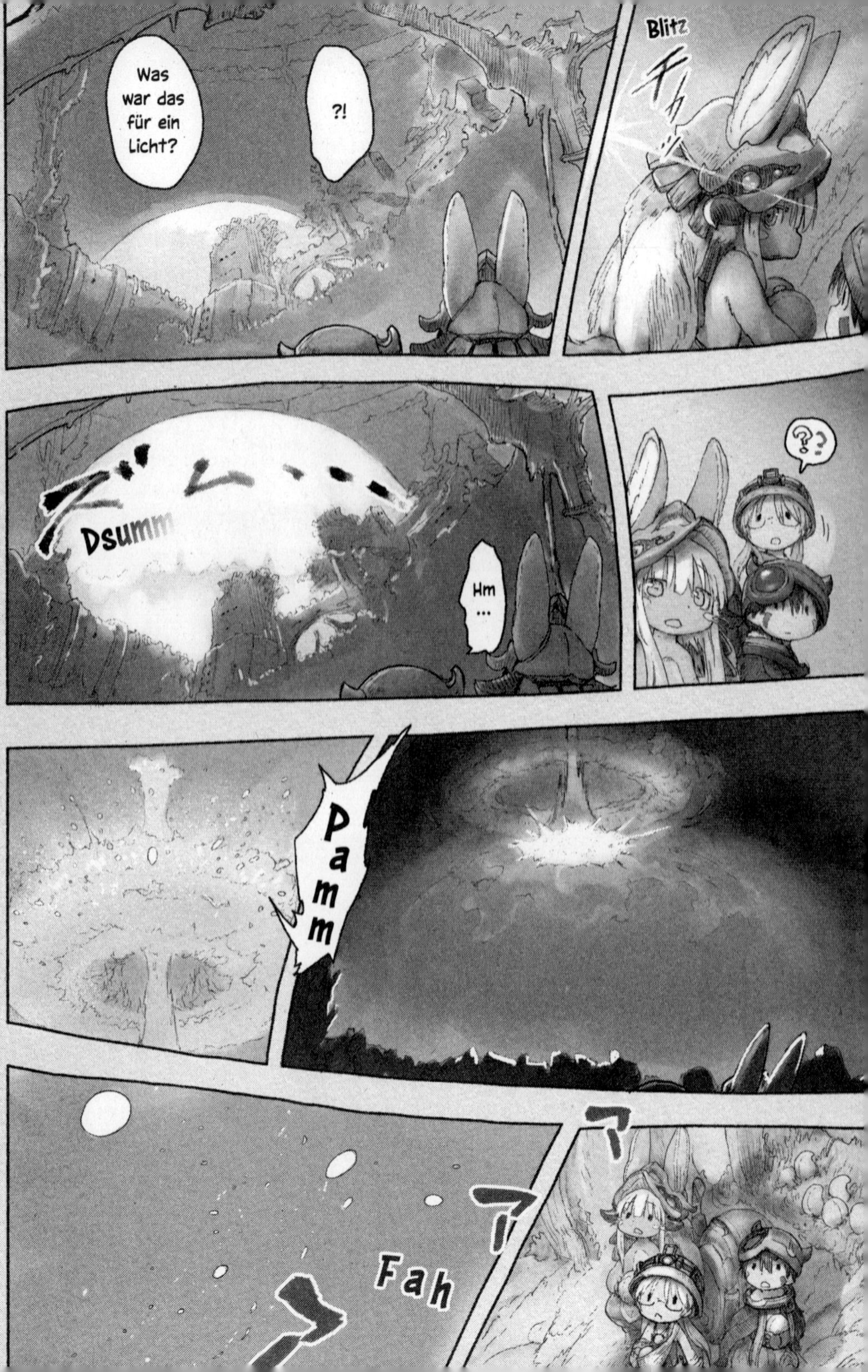

Blitz
?!
Was war das für ein Licht?
??
Dsumm
Hm ...
Pamm
Fah

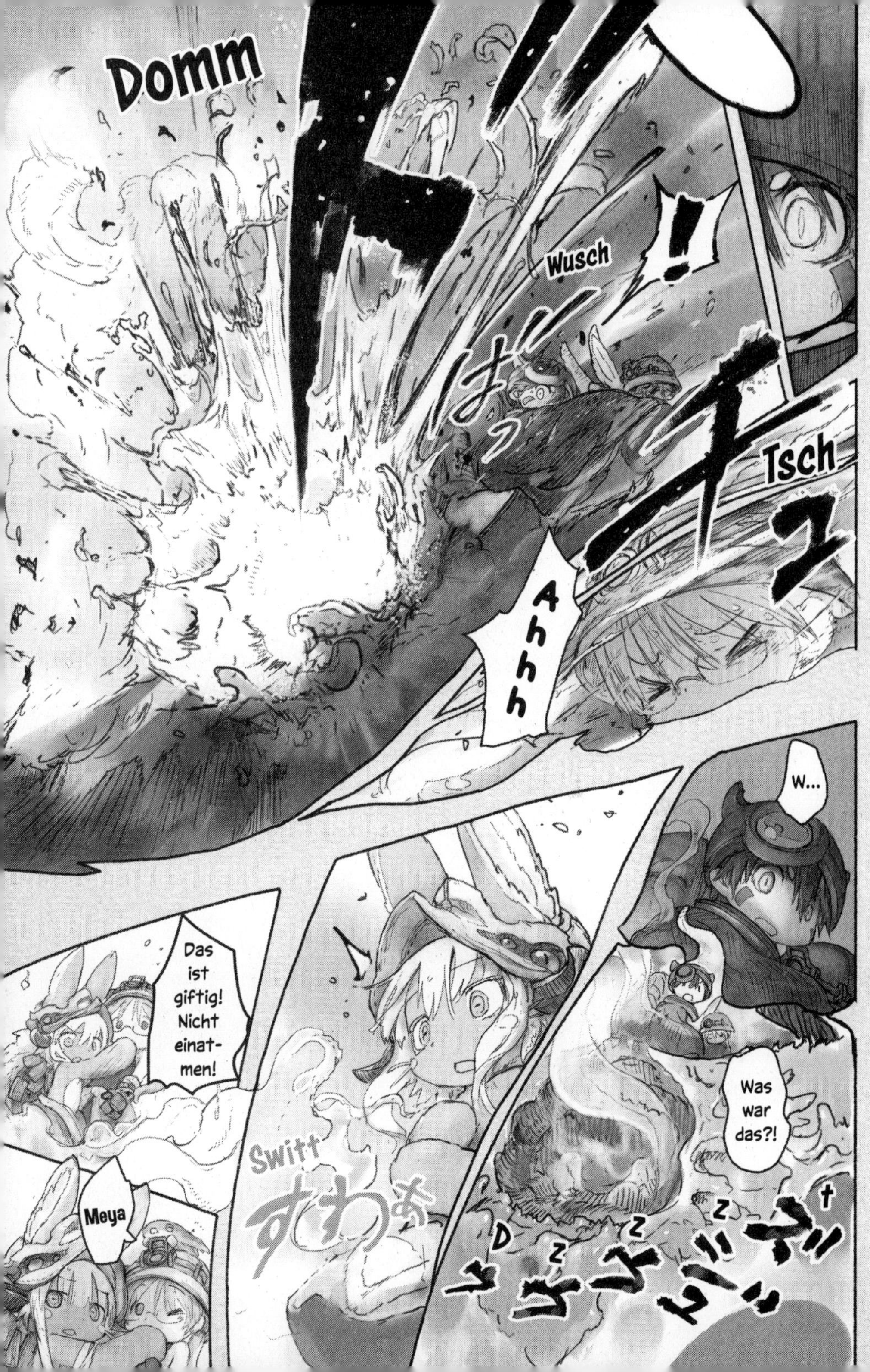
Wusch
!
Tsch
Ahhh
Domm
W...
Was war das?!
Dzzzt
Switt
Das ist giftig! Nicht einatmen!
Meya

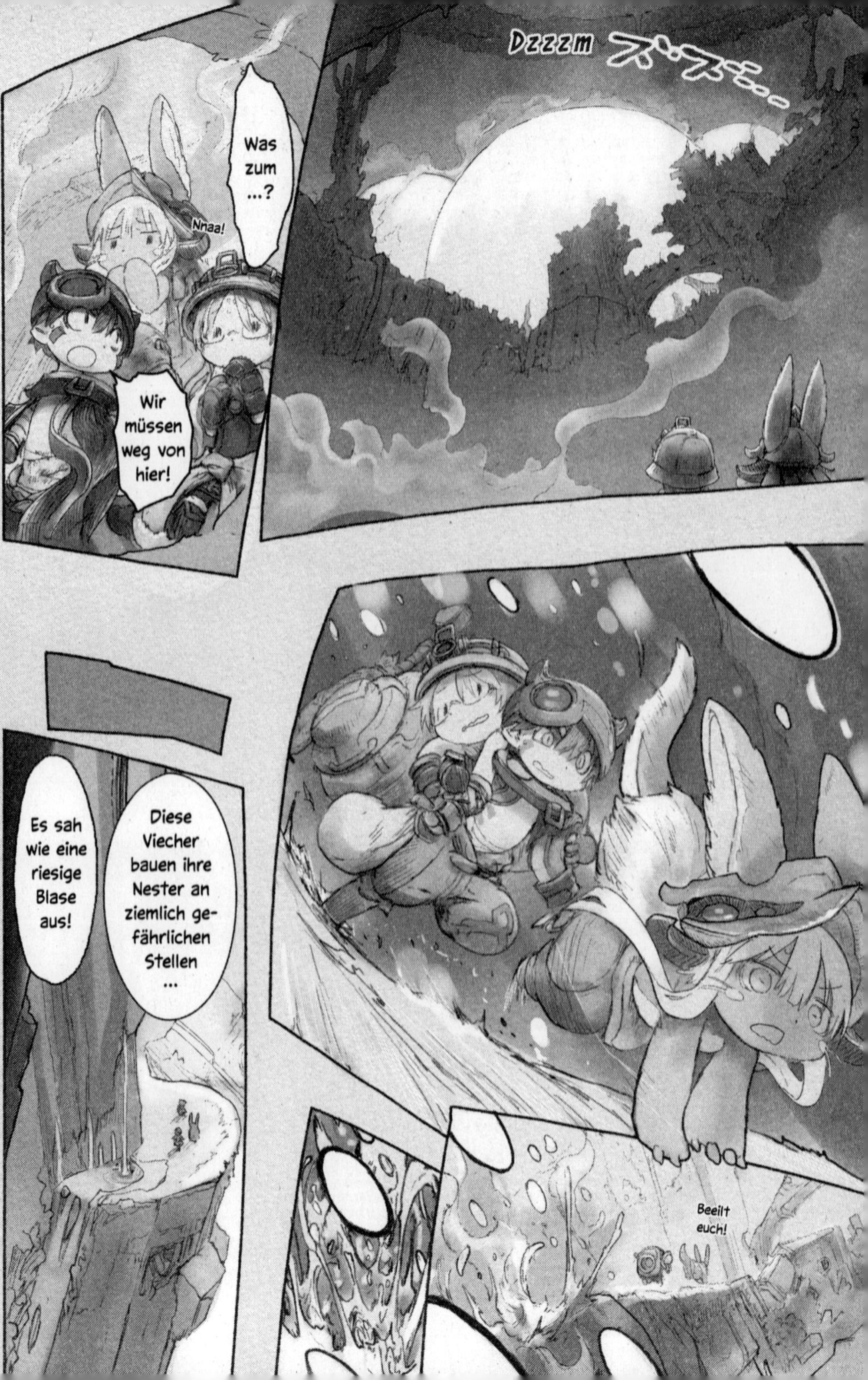
Dzzzm
Was zum ...?
Nnaa!
Wir müssen weg von hier!
Beeilt euch!
Diese Viecher bauen ihre Nester an ziemlich gefährlichen Stellen ...
Es sah wie eine riesige Blase aus!

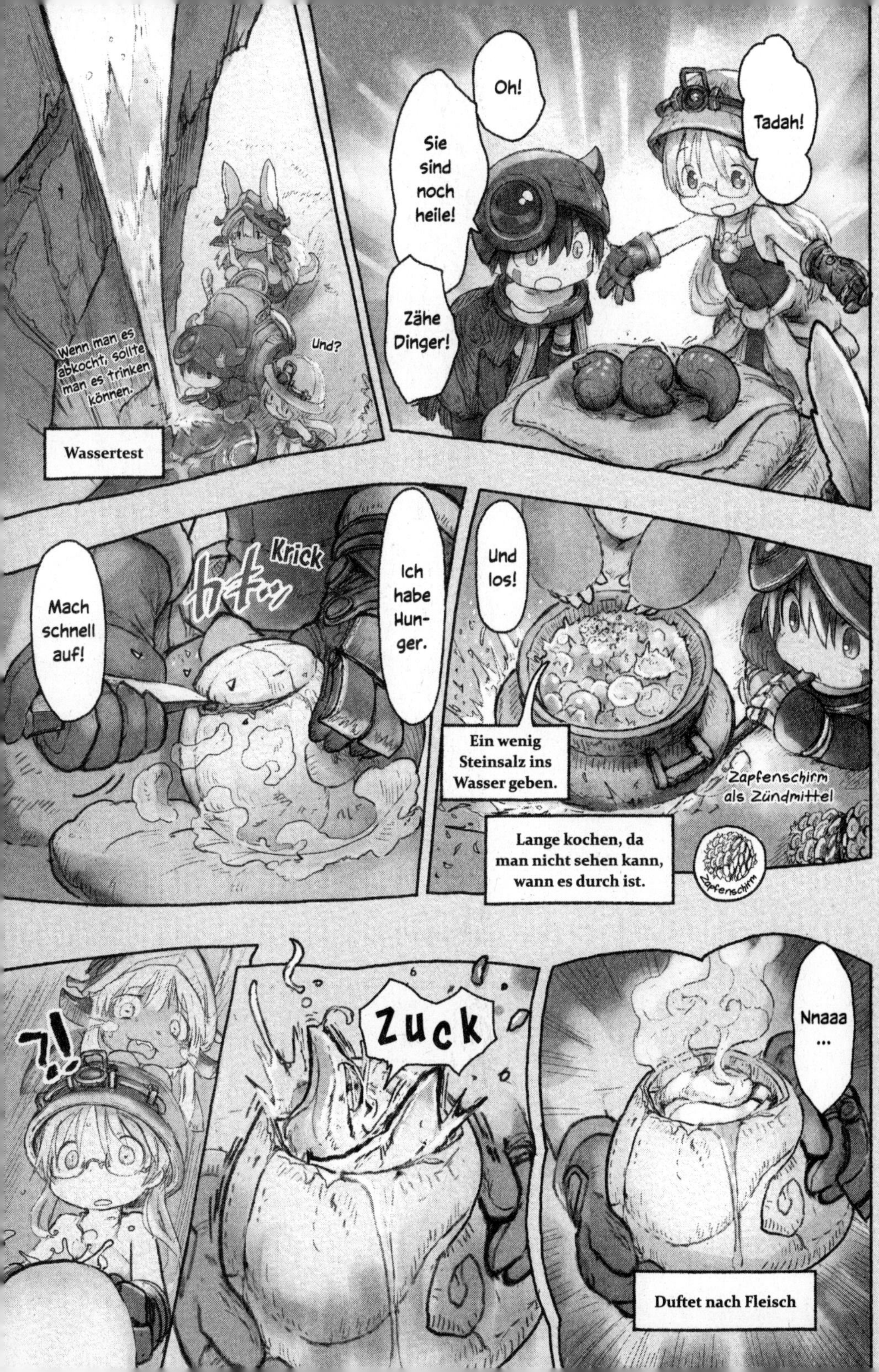
Tadah!
Oh!
Sie sind noch heile!
Zähe Dinger!
Und?
Wenn man es abkocht, sollte man es trinken können.
Wassertest
Und los!
Ein wenig Steinsalz ins Wasser geben.
Zapfenschirm als Zündmittel
Lange kochen, da man nicht sehen kann, wann es durch ist.
Zapfenschirm
Ich habe Hunger.
Krick
Mach schnell auf!
Nnaaa ...
Duftet nach Fleisch
Zuck
?!

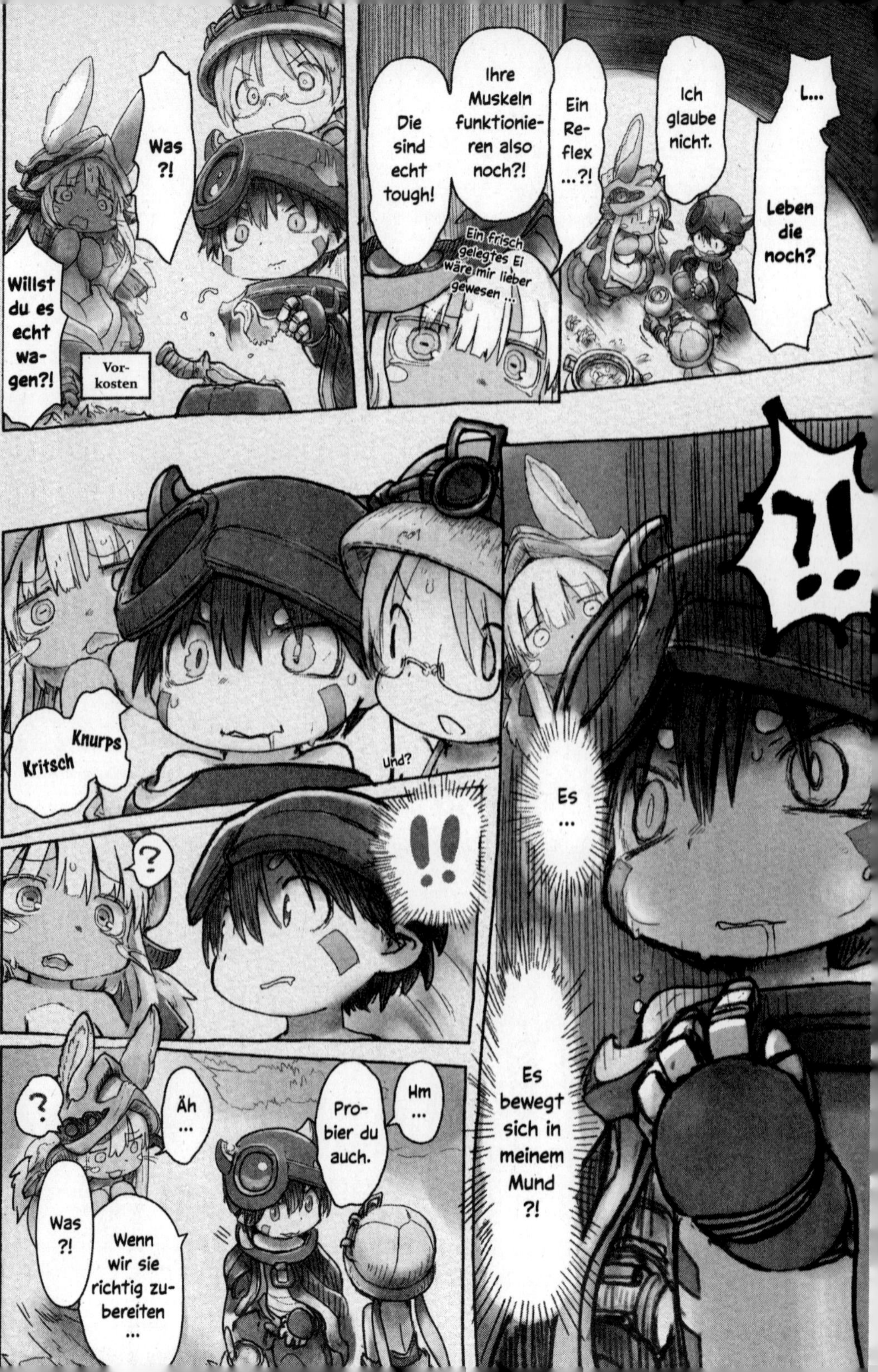

L...
Leben die noch?
Ich glaube nicht.
Ein Reflex ...?!
Ihre Muskeln funktionieren also noch?!
Die sind echt tough!
Ein frisch gelegtes Ei wäre mir lieber gewesen ...
Vorkosten
Was ?!
Willst du es echt wagen?!
Knurps
Kritsch
Und?
?
!!
?!
Es ...
Es bewegt sich in meinem Mund ?!
Hm ...
Probier du auch.
Äh ...
?
Was ?!
Wenn wir sie richtig zubereiten ...

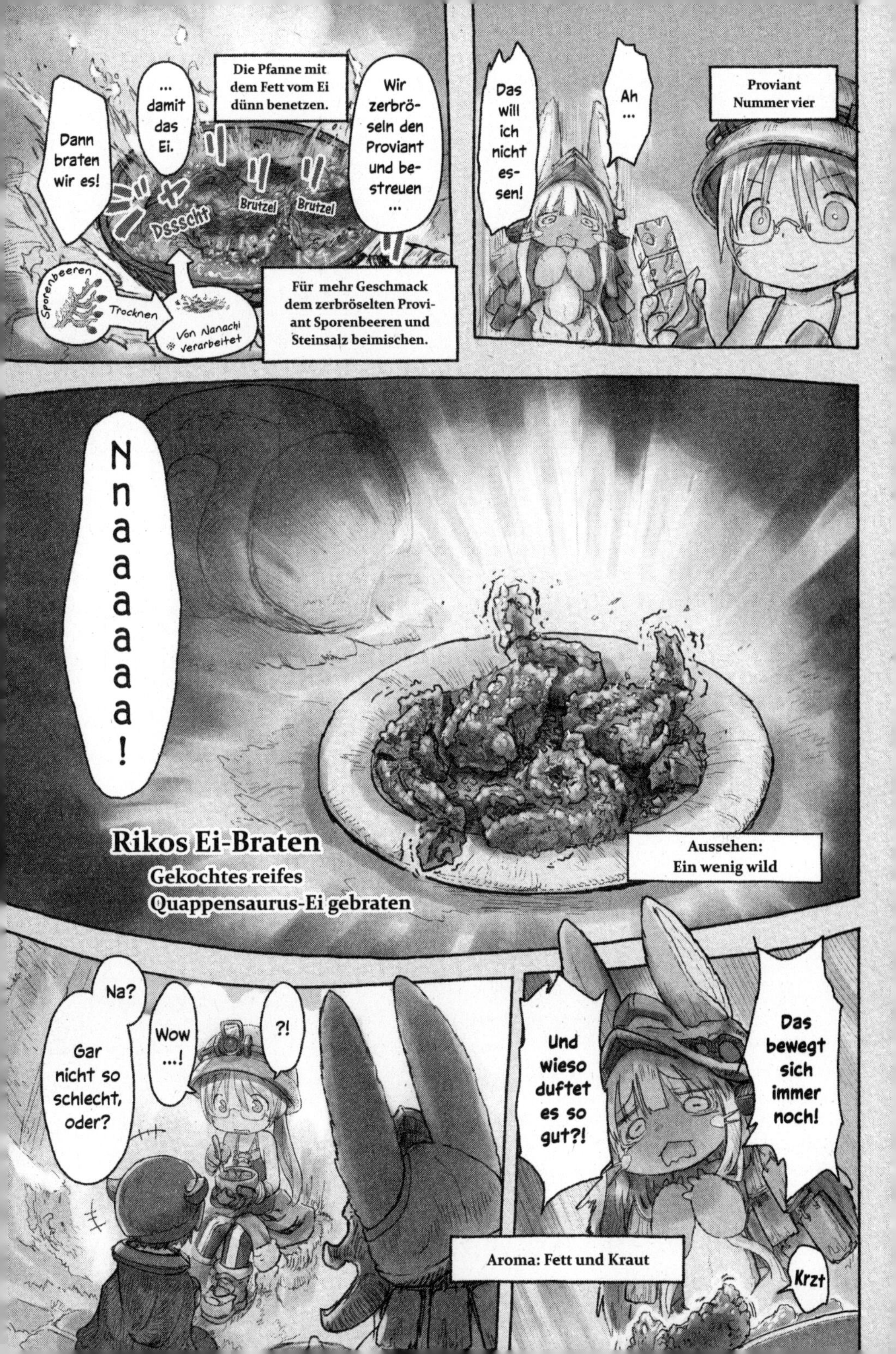
Proviant Nummer vier
Ah ...
Das will ich nicht essen!
Wir zerbröseln den Proviant und bestreuen ...
Die Pfanne mit dem Fett vom Ei dünn benetzen.
... damit das Ei.
Dann braten wir es!
Brutzel
Brutzel
Dssschť
Für mehr Geschmack dem zerbröselten Proviant Sporenbeeren und Steinsalz beimischen.
Sporenbeeren
Trocknen
Von Nanachi verarbeitet
Nnaaaaaaa!
Rikos Ei-Braten
Gekochtes reifes Quappensaurus-Ei gebraten
Aussehen: Ein wenig wild
Das bewegt sich immer noch!
Und wieso duftet es so gut?!
Aroma: Fett und Kraut
Krzt
?!
Wow ...!
Na?
Gar nicht so schlecht, oder?

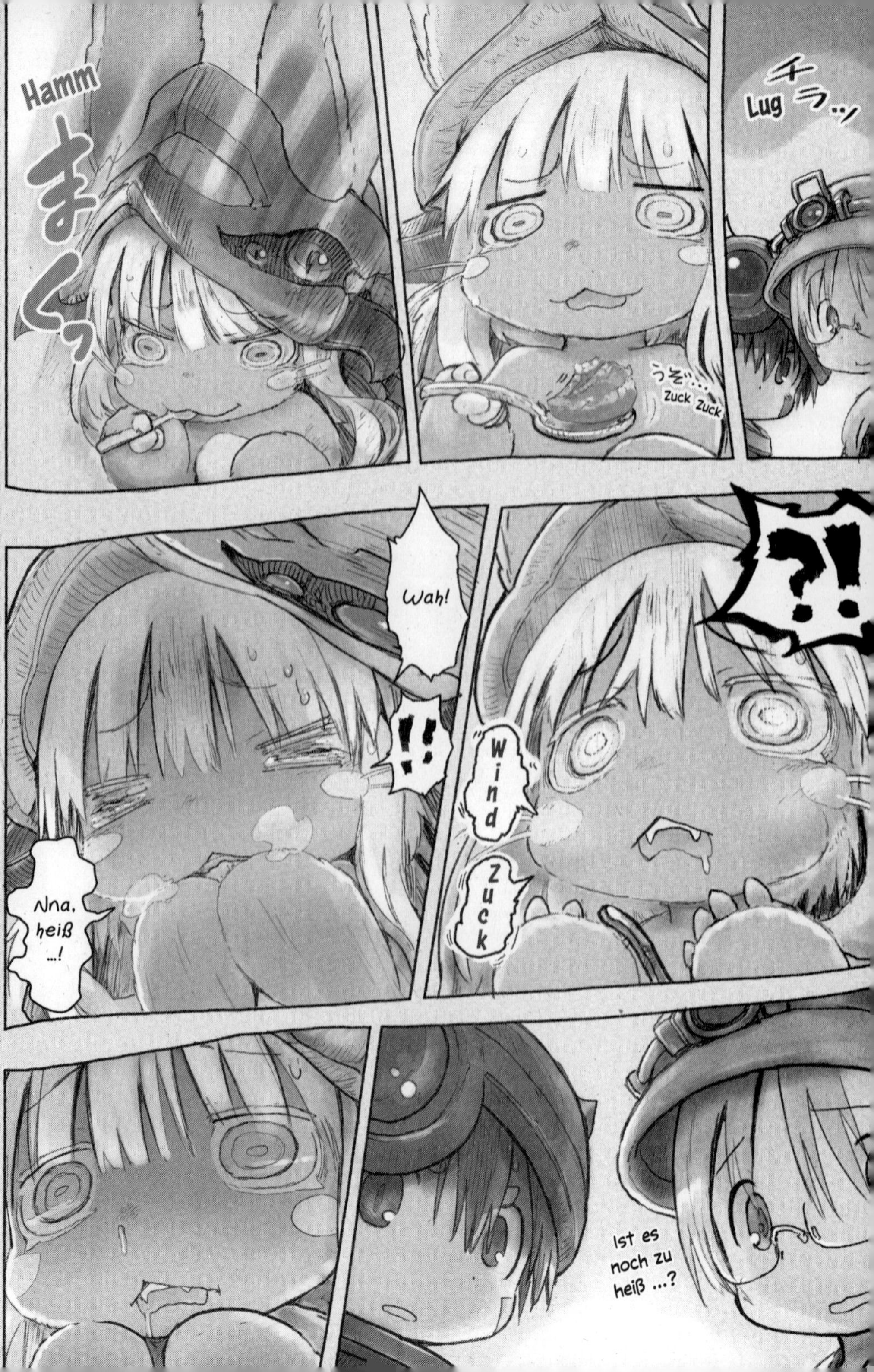

チラッ
Lug
うぞ…
Zuck Zuck
Hamm
まくっ
?!
Wind
Zuck
Wah!
!!
Nna, heiß ...!
Ist es noch zu heiß ...?

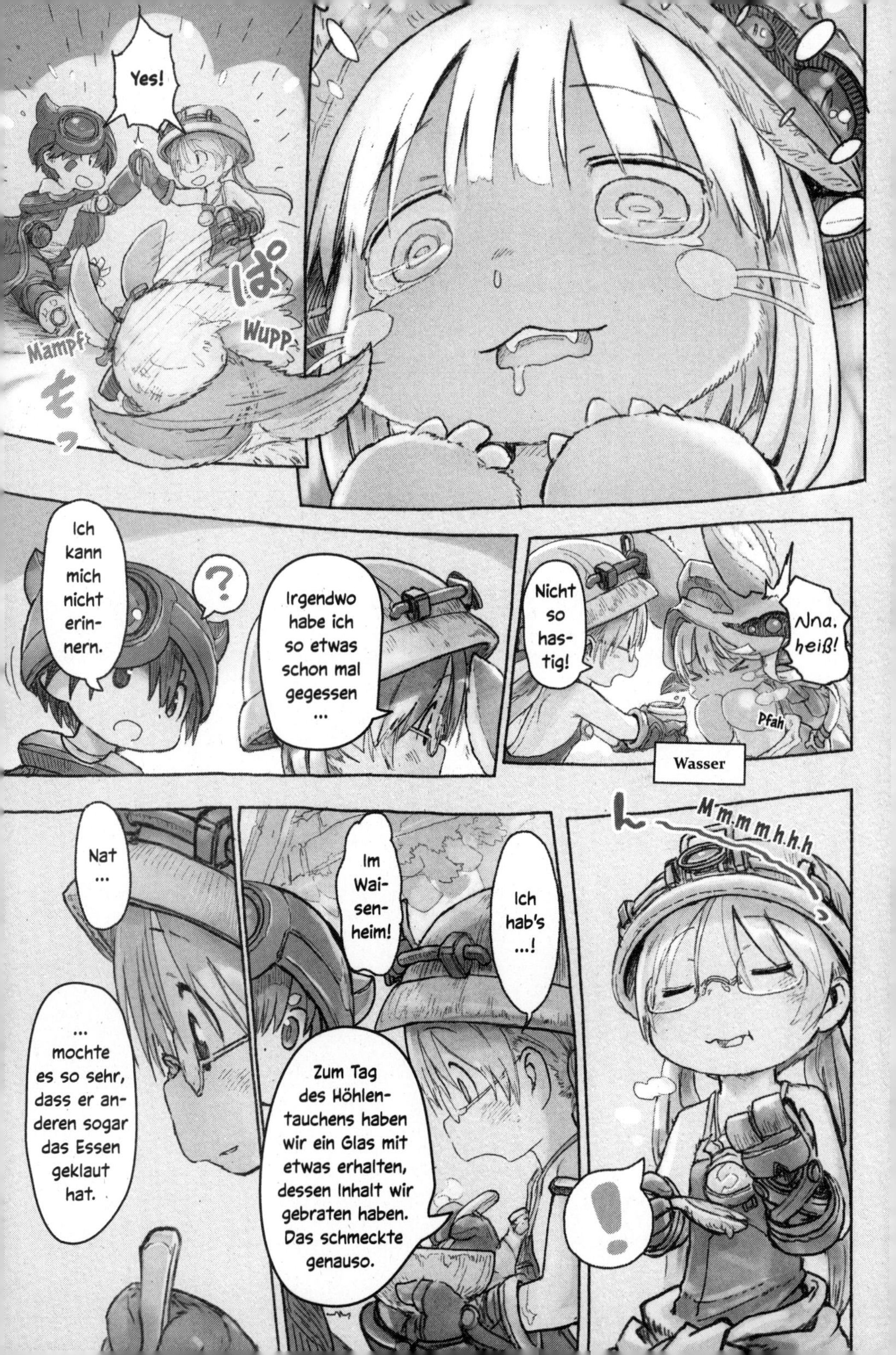

Yes!
ぱ
Wupp
Mampf
もっ
Nicht so hastig!
Nna, heiß!
Pfah
Wasser
Irgendwo habe ich so etwas schon mal gegessen …
?
Ich kann mich nicht erinnern.
Mmmmhhh
!
Ich hab's …!
Zum Tag des Höhlentauchens haben wir ein Glas mit etwas erhalten, dessen Inhalt wir gebraten haben. Das schmeckte genauso.
Im Waisenheim!
Nat …
… mochte es so sehr, dass er anderen sogar das Essen geklaut hat.

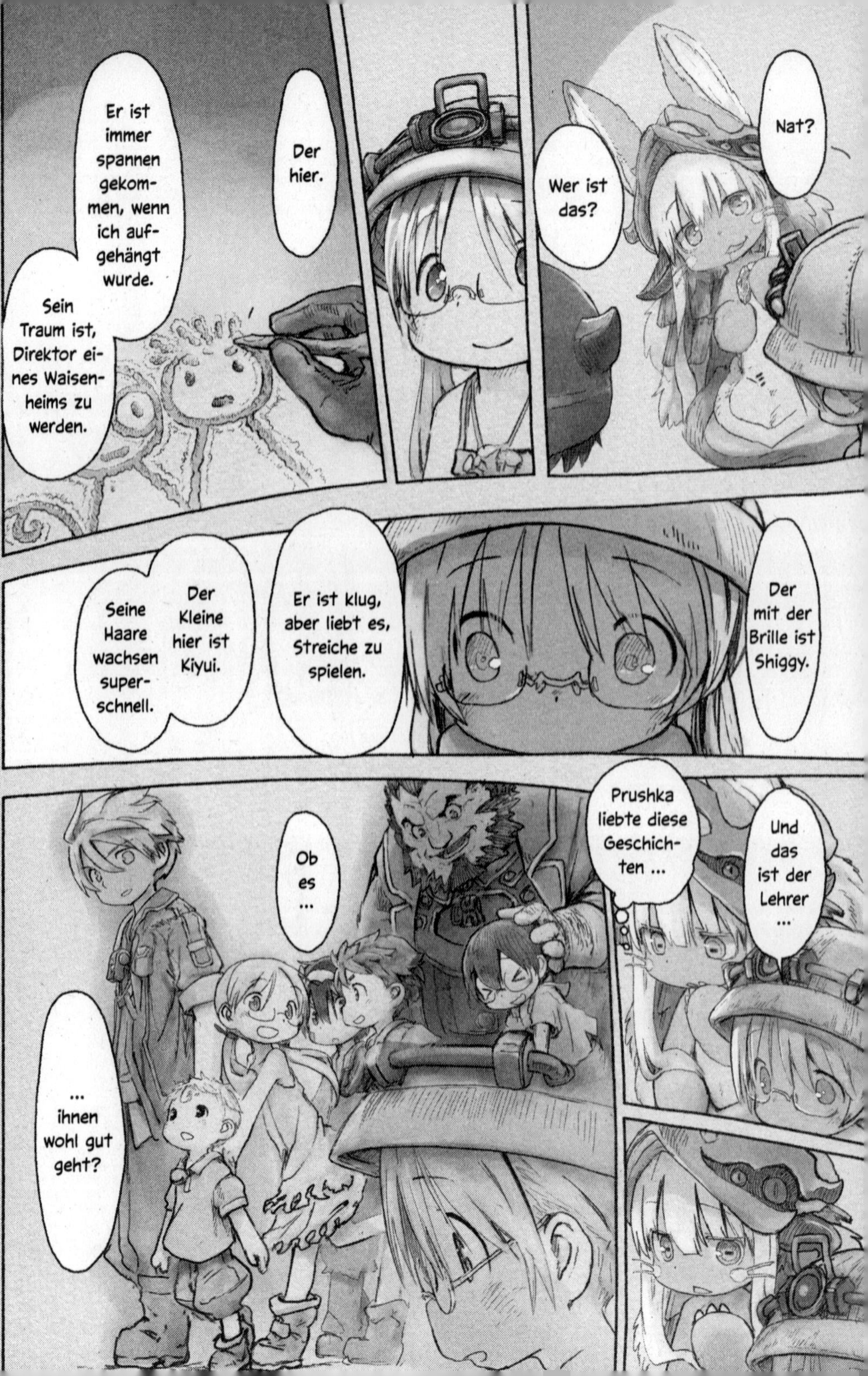
Nat?
Wer ist das?
Der hier.
Er ist immer spannen gekommen, wenn ich aufgehängt wurde.
Sein Traum ist, Direktor eines Waisenheims zu werden.
Der mit der Brille ist Shiggy.
Er ist klug, aber liebt es, Streiche zu spielen.
Der Kleine hier ist Kiyui.
Seine Haare wachsen superschnell.
Und das ist der Lehrer ...
Prushka liebte diese Geschichten ...
Ob es ...
... ihnen wohl gut geht?

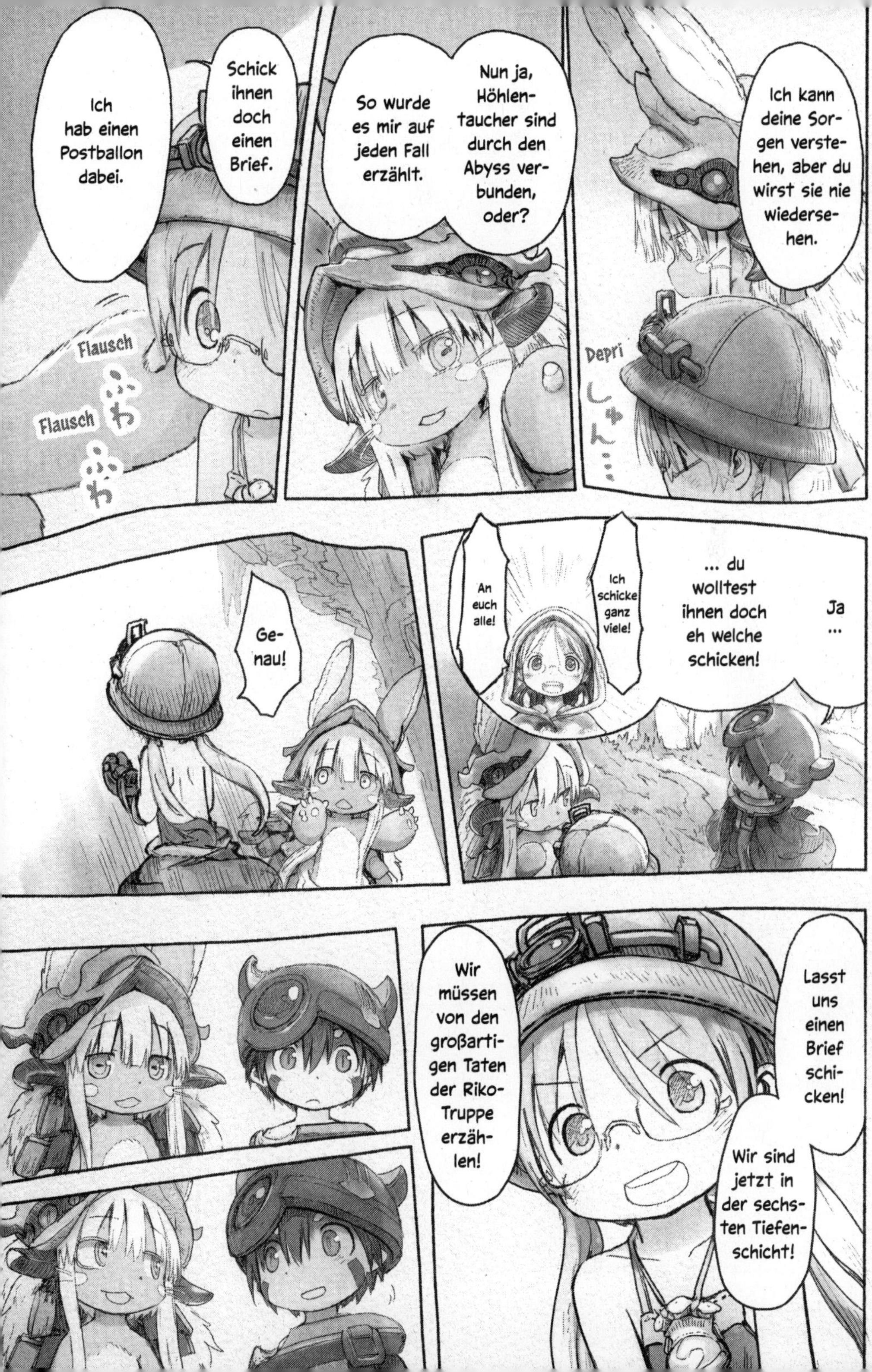
Ich kann deine Sorgen verstehen, aber du wirst sie nie wiedersehen.
Depri
しゅん…
Nun ja, Höhlentaucher sind durch den Abyss verbunden, oder?
So wurde es mir auf jeden Fall erzählt.
Schick ihnen doch einen Brief.
Ich hab einen Postballon dabei.
Flausch
ふわ
Flausch
ふわ
Ja ...
... du wolltest ihnen doch eh welche schicken!
Ich schicke ganz viele!
An euch alle!
Genau!
Lasst uns einen Brief schicken!
Wir sind jetzt in der sechsten Tiefenschicht!
Wir müssen von den großartigen Taten der Riko-Truppe erzählen!

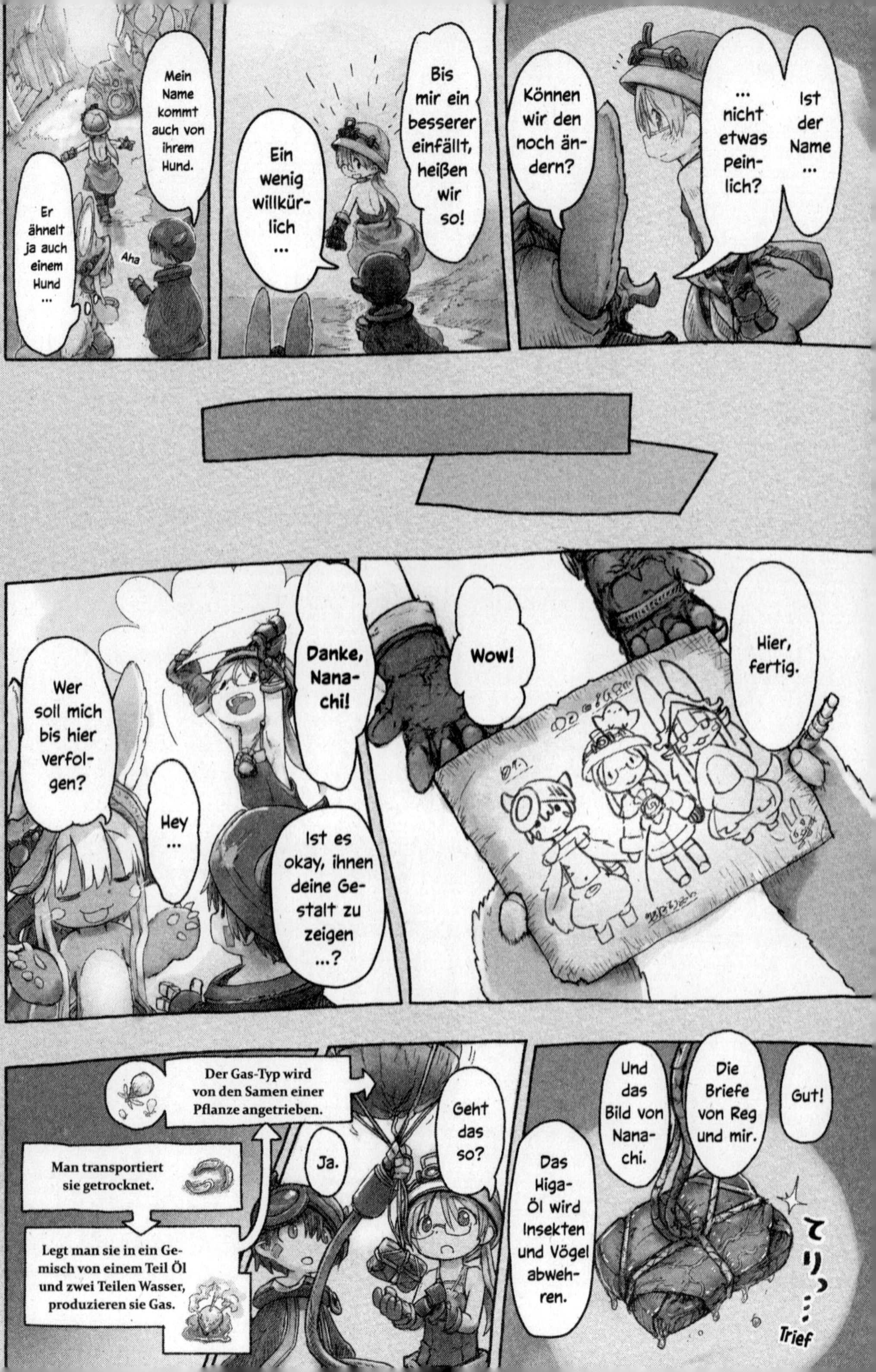
Ist der Name …
… nicht etwas peinlich?
Können wir den noch ändern?
Bis mir ein besserer einfällt, heißen wir so!
Ein wenig willkürlich …
Mein Name kommt auch von ihrem Hund.
Aha
Er ähnelt ja auch einem Hund …
Hier, fertig.
Wow!
Danke, Nanachi!
Ist es okay, ihnen deine Gestalt zu zeigen …?
Hey …
Wer soll mich bis hier verfolgen?
Gut!
Die Briefe von Reg und mir.
Und das Bild von Nanachi.
Das Higa-Öl wird Insekten und Vögel abwehren.
Trief
Geht das so?
Ja.
Der Gas-Typ wird von den Samen einer Pflanze angetrieben.
Man transportiert sie getrocknet.
Legt man sie in ein Gemisch von einem Teil Öl und zwei Teilen Wasser, produzieren sie Gas.

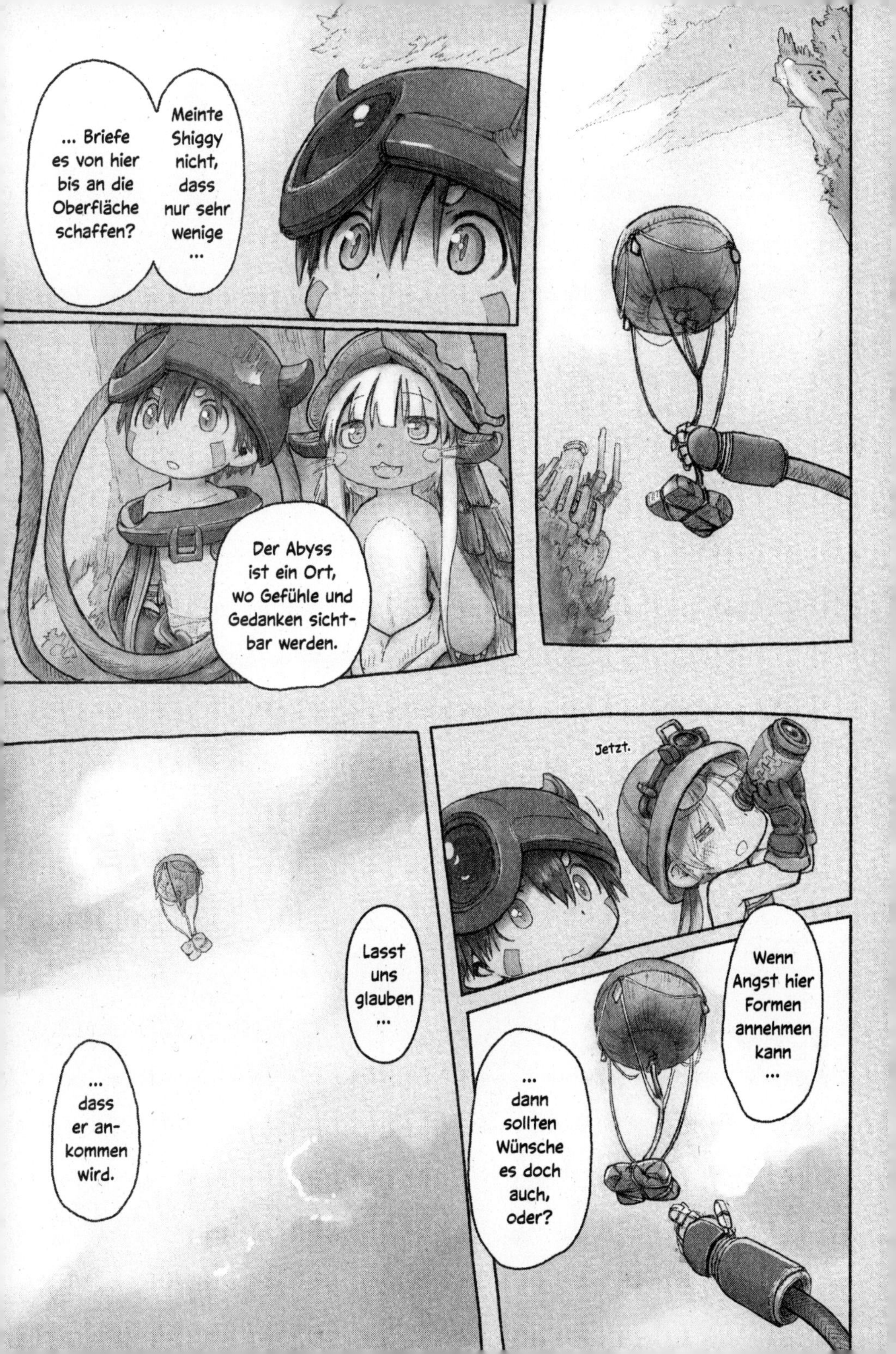
Meinte Shiggy nicht, dass nur sehr wenige ...
... Briefe es von hier bis an die Oberfläche schaffen?
Der Abyss ist ein Ort, wo Gefühle und Gedanken sichtbar werden.
Jetzt.
Wenn Angst hier Formen annehmen kann ...
... dann sollten Wünsche es doch auch, oder?
Lasst uns glauben ...
... dass er ankommen wird.

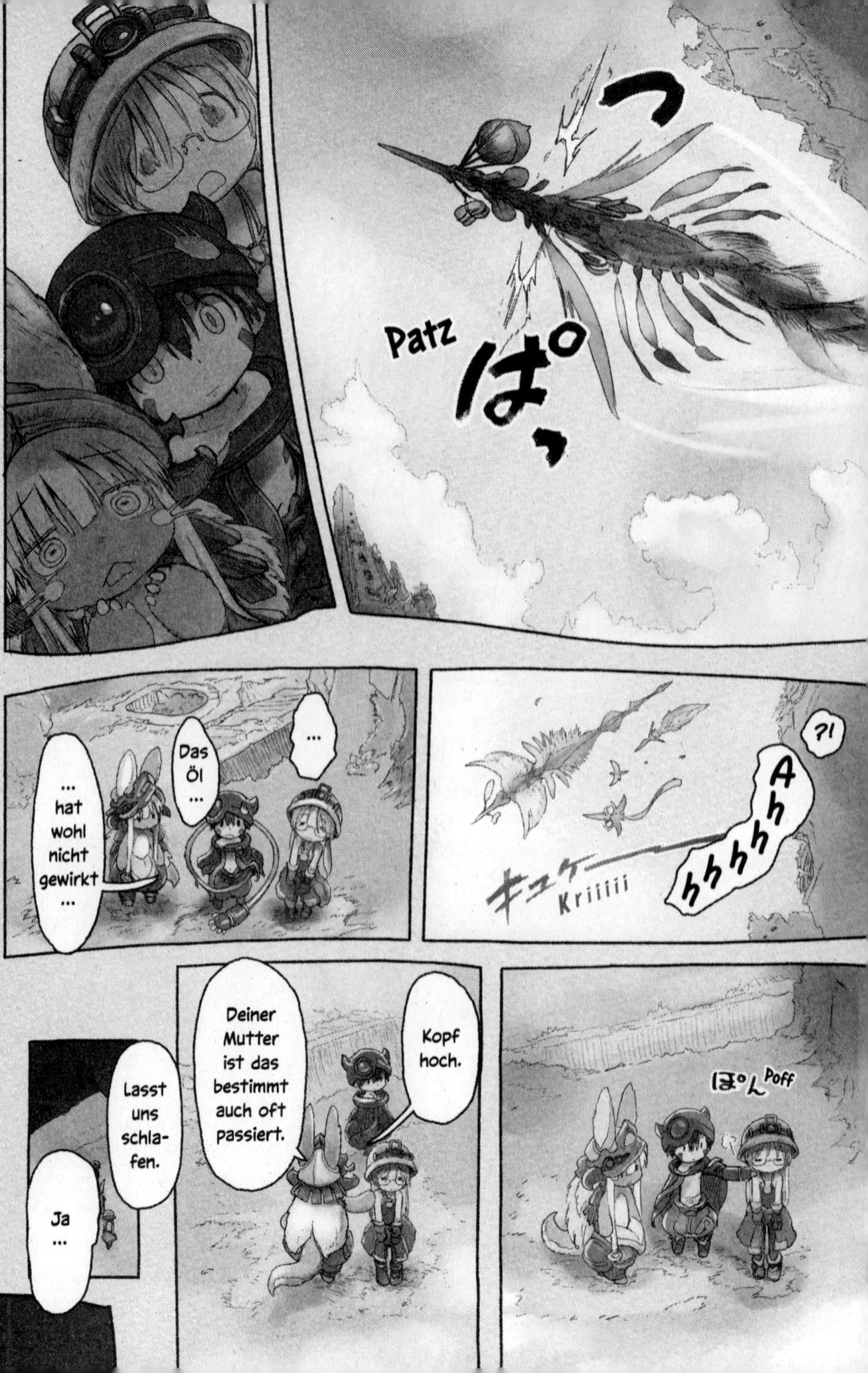

っ
ぱ
Patz
?!
Ahhhhhhh
キュケー
Kriiiii
...
Das Öl ...
... hat wohl nicht gewirkt ...
ぽん Poff
Kopf hoch.
Deiner Mutter ist das bestimmt auch oft passiert.
Lasst uns schla-fen.
Ja ...

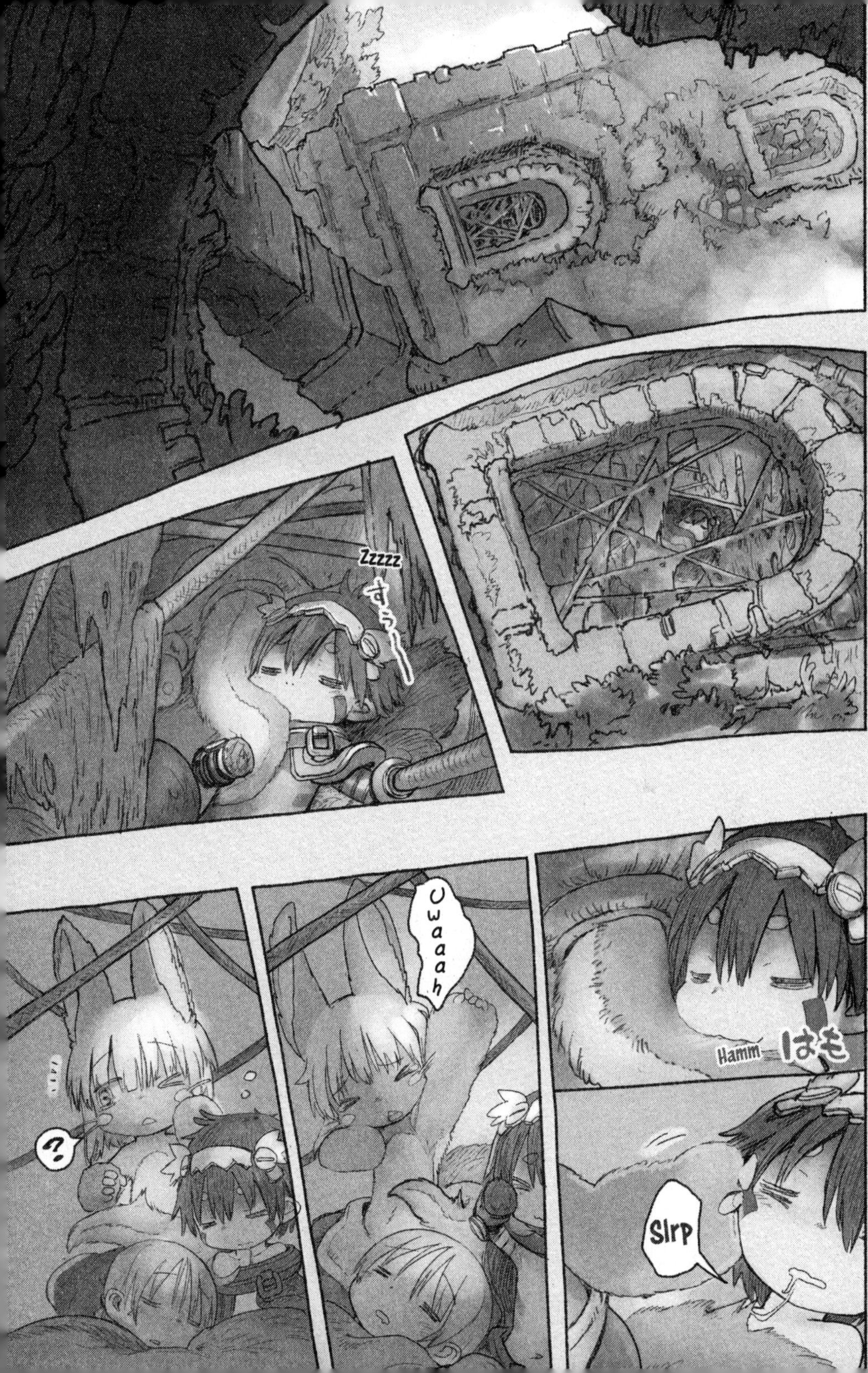
Zzzzz すう——
Hamm はむ
Slrp
Uwaaah
?!
...

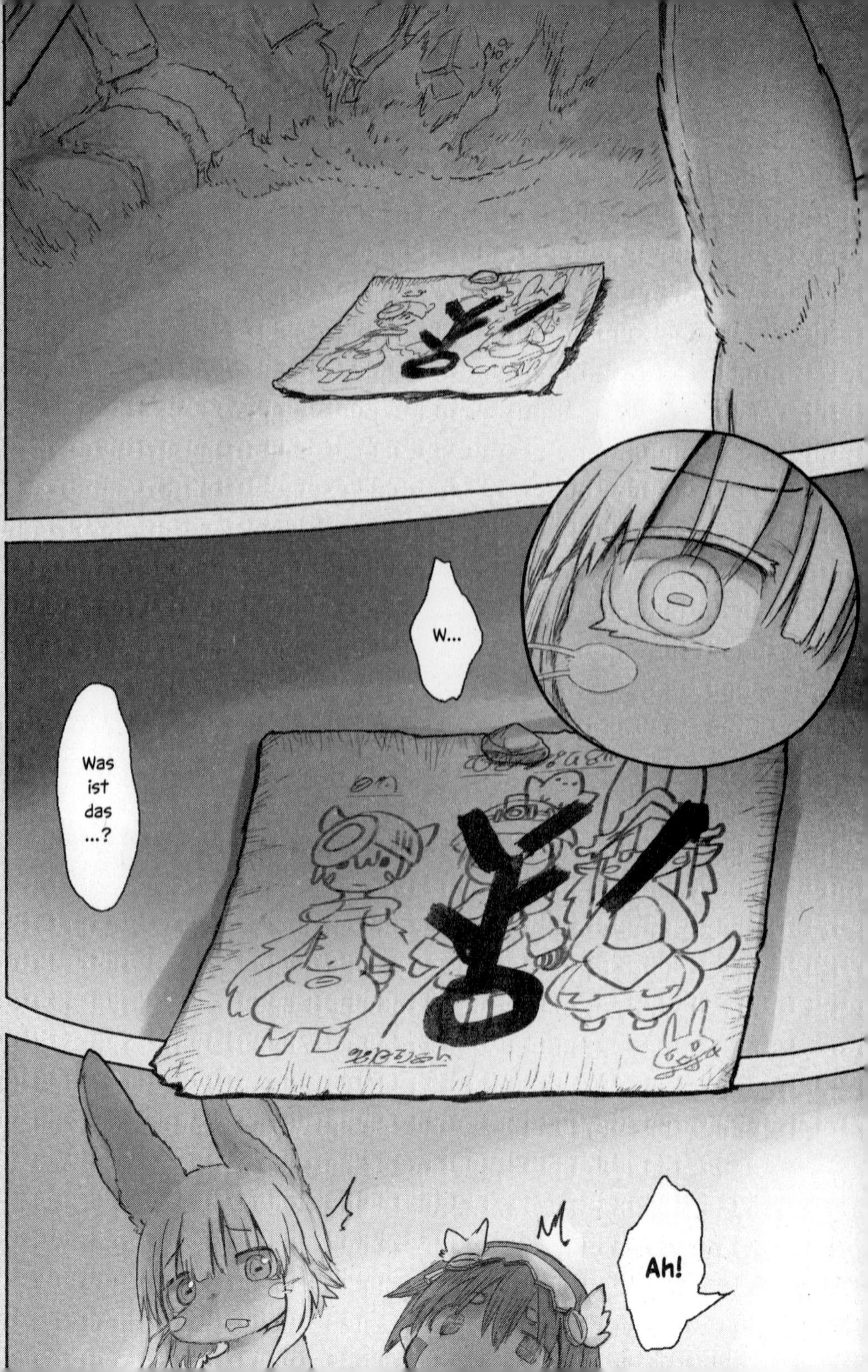
W...
Was ist das ...?
Ah!

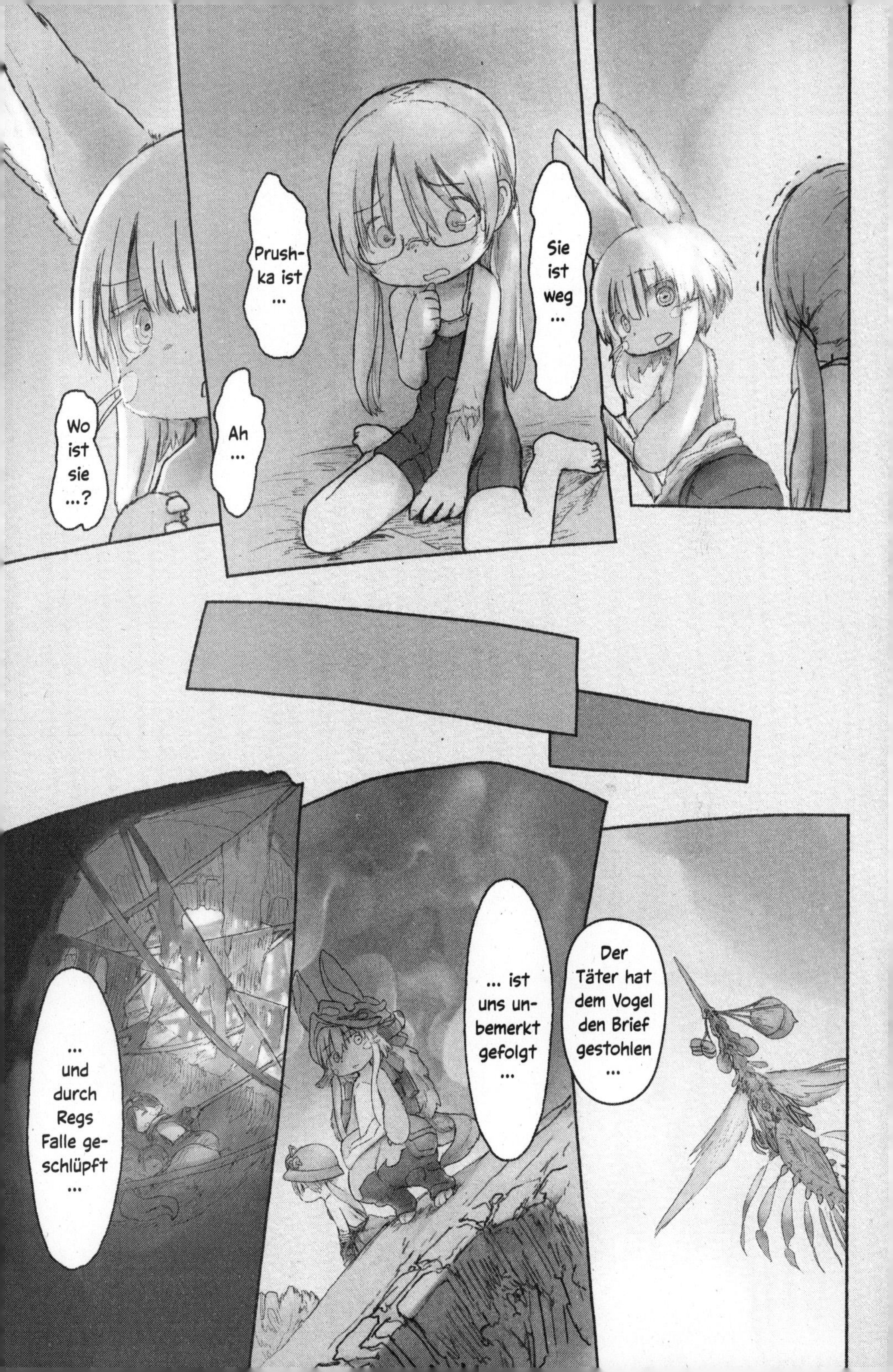
Sie ist weg ...
Prushka ist ...
Ah ...
Wo ist sie ...?
Der Täter hat dem Vogel den Brief gestohlen ...
... ist uns unbemerkt gefolgt ...
... und durch Regs Falle geschlüpft ...

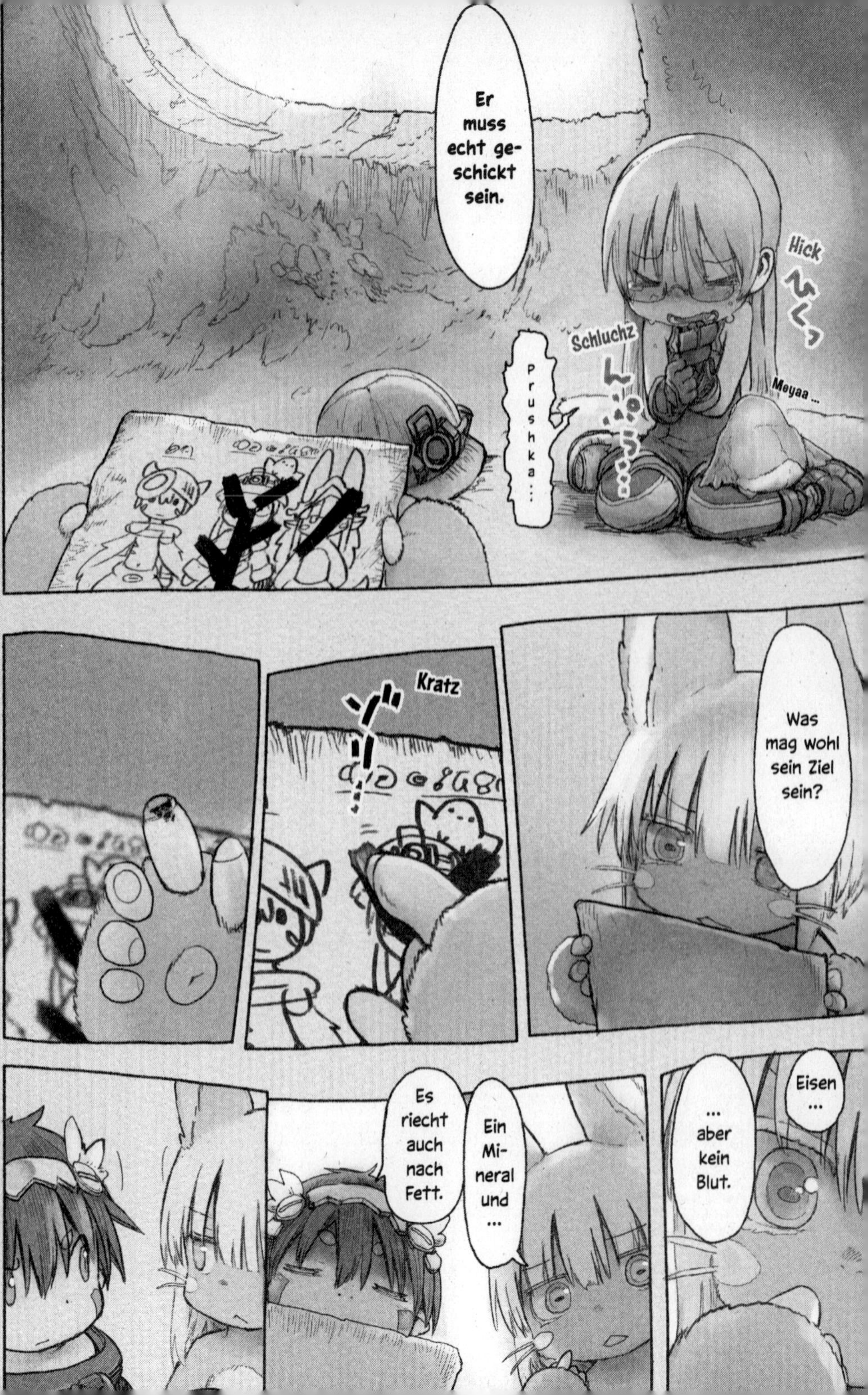

Er muss echt geschickt sein.
Hick
Meyaa ...
Schluchz
Prushka...
Was mag wohl sein Ziel sein?
Kratz
Eisen ...
... aber kein Blut.
Ein Mineral und ...
Es riecht auch nach Fett.

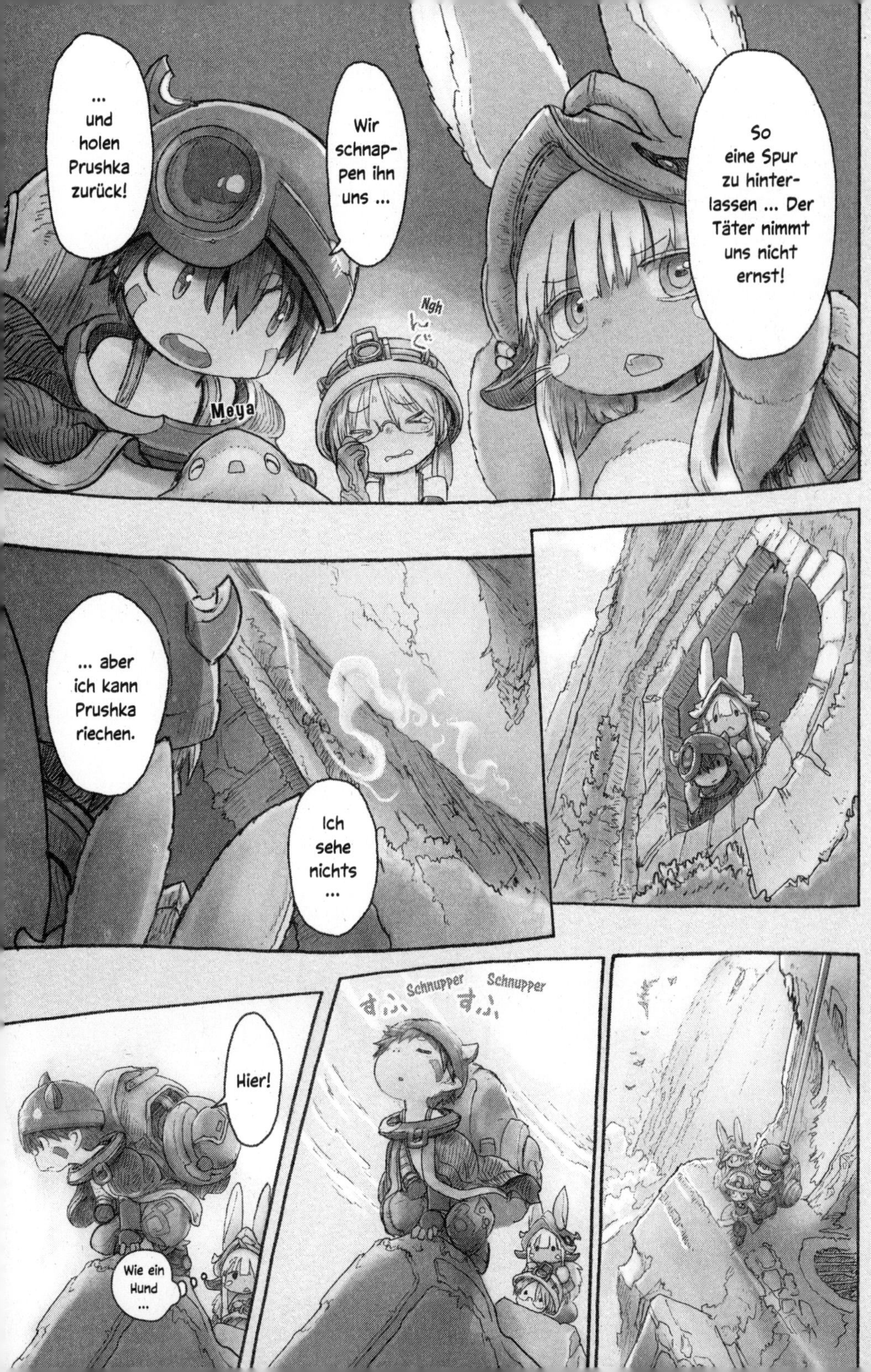
So eine Spur zu hinterlassen ... Der Täter nimmt uns nicht ernst!
Ngh
Wir schnappen ihn uns ...
... und holen Prushka zurück!
Meya
Ich sehe nichts ...
... aber ich kann Prushka riechen.
Schnupper
Schnupper
Hier!
Wie ein Hund ...

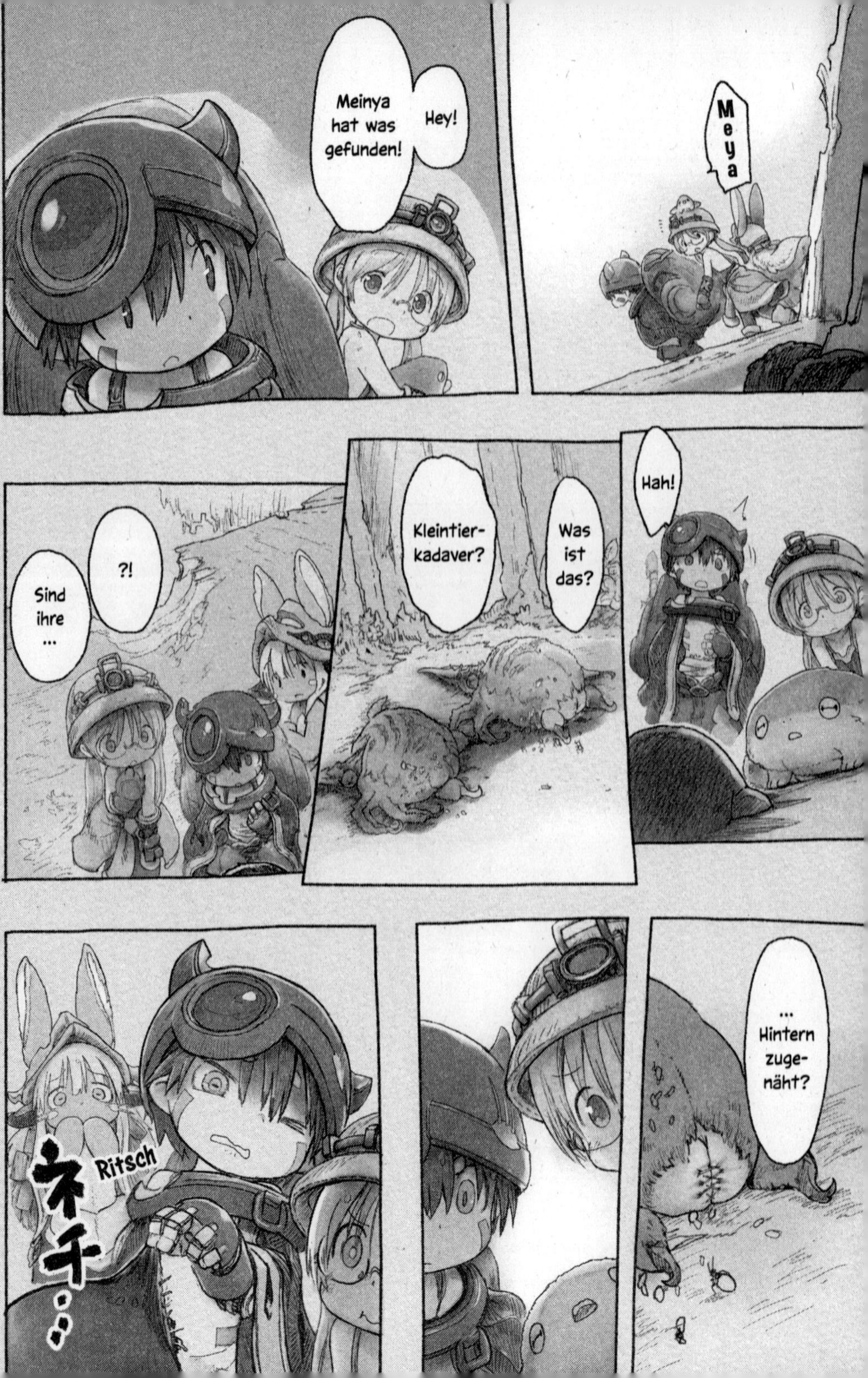

Meya
Hey!
Meinya hat was gefunden!
Hah!
Was ist das?
Kleintier-kadaver?
?!
Sind ihre ...
... Hintern zuge-näht?
ネチ…
Ritsch

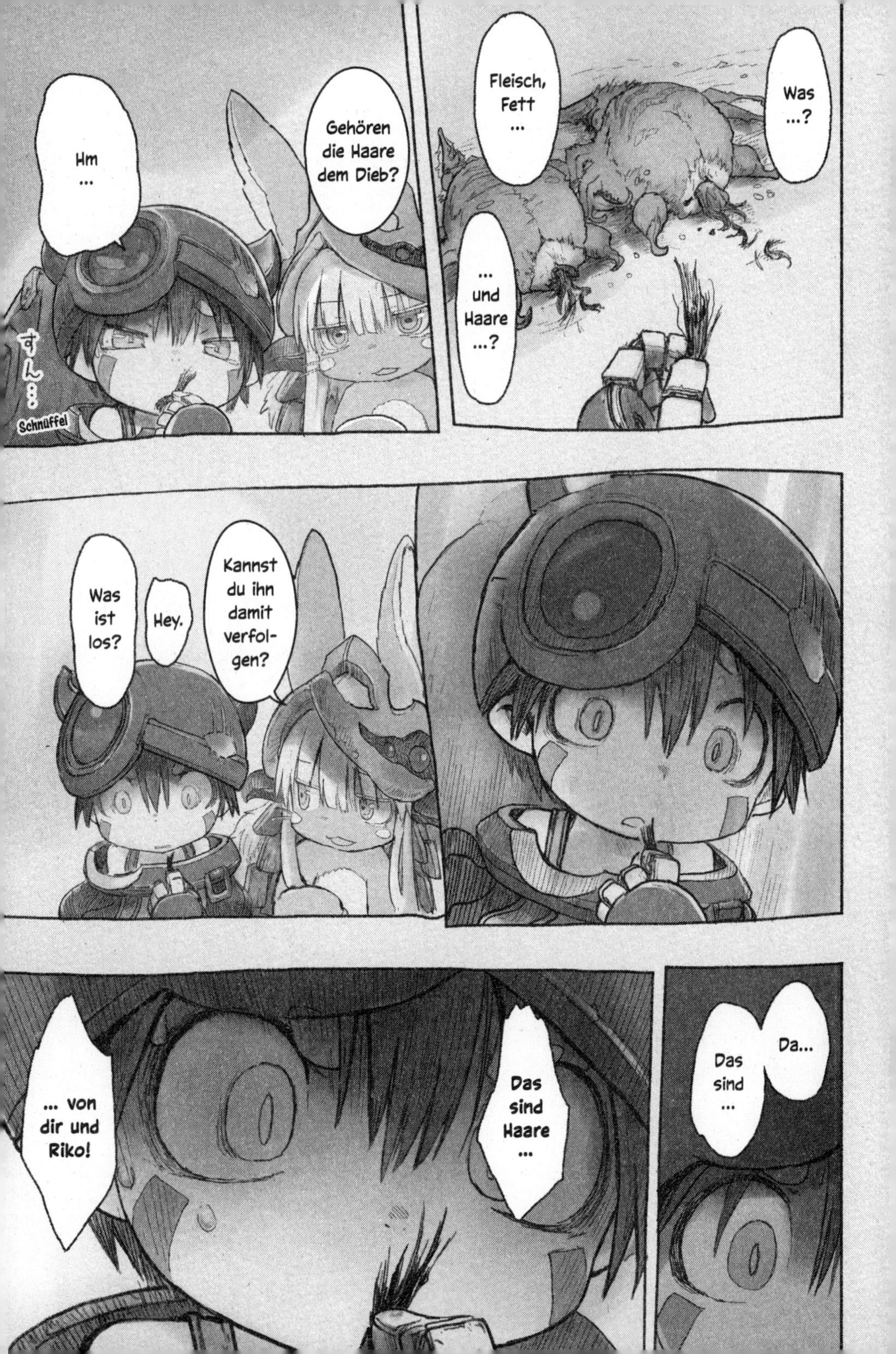
Was ...?
Fleisch, Fett ...
... und Haare ...?
Gehören die Haare dem Dieb?
Hm ...
すん…
Schnüffel
Kannst du ihn damit verfol-gen?
Hey.
Was ist los?
Da...
Das sind ...
Das sind Haare ...
... von dir und Riko!

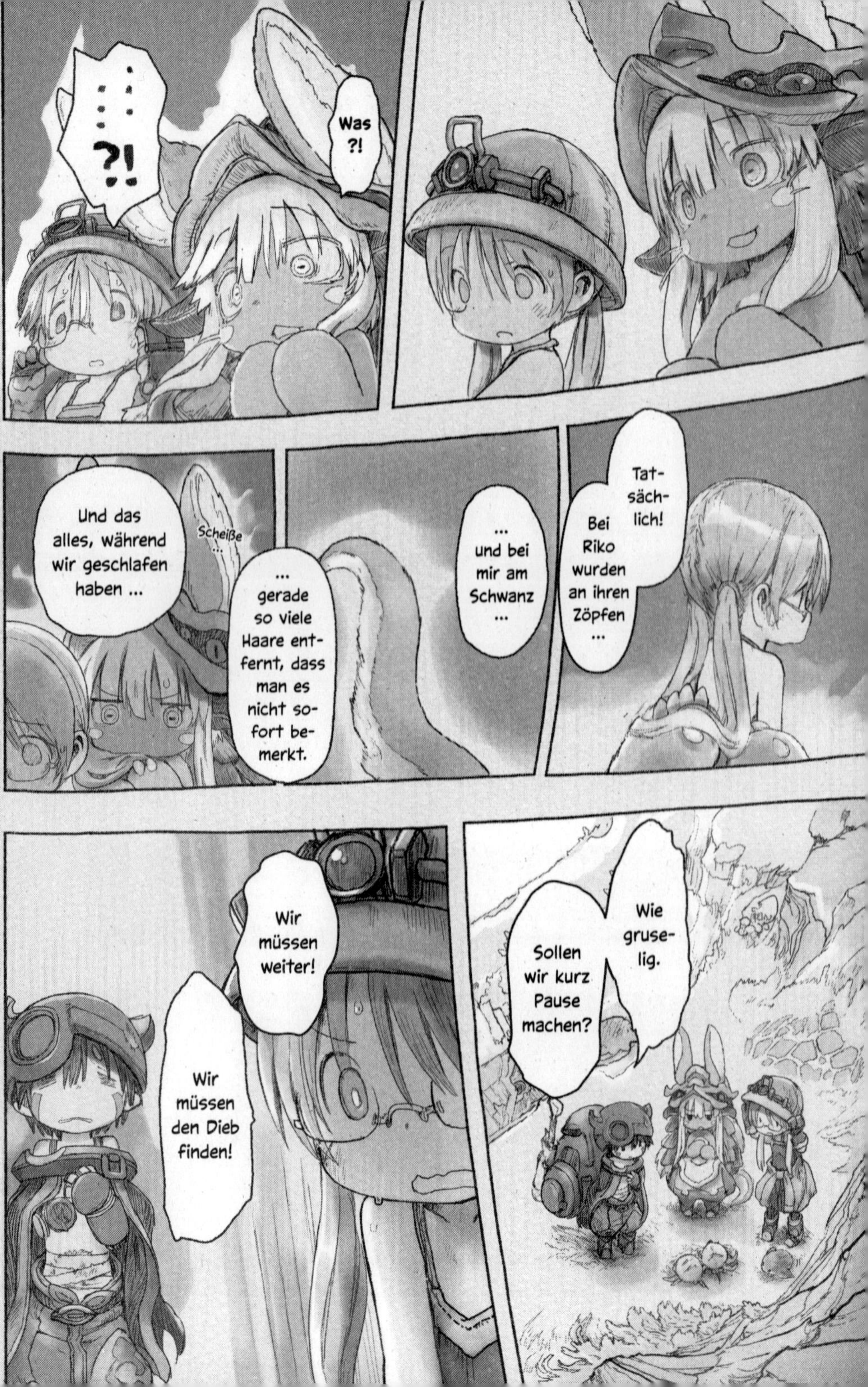
Was ?!
… … ?!
Tatsächlich!
Bei Riko wurden an ihren Zöpfen …
… und bei mir am Schwanz …
… gerade so viele Haare entfernt, dass man es nicht sofort bemerkt.
Scheiße …
Und das alles, während wir geschlafen haben …
Wie gruselig.
Sollen wir kurz Pause machen?
Wir müssen weiter!
Wir müssen den Dieb finden!

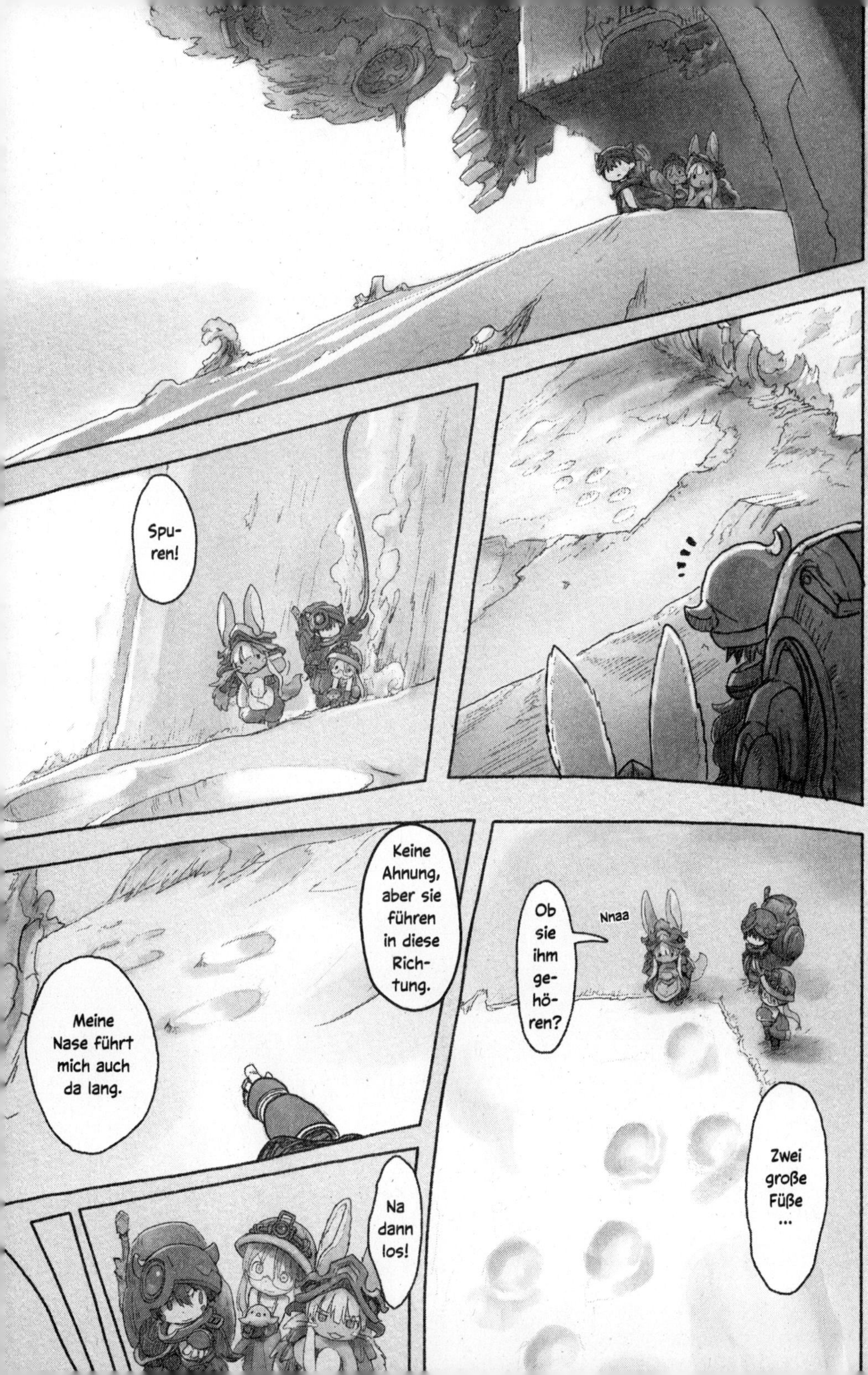
Spu-
ren!
Ob sie ihm ge-hö-ren?
Nnaa
Keine Ahnung, aber sie führen in diese Rich-tung.
Meine Nase führt mich auch da lang.
Zwei große Füße ...
Na dann los!

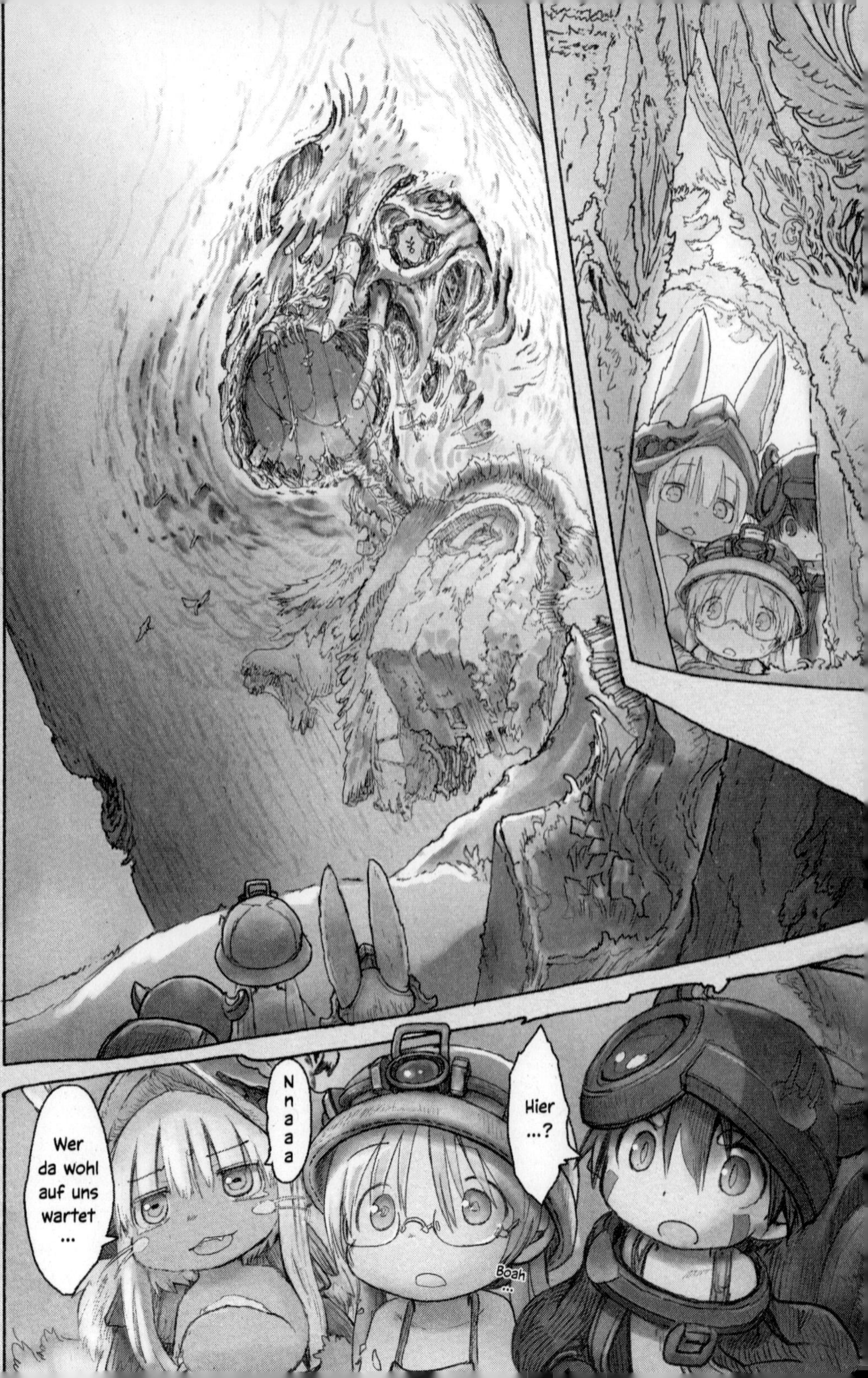
Hier ...?
Boah ...
Nnaaa
Wer da wohl auf uns wartet ...

Schneckendrache

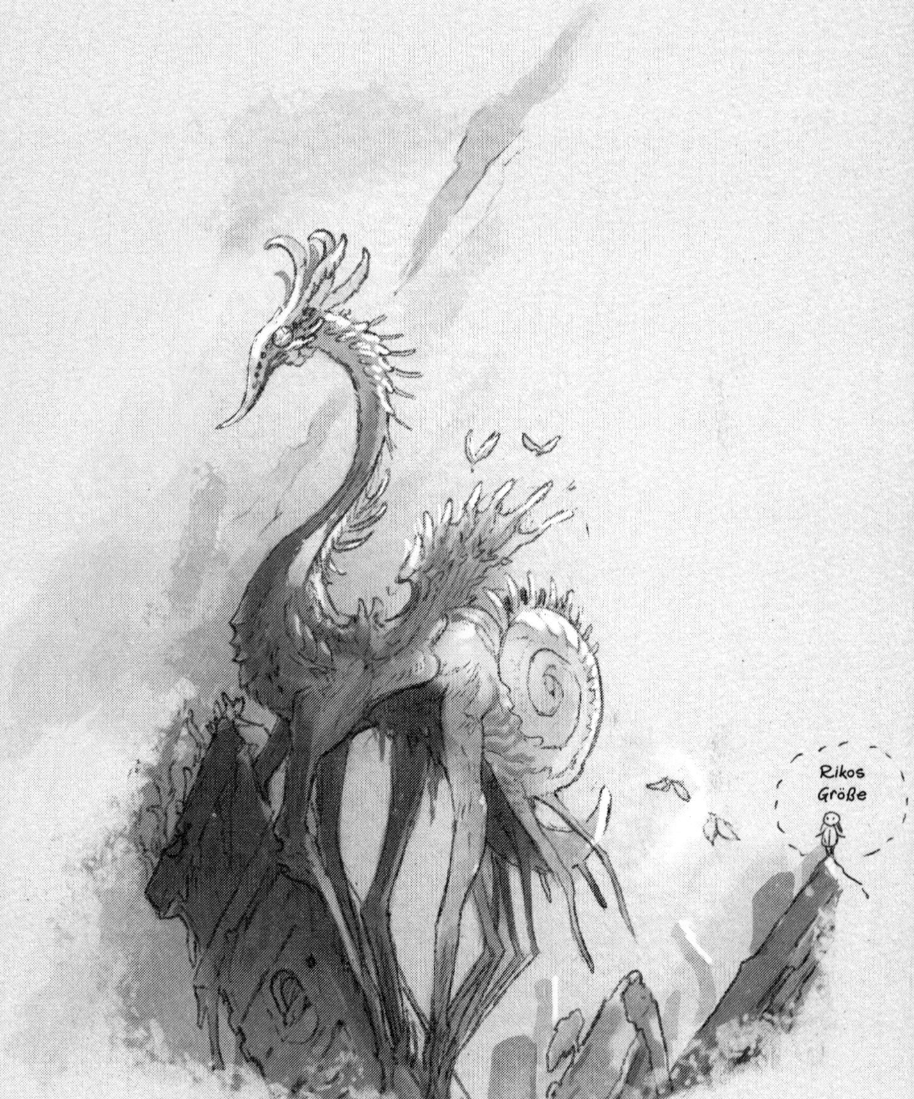

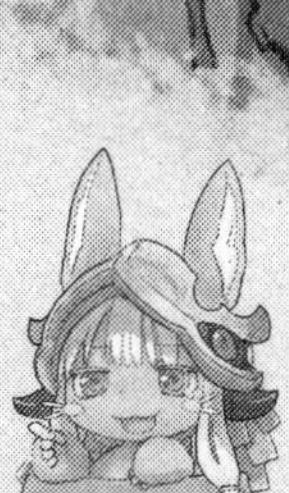

Wir wissen von diesen Urbestien nur, dass sie supergroß sind und dass Lyza ihnen bereits begegnet ist. Selbst ich kenne mich mit den Wesen hier unten nicht aus, also seid gespannt, was ich bald zu berichten habe.

Die Uralte Schrift

Eine Unterhaltung zwischen zwei Geschwistern in einer Ausstellung über die Geschichte des Höhlentauchens im östlichen Bezirk von Orth.

◆ Schau, Menae. Die Schrift, die wir benutzen, ist nur ein kleiner Teil der Glyphen der Unterwelt.

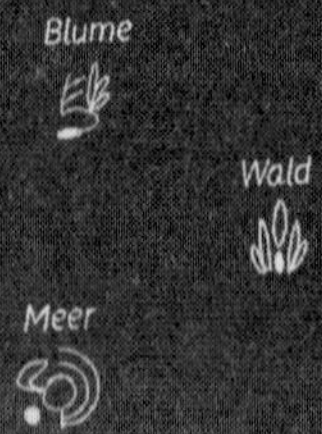

◇ Die sehen ja alle kompliziert aus ...

◆ Ja, da hast du recht.

Man hat von den vielen zehntausenden Schriftzeichen, die im Abyss gefunden wurden, nur die simplen herausgenommen und sie den Lauten unserer Amtssprache zugeordnet ... So sind die Glyphen der Unterwelt entstanden, die wir heutzutage benutzen.

Diese vergleichsweise leicht zu entschlüsselnden Ideogramme werden als vereinfachte Schrift bereits seit circa 300 Jahren in Orth benutzt.

◇ Sherumi, davon hab ich schon gehört. Die Höhlentaucher haben sie als Geheimschrift benutzt, oder?

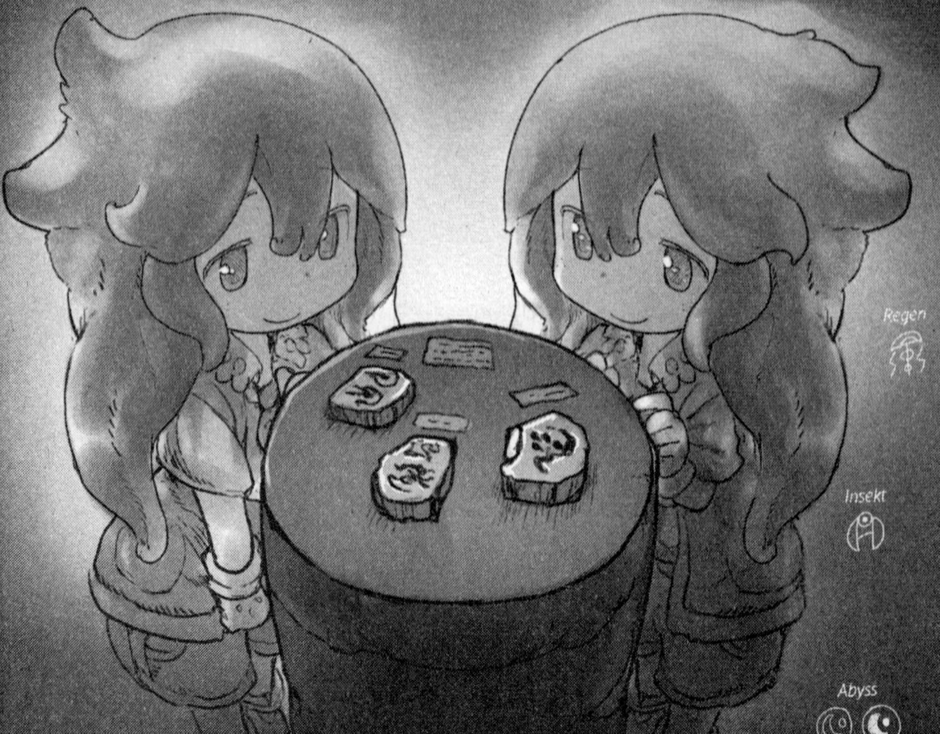

◆ Ja, genau. Und ursprünglich hatte jedes dieser Schriftzeichen seinen eigenen Laut und seine eigene Bedeutung ... Es waren Ideogramme. Weißt du, was dies hier bedeutet, Menae?

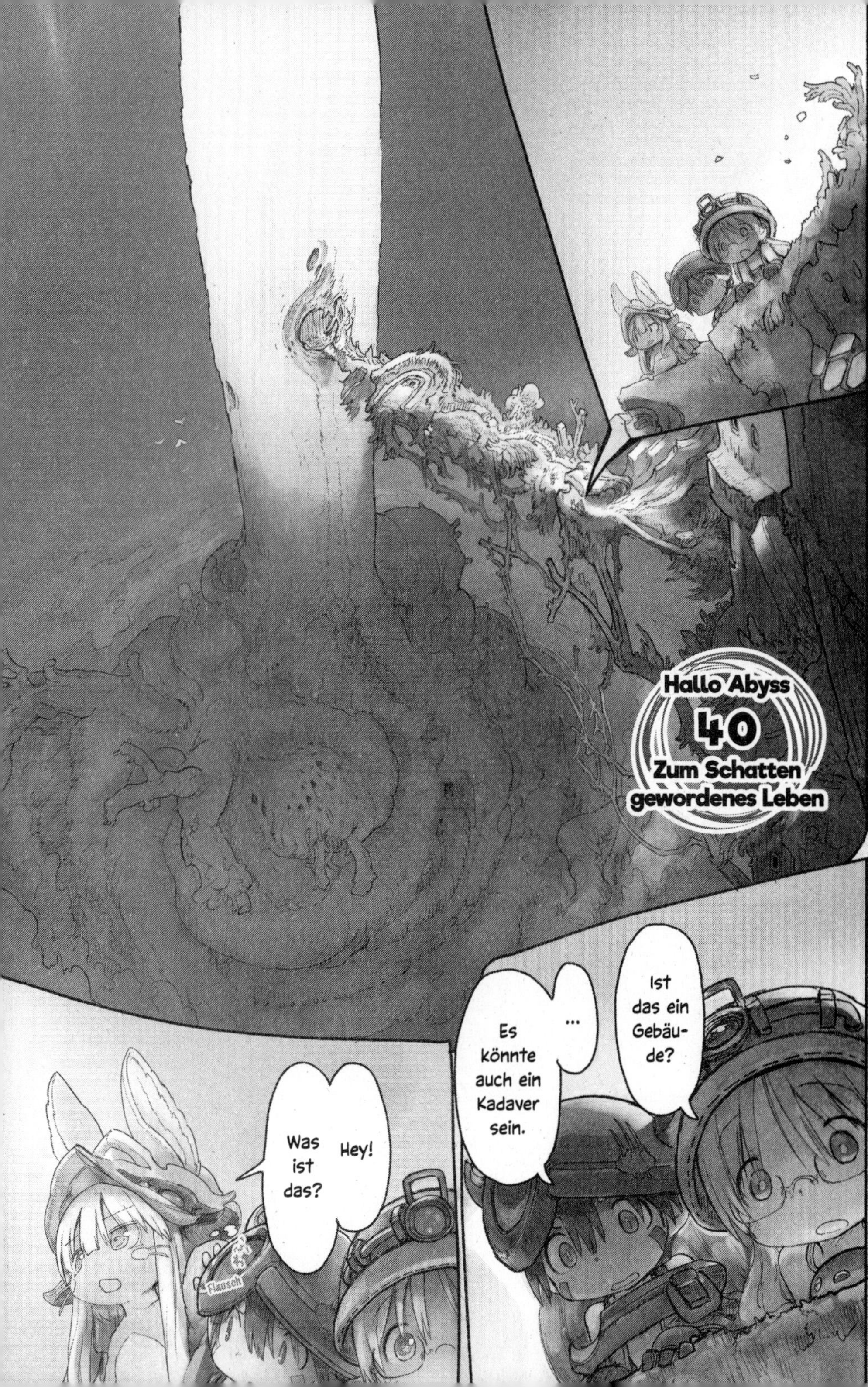
Hallo Abyss
40
Zum Schatten gewordenes Leben
Ist das ein Gebäu-de?
...
Es könnte auch ein Kadaver sein.
Hey!
Was ist das?
Flausch

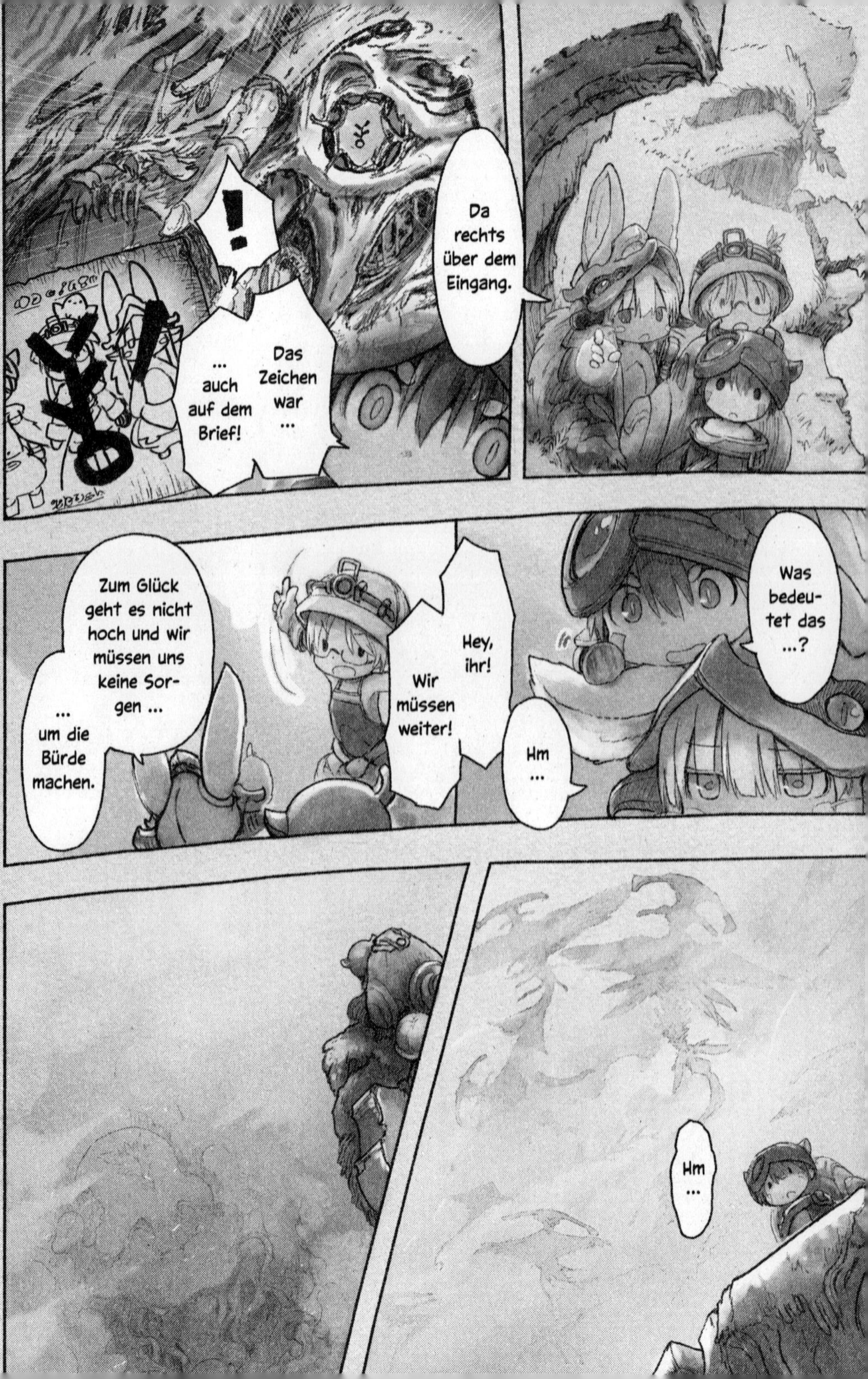
Da rechts über dem Eingang.
!
Das Zeichen war ...
... auch auf dem Brief!
Was bedeu-tet das ...?
Hm ...
Hey, ihr!
Wir müssen weiter!
Zum Glück geht es nicht hoch und wir müssen uns keine Sor-gen ...
... um die Bürde machen.
Hm ...

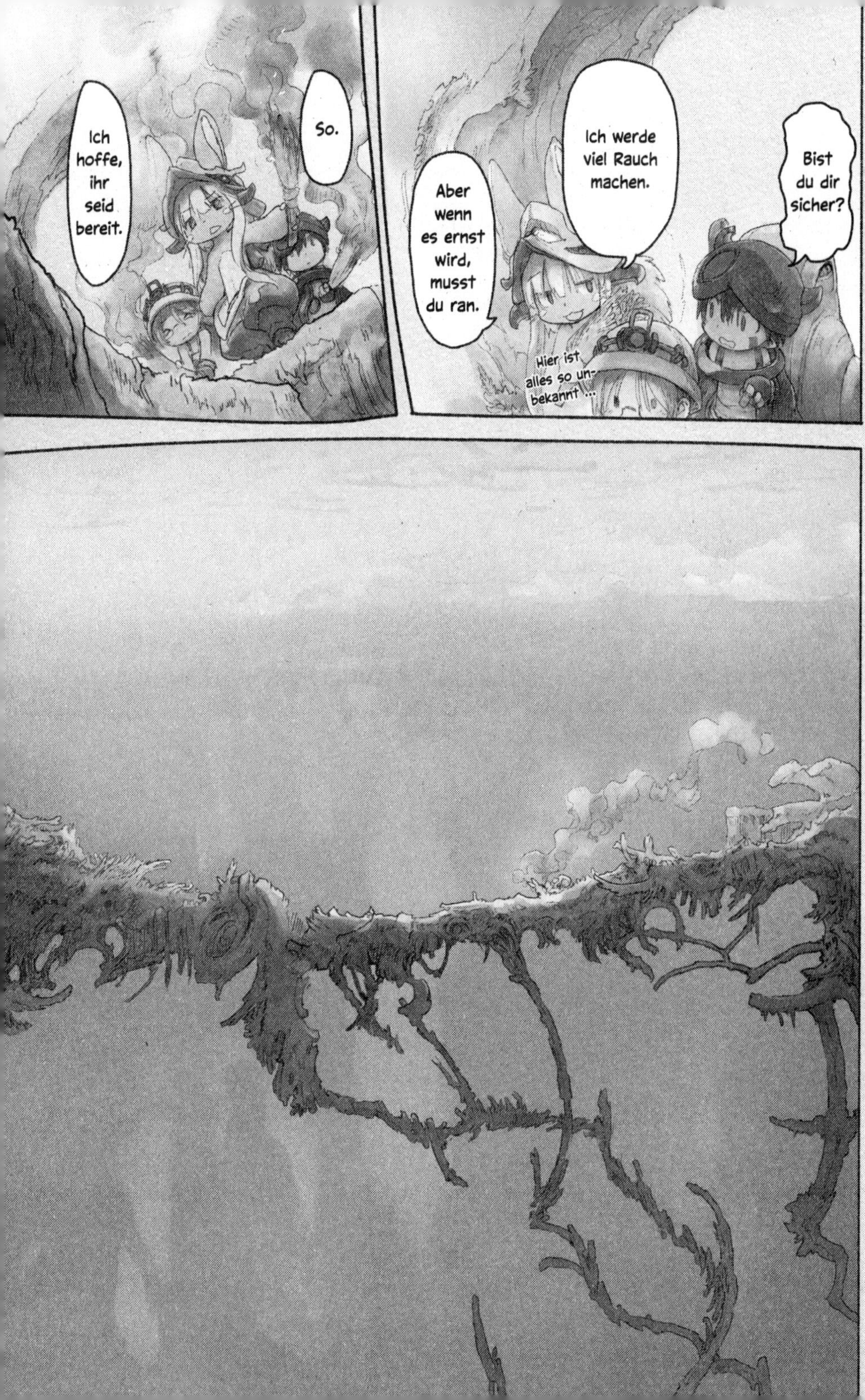
Bist du dir sicher?
Ich werde viel Rauch machen.
Aber wenn es ernst wird, musst du ran.
Hier ist alles so unbekannt ...
So.
Ich hoffe, ihr seid bereit.

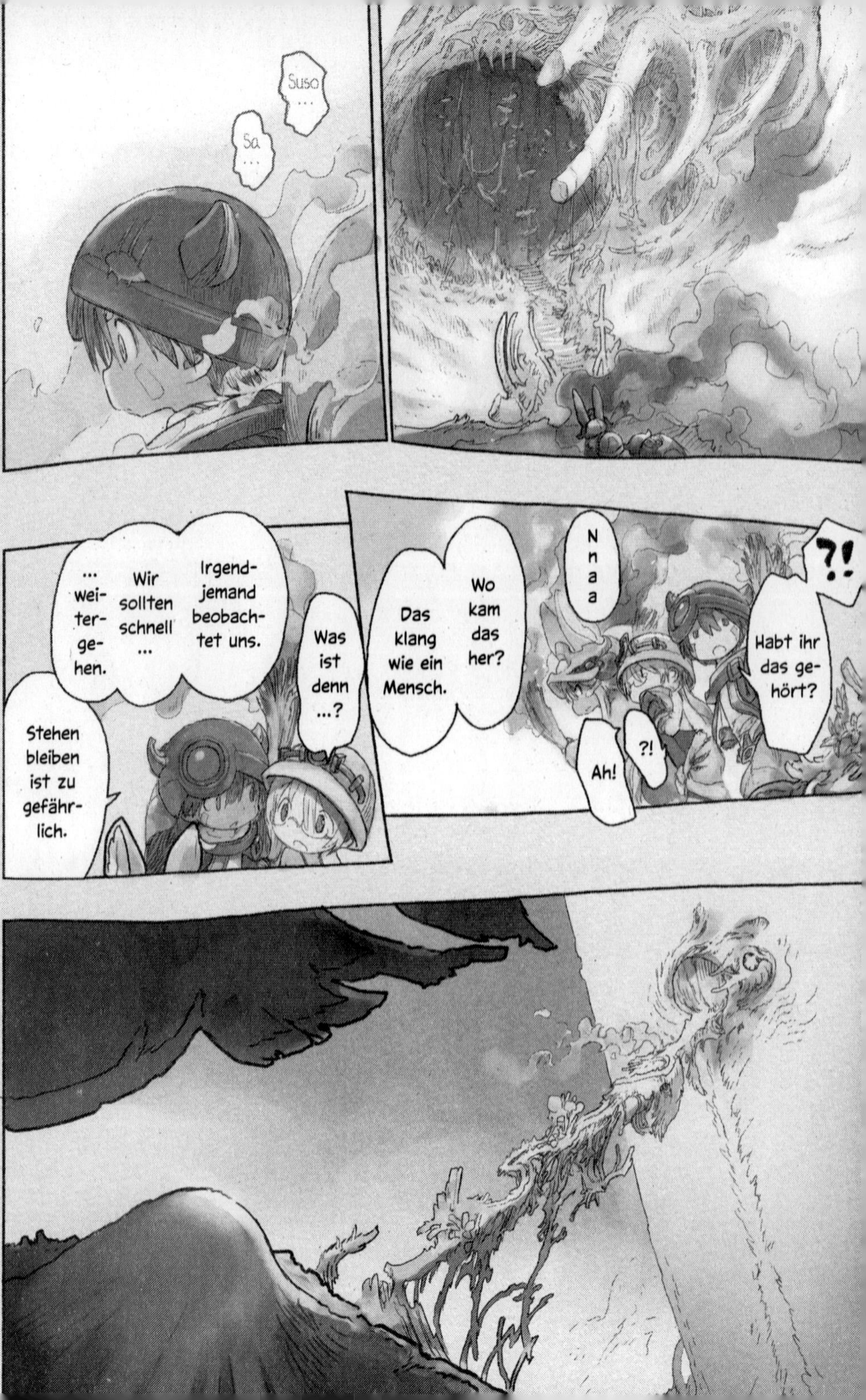
Susa ...
Sa ...
?!
Habt ihr das gehört?
Nnaa
?!
Ah!
Wo kam das her?
Das klang wie ein Mensch.
Was ist denn ...?
Irgendjemand beobachtet uns.
Wir sollten schnell ...
... weitergehen.
Stehen bleiben ist zu gefährlich.

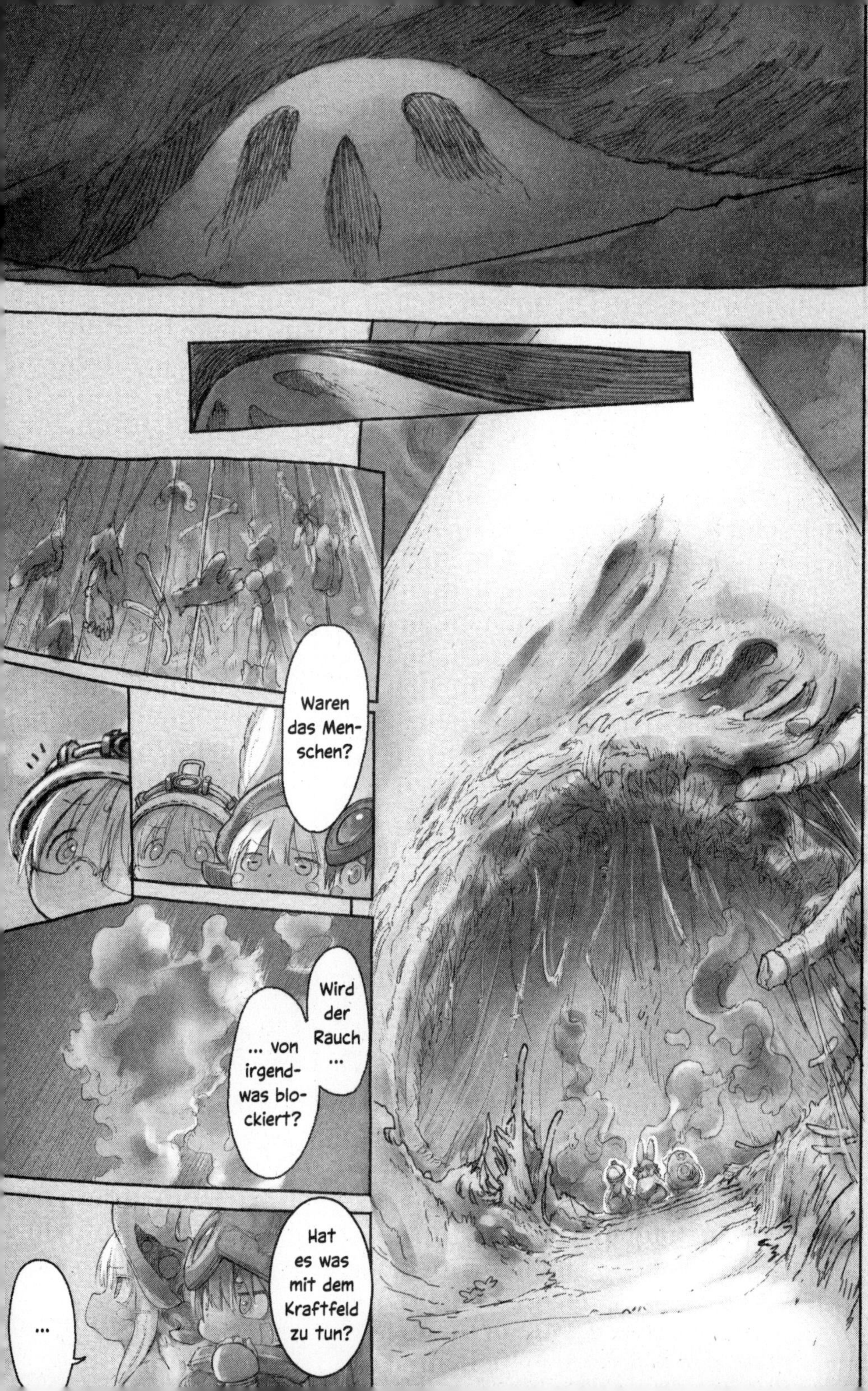
Waren das Menschen?
Wird der Rauch ...
... von irgendwas blockiert?
Hat es was mit dem Kraftfeld zu tun?
...

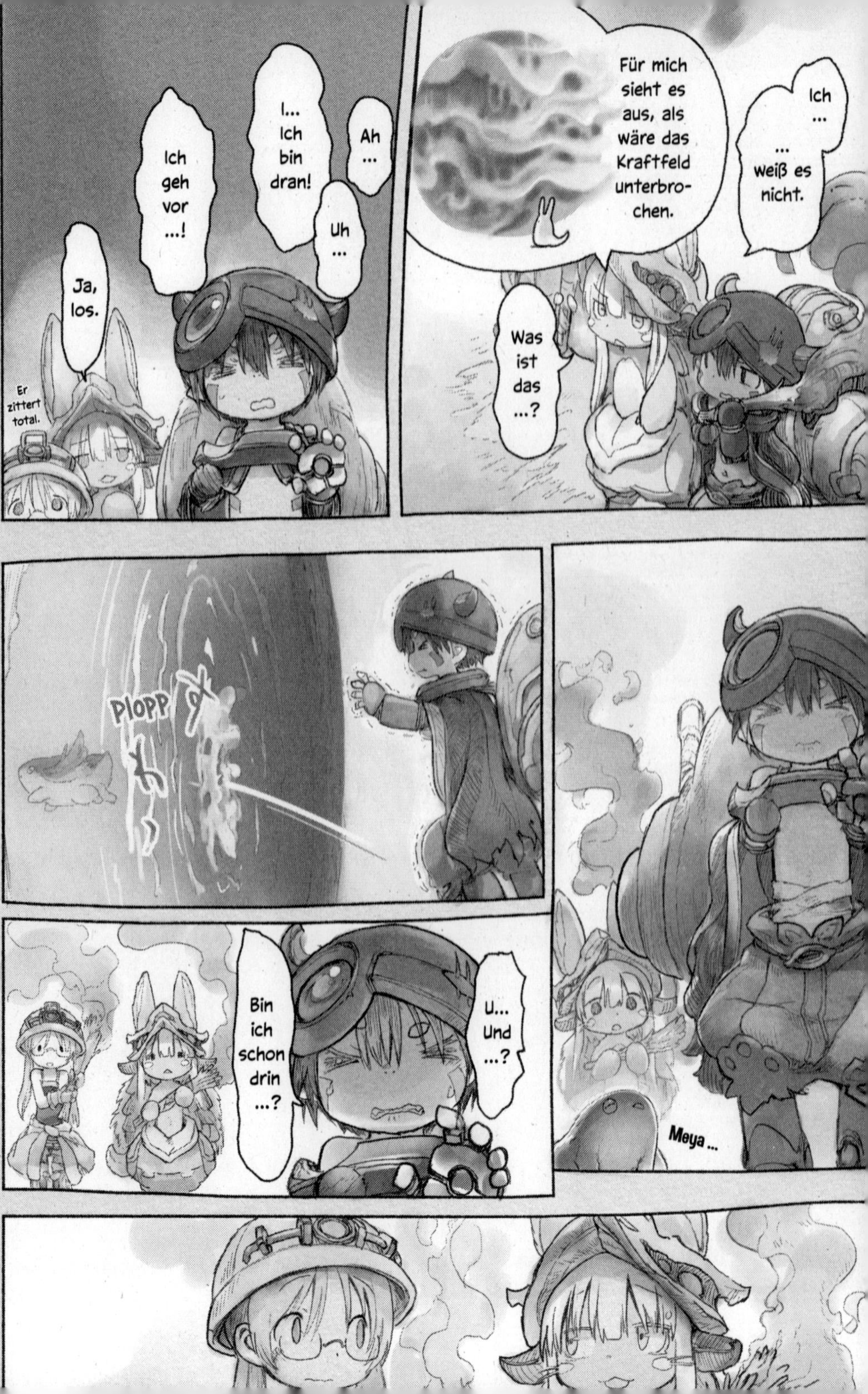
Ich ...
... weiß es nicht.
Für mich sieht es aus, als wäre das Kraftfeld unterbrochen.
Was ist das ...?
Ah ...
I... Ich bin dran!
Uh ...
Ich geh vor ...!
Ja, los.
Er zittert total.
Meya ...
PLOPP
U... Und ...?
Bin ich schon drin ...?

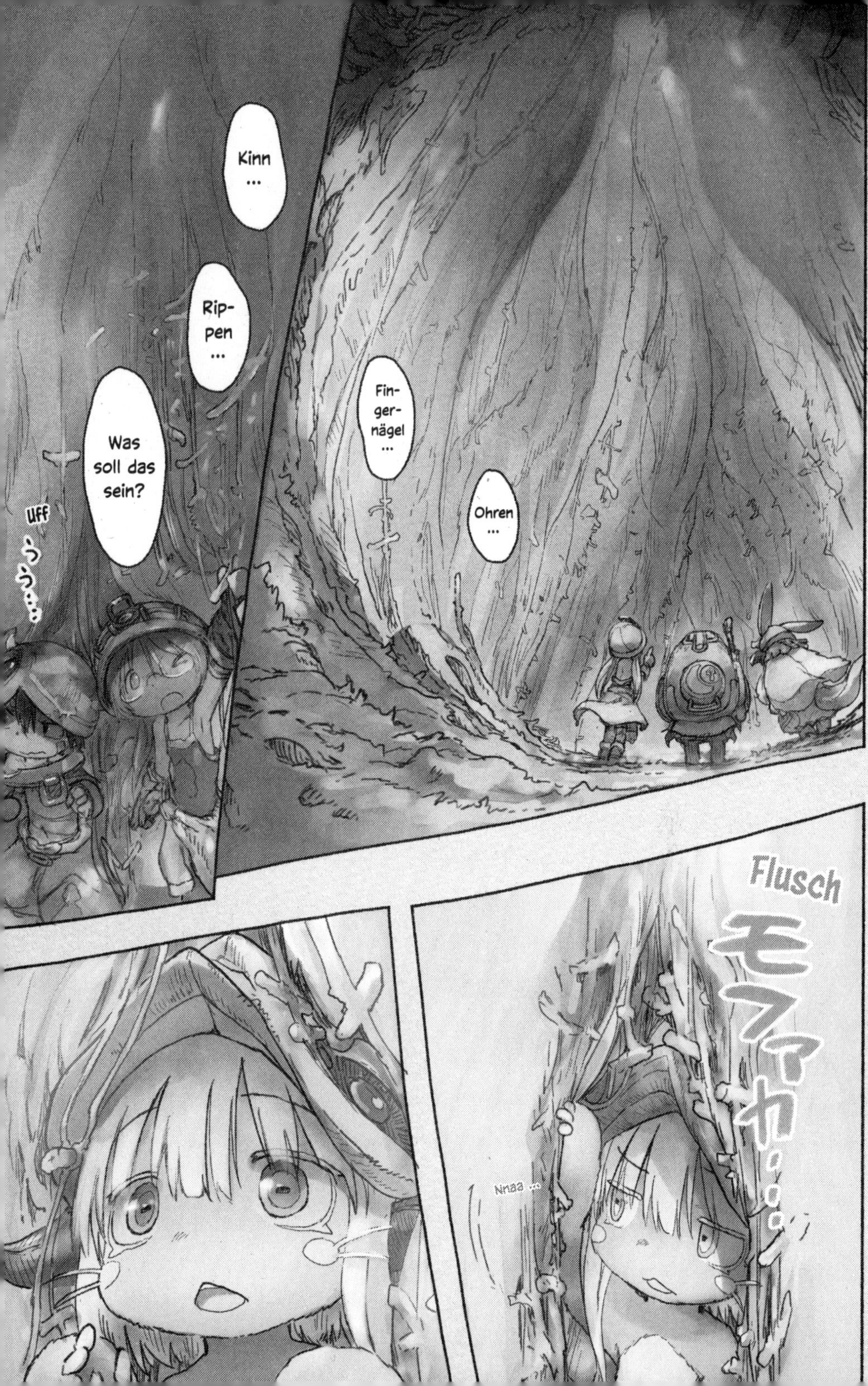
Ohren ...
Fin-ger-nägel ...
Kinn ...
Rip-pen ...
Was soll das sein?
Uff
Flusch
モファカ…
Nnaa ...

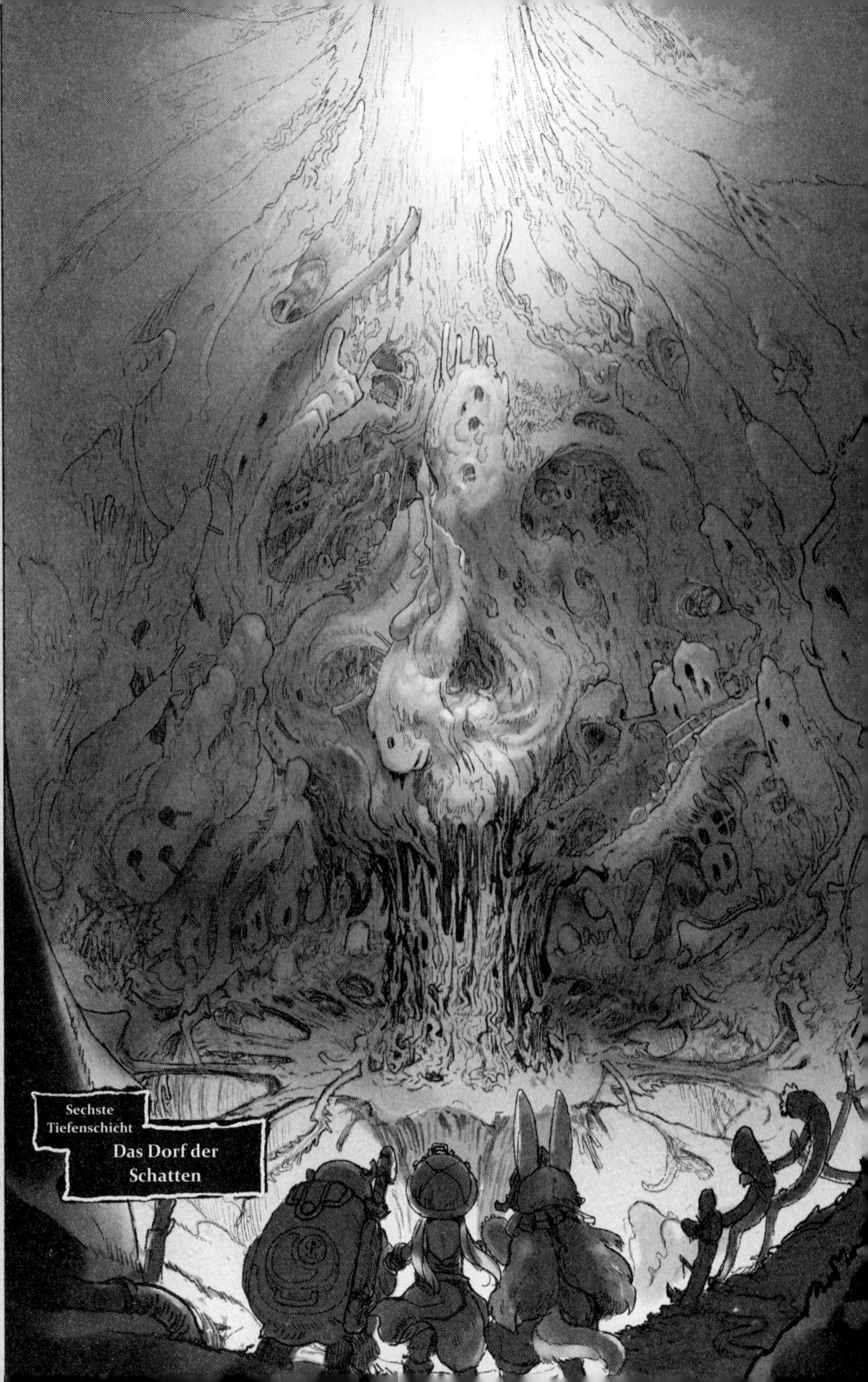
Sechste Tiefenschicht
Das Dorf der Schatten

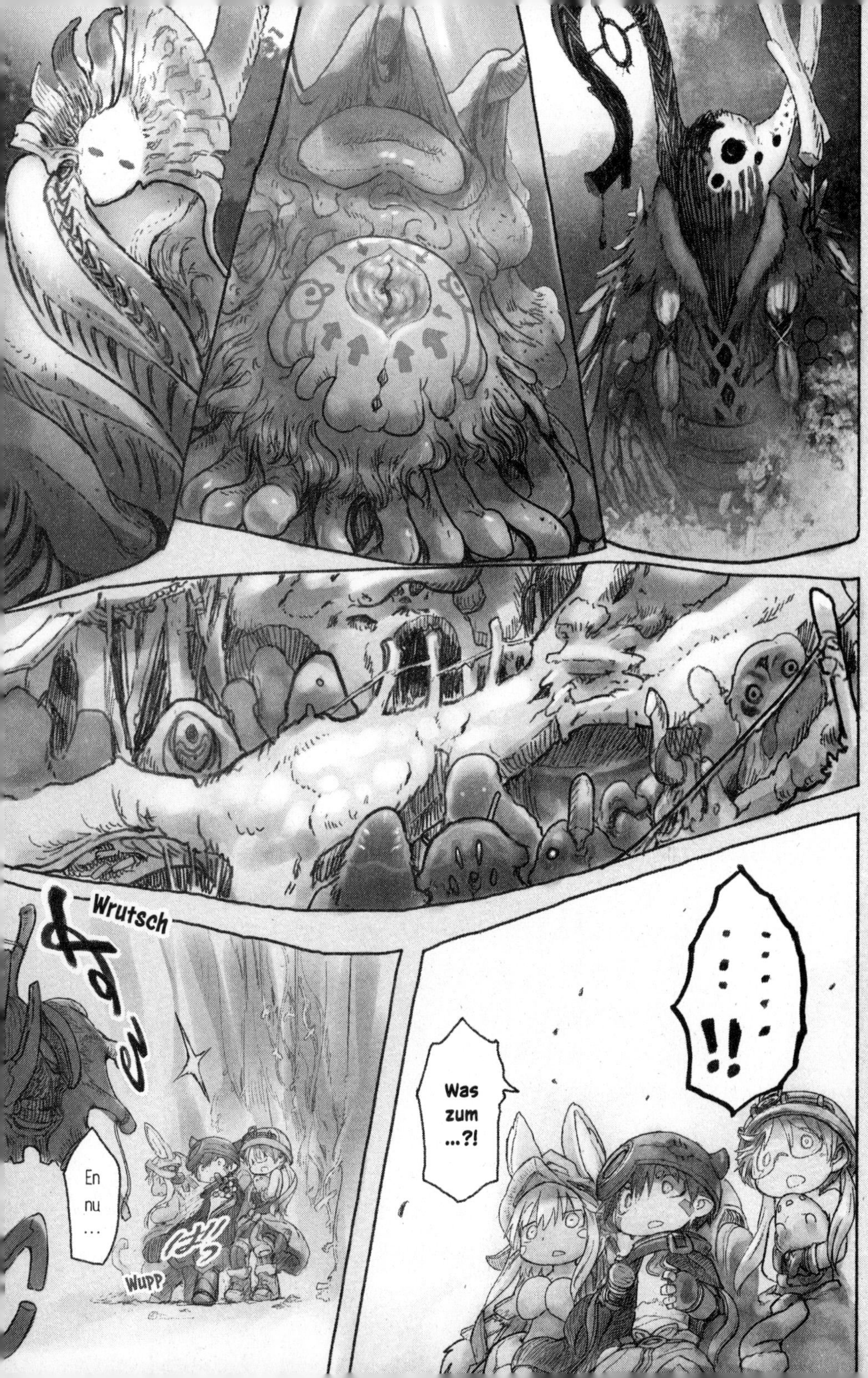

Wrutsch
......!!
Was zum ...?!
En nu ...
Wupp

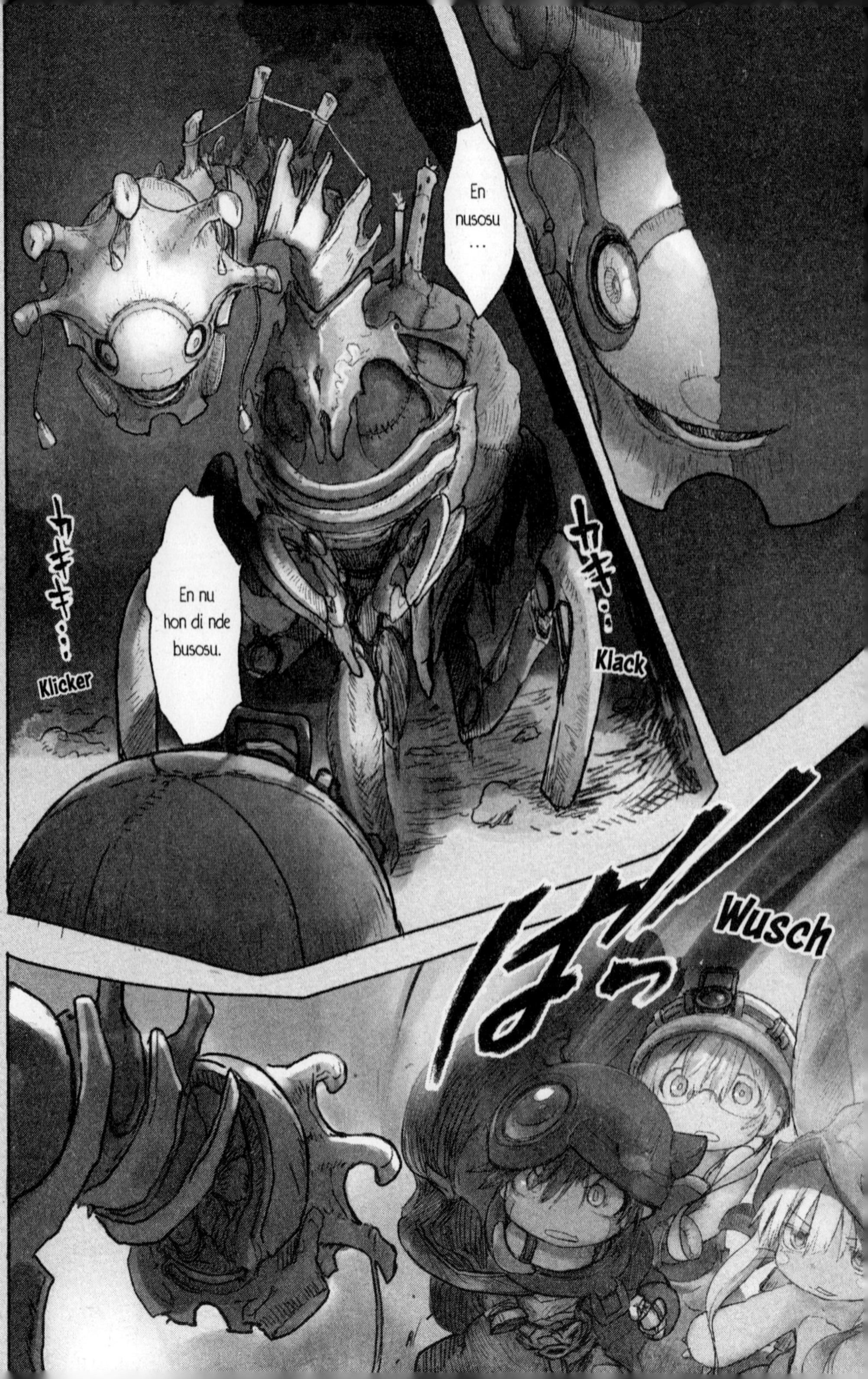
En nusosu …
Klack
En nu hon di nde busosu.
Klicker
Wusch

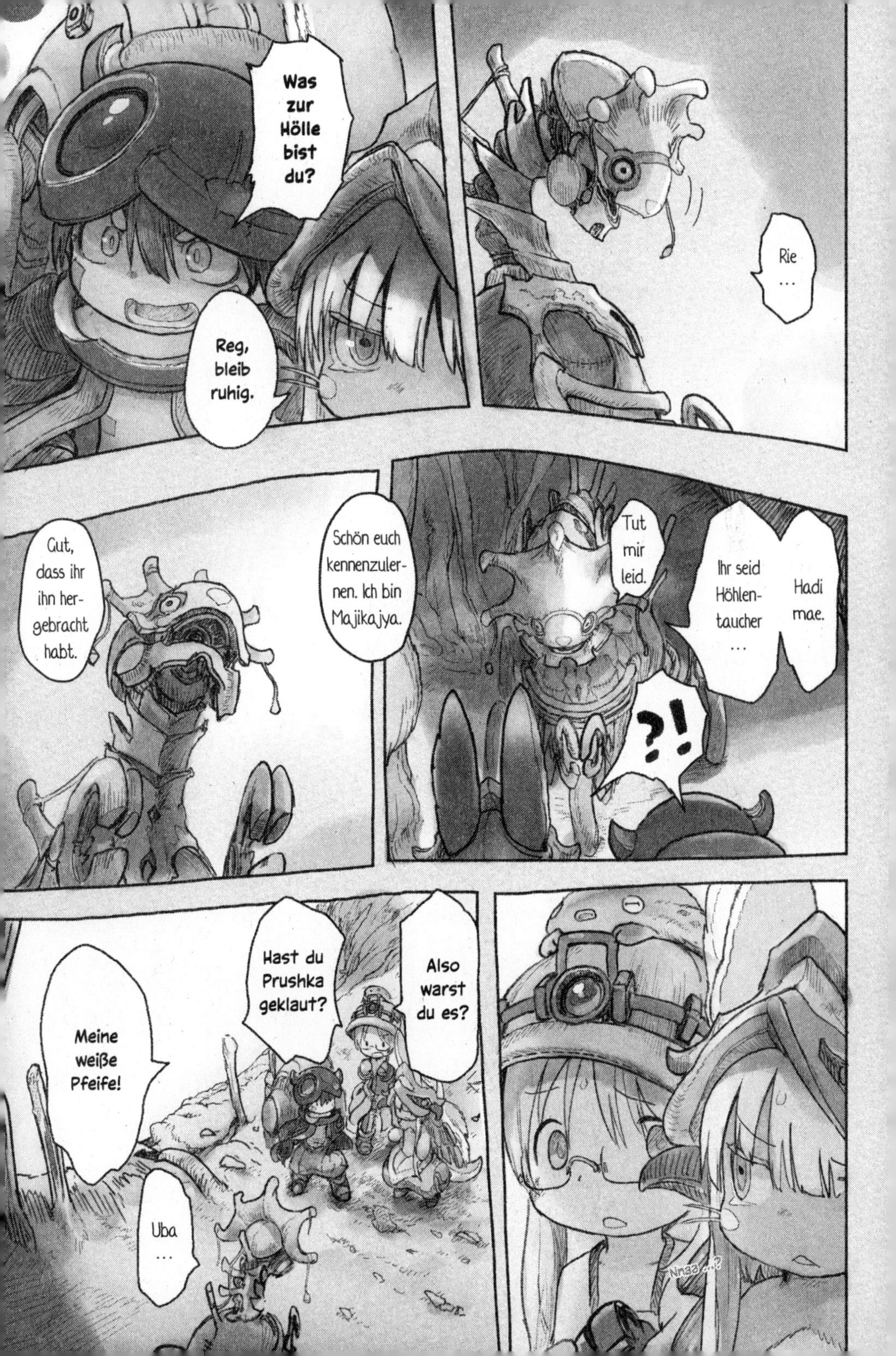
Rie …
Was zur Hölle bist du?
Reg, bleib ruhig.
Hadi mae.
Ihr seid Höhlentaucher …
Tut mir leid.
?!
Schön euch kennenzulernen. Ich bin Majikajya.
Gut, dass ihr ihn hergebracht habt.
Nnaa …?
Also warst du es?
Hast du Prushka geklaut?
Meine weiße Pfeife!
Uba …

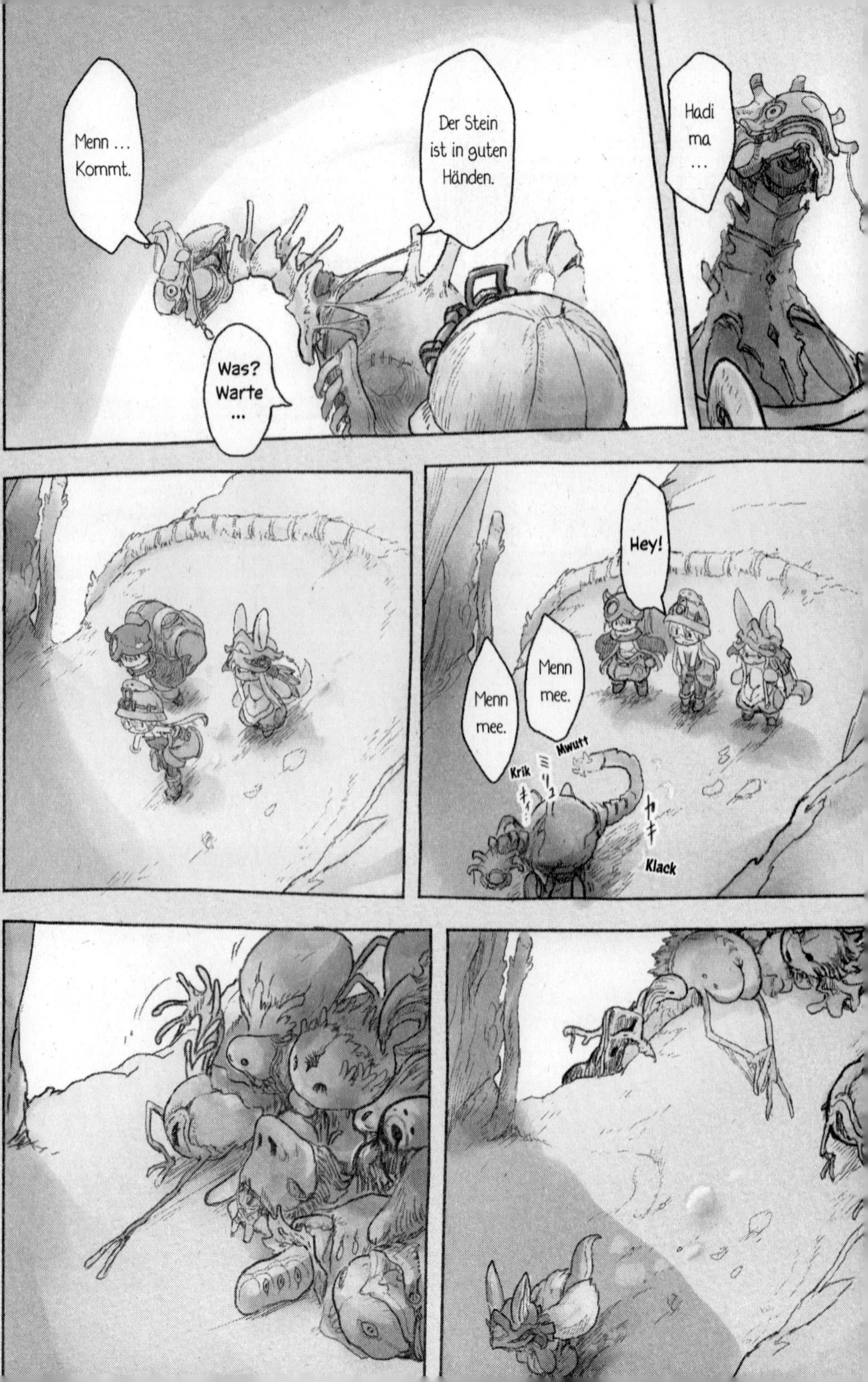
Hadi ma …
Der Stein ist in guten Händen.
Menn … Kommt.
Was? Warte …
Hey!
Menn mee.
Menn mee.
Mwutt
Krik
Klack

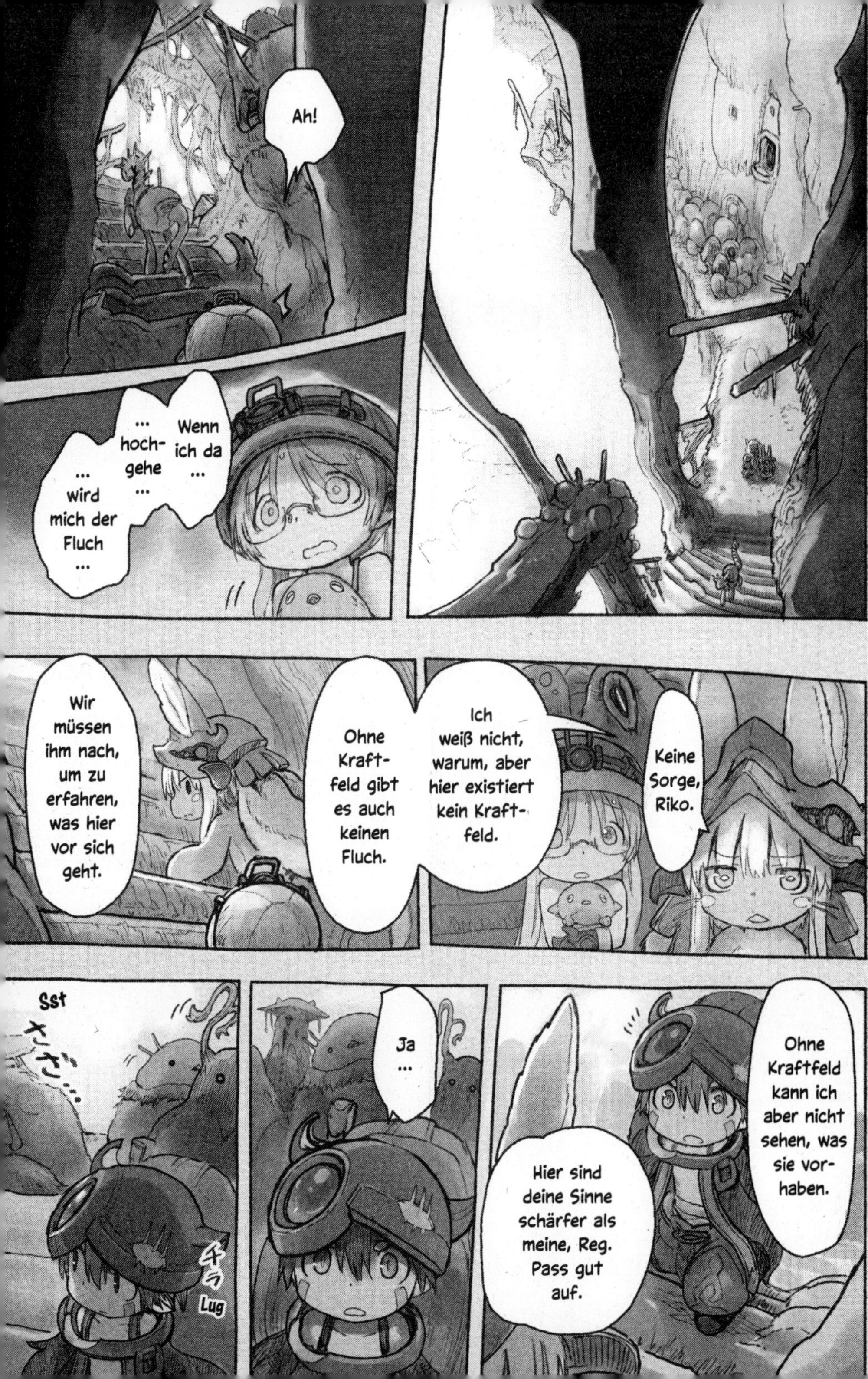
Ah!
Wenn ich da ...
... hoch-gehe ...
... wird mich der Fluch ...
Keine Sorge, Riko.
Ich weiß nicht, warum, aber hier existiert kein Kraft-feld.
Ohne Kraft-feld gibt es auch keinen Fluch.
Wir müssen ihm nach, um zu erfahren, was hier vor sich geht.
Ohne Kraftfeld kann ich aber nicht sehen, was sie vor-haben.
Hier sind deine Sinne schärfer als meine, Reg. Pass gut auf.
Ja ...
Sst
Lug

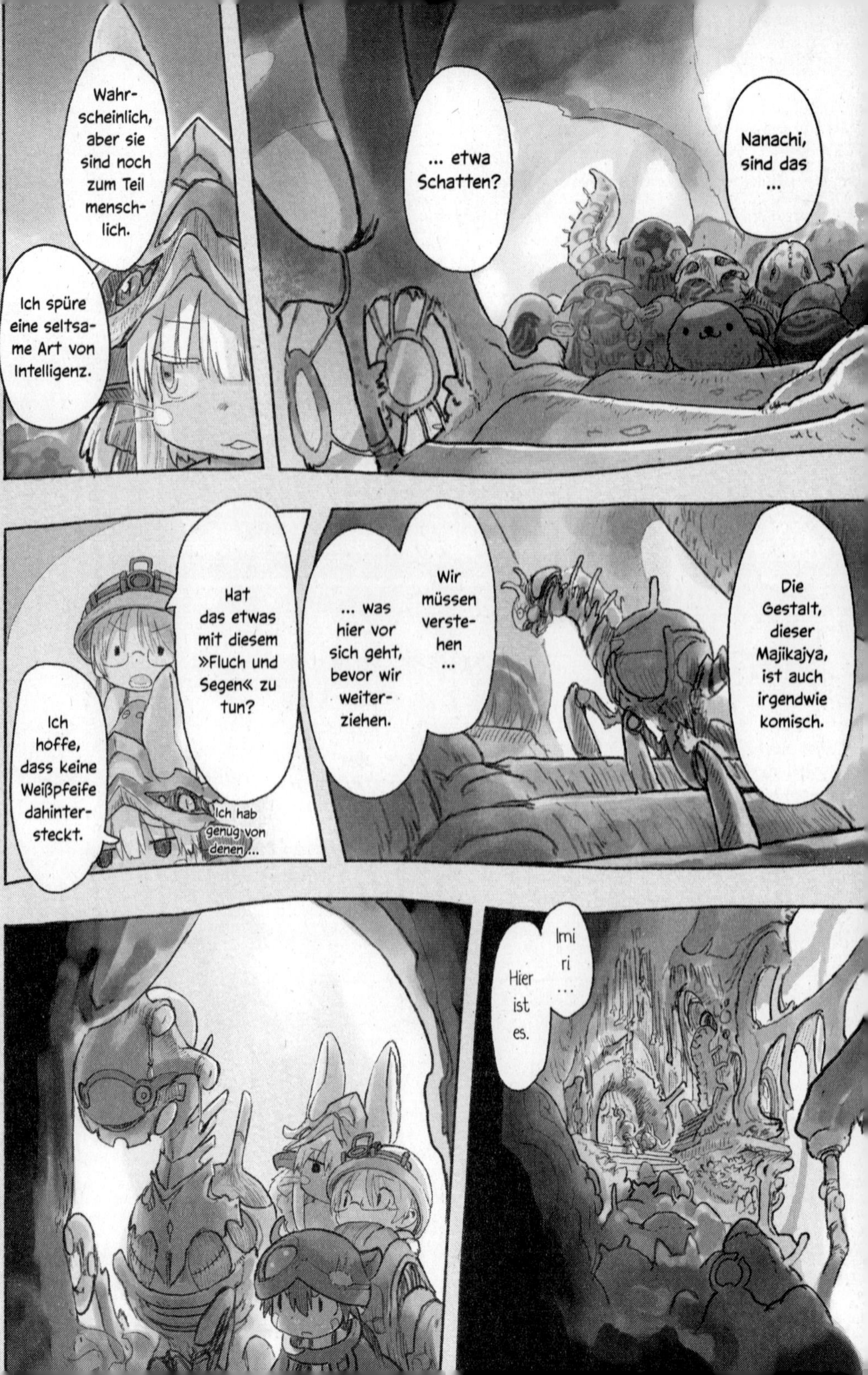
Nanachi, sind das ...
... etwa Schatten?
Wahrscheinlich, aber sie sind noch zum Teil menschlich.
Ich spüre eine seltsame Art von Intelligenz.
Die Gestalt, dieser Majikajya, ist auch irgendwie komisch.
Wir müssen verstehen ...
... was hier vor sich geht, bevor wir weiterziehen.
Hat das etwas mit diesem »Fluch und Segen« zu tun?
Ich hoffe, dass keine Weißpfeife dahintersteckt.
Ich hab genug von denen ...
Imiri ...
Hier ist es.

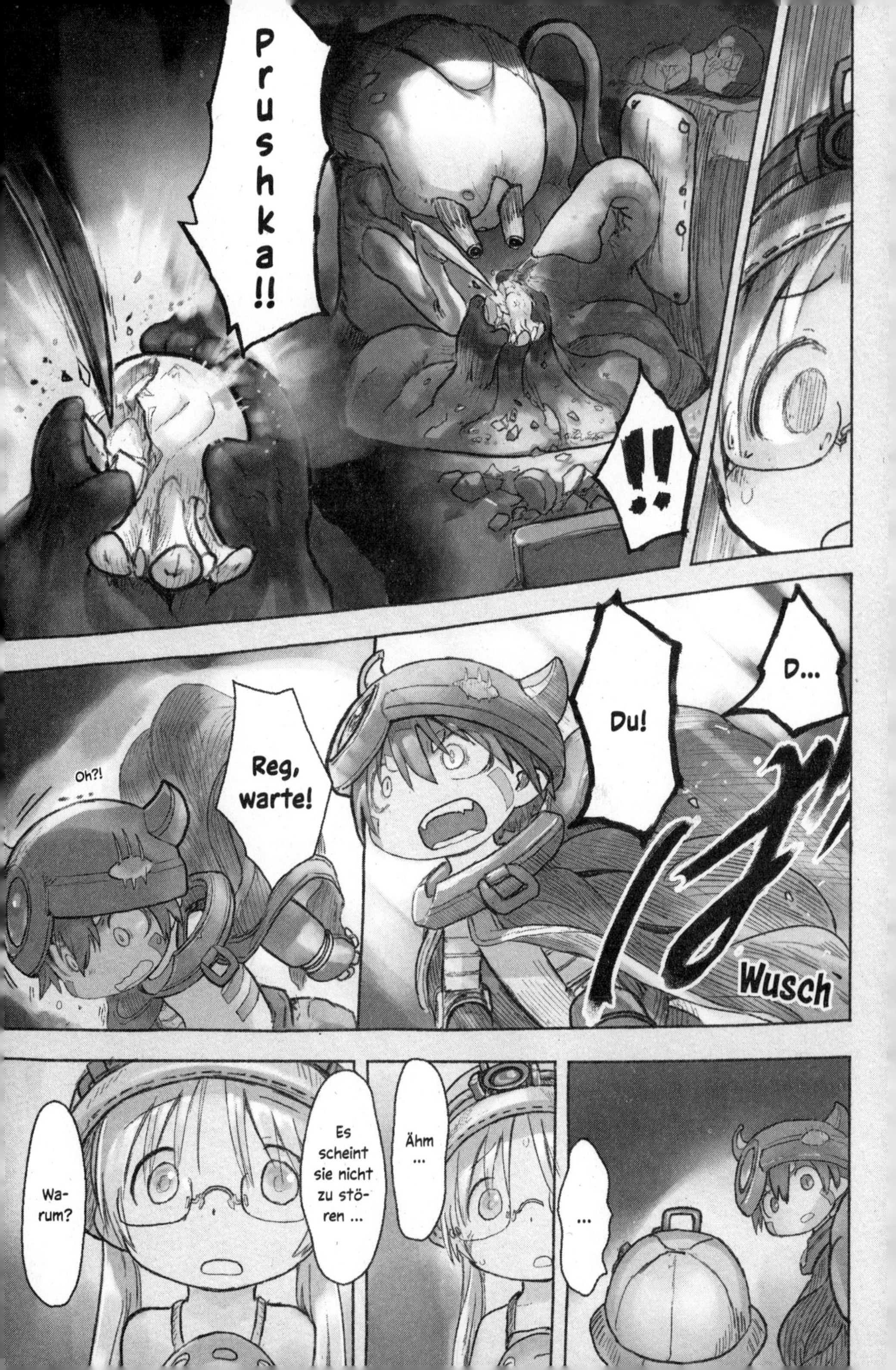

Prushka!!
!!
D...
Du!
Wusch
Reg, warte!
Oh?!
...
Ähm ...
Es scheint sie nicht zu stören ...
Wa-rum?

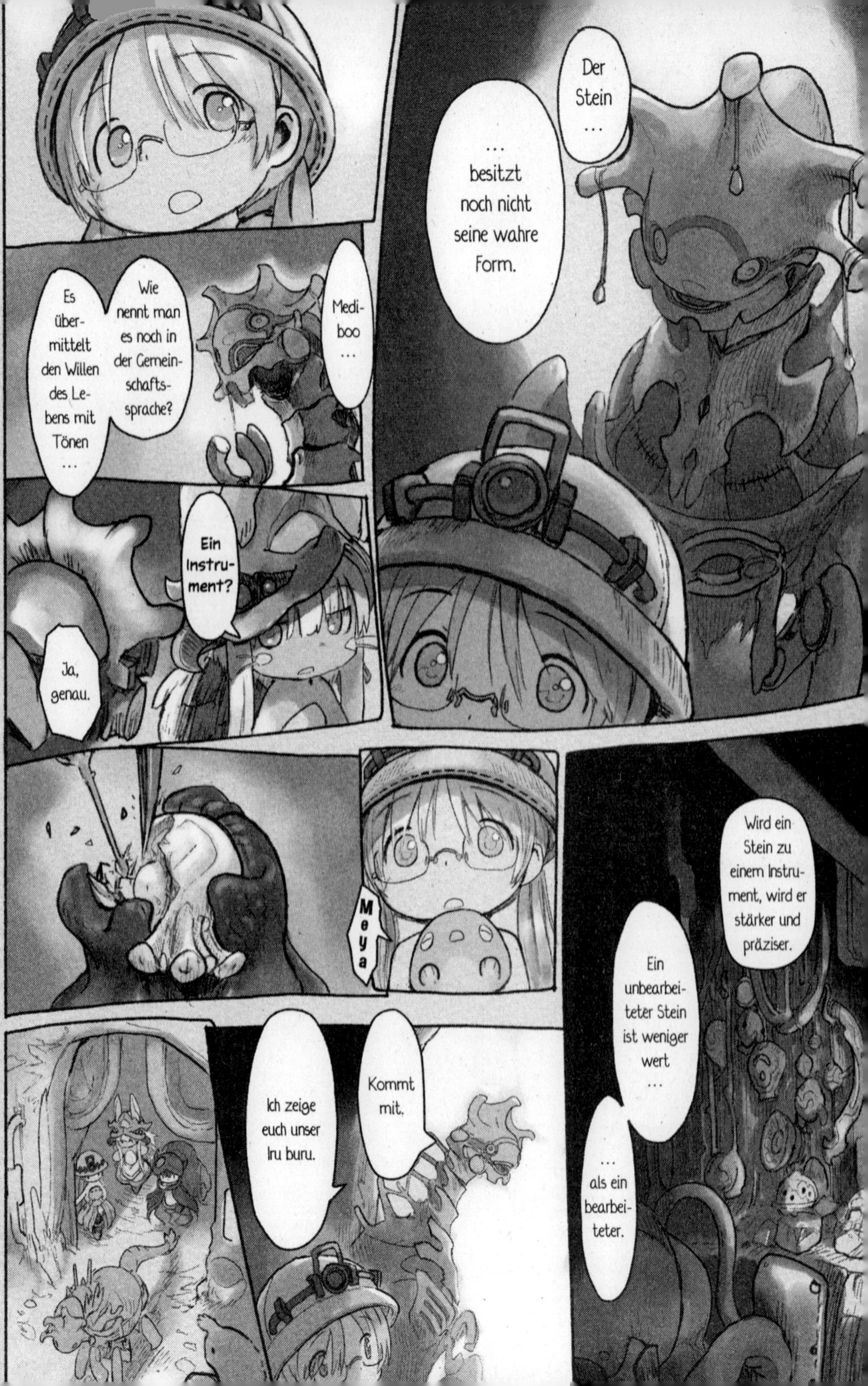
Der Stein …
… besitzt noch nicht seine wahre Form.
Medi-boo …
Wie nennt man es noch in der Gemeinschaftssprache?
Es übermittelt den Willen des Lebens mit Tönen …
Ein Instrument?
Ja, genau.
Wird ein Stein zu einem Instrument, wird er stärker und präziser.
Ein unbearbeiteter Stein ist weniger wert …
… als ein bearbeiteter.
Meya
Kommt mit.
Ich zeige euch unser Iru buru.

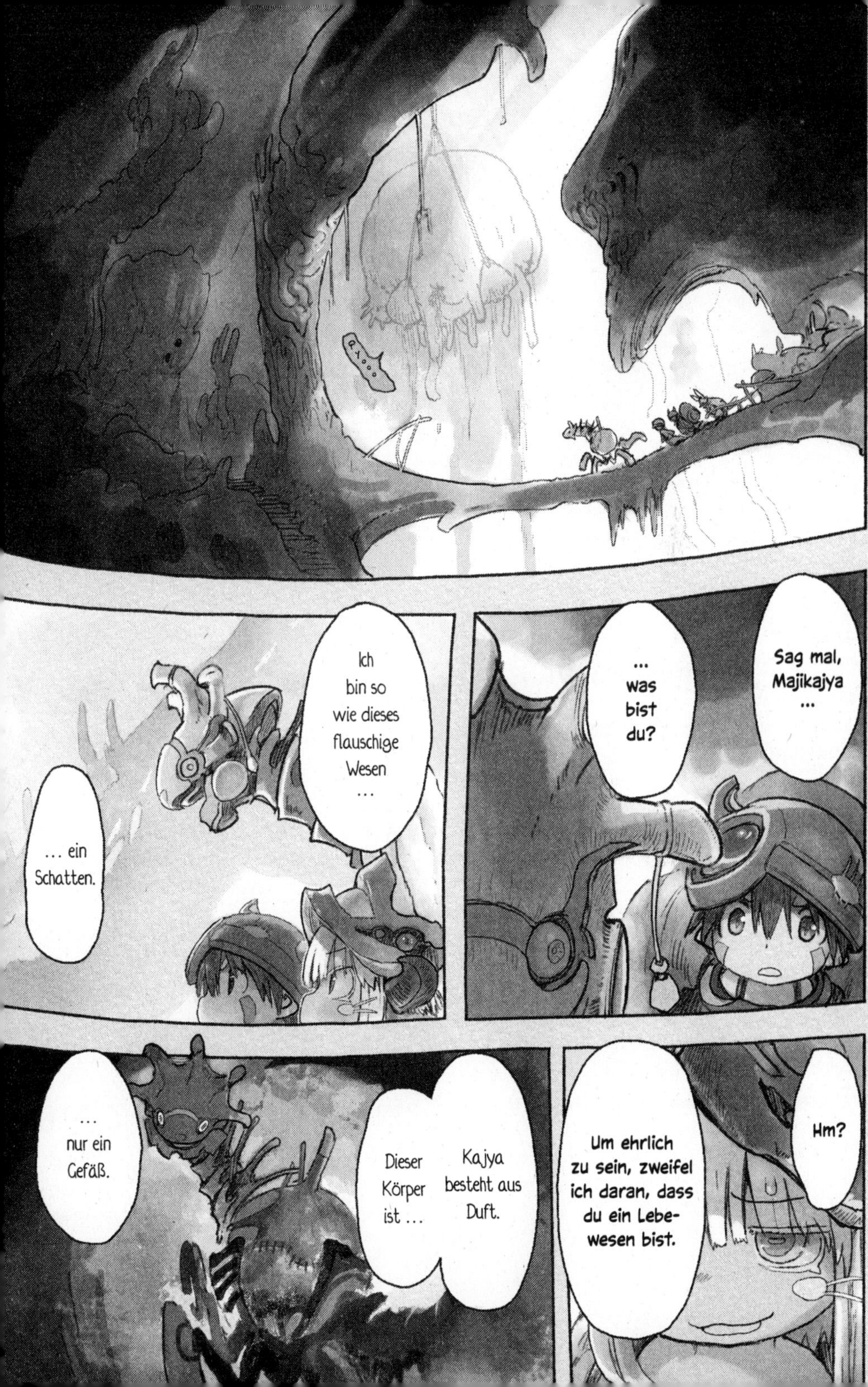
Qyooo
Sag mal, Majikajya …
… was bist du?
Ich bin so wie dieses flauschige Wesen …
… ein Schatten.
Hm?
Um ehrlich zu sein, zweifel ich daran, dass du ein Lebewesen bist.
Kajya besteht aus Duft.
Dieser Körper ist …
… nur ein Gefäß.

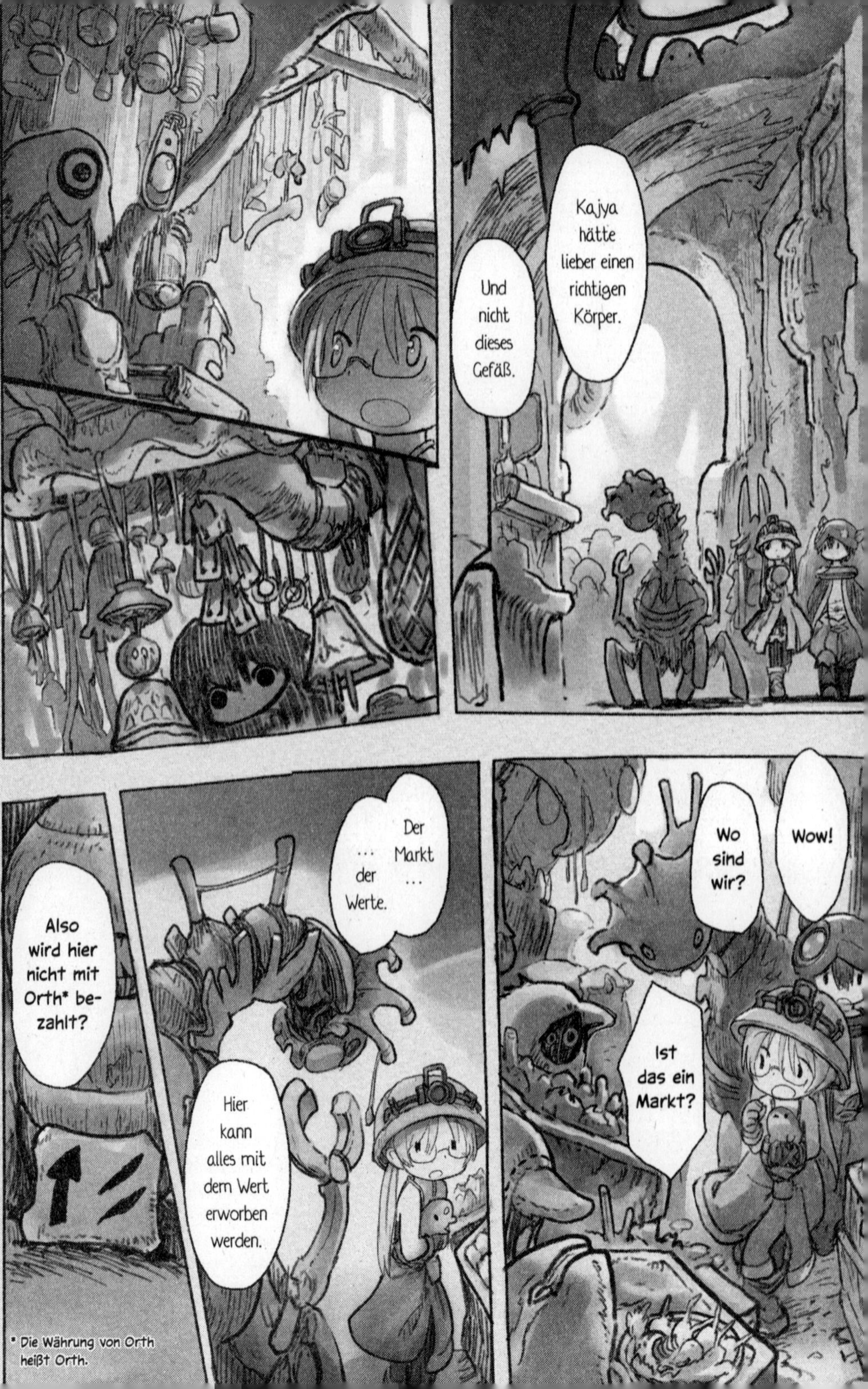

* Die Währung von Orth heißt Orth.

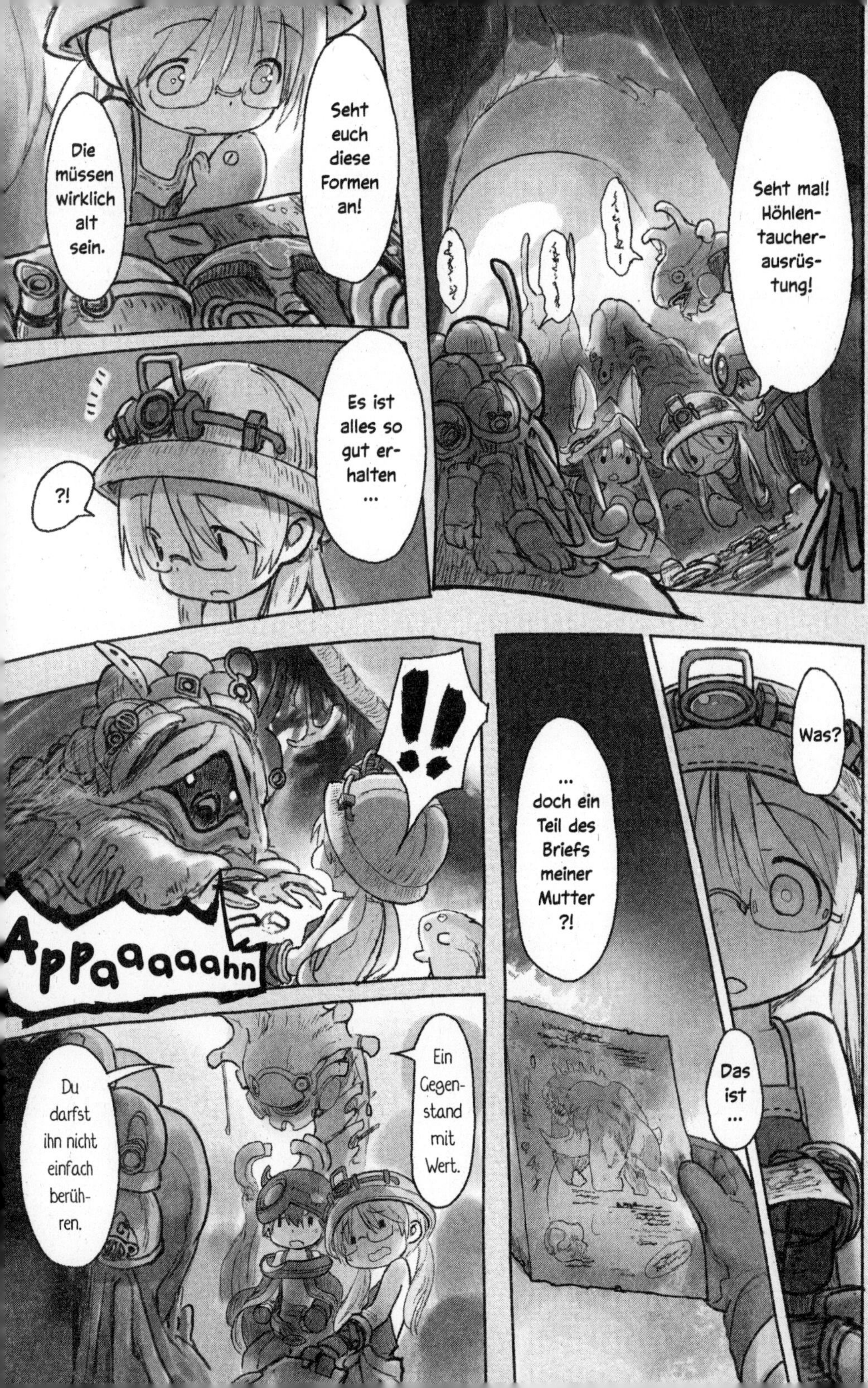

Seht mal! Höhlentaucherausrüstung!
Seht euch diese Formen an!
Die müssen wirklich alt sein.
Es ist alles so gut erhalten ...
?!
Was?
... doch ein Teil des Briefs meiner Mutter ?!
!!
Appaaaaahn
Das ist ...
Ein Gegenstand mit Wert.
Du darfst ihn nicht einfach berühren.

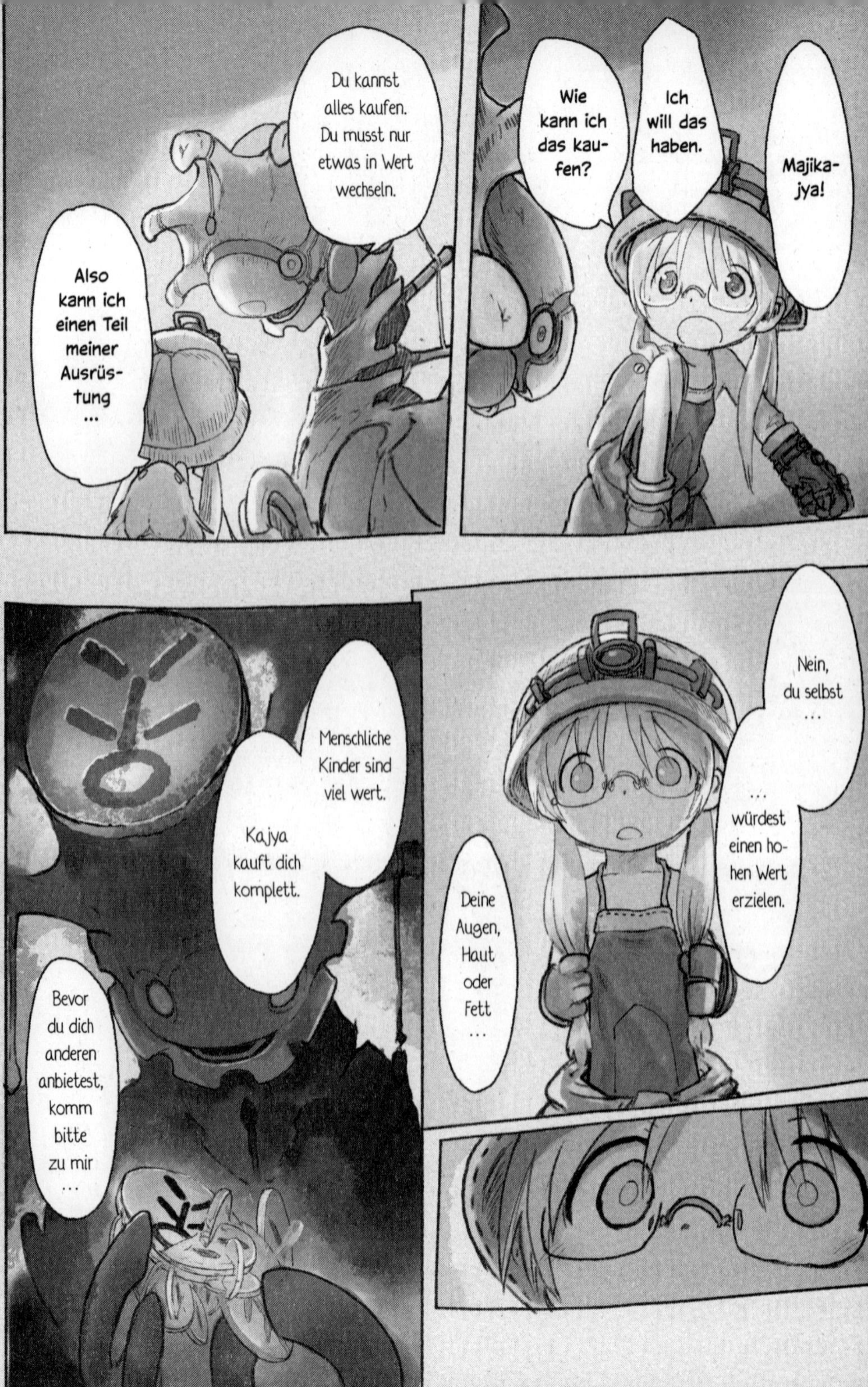
Majika-jya!
Ich will das haben.
Wie kann ich das kau-fen?
Du kannst alles kaufen. Du musst nur etwas in Wert wechseln.
Also kann ich einen Teil meiner Ausrüs-tung …
Nein, du selbst …
… würdest einen ho-hen Wert erzielen.
Deine Augen, Haut oder Fett …
Menschliche Kinder sind viel wert.
Kajya kauft dich komplett.
Bevor du dich anderen anbietest, komm bitte zu mir …

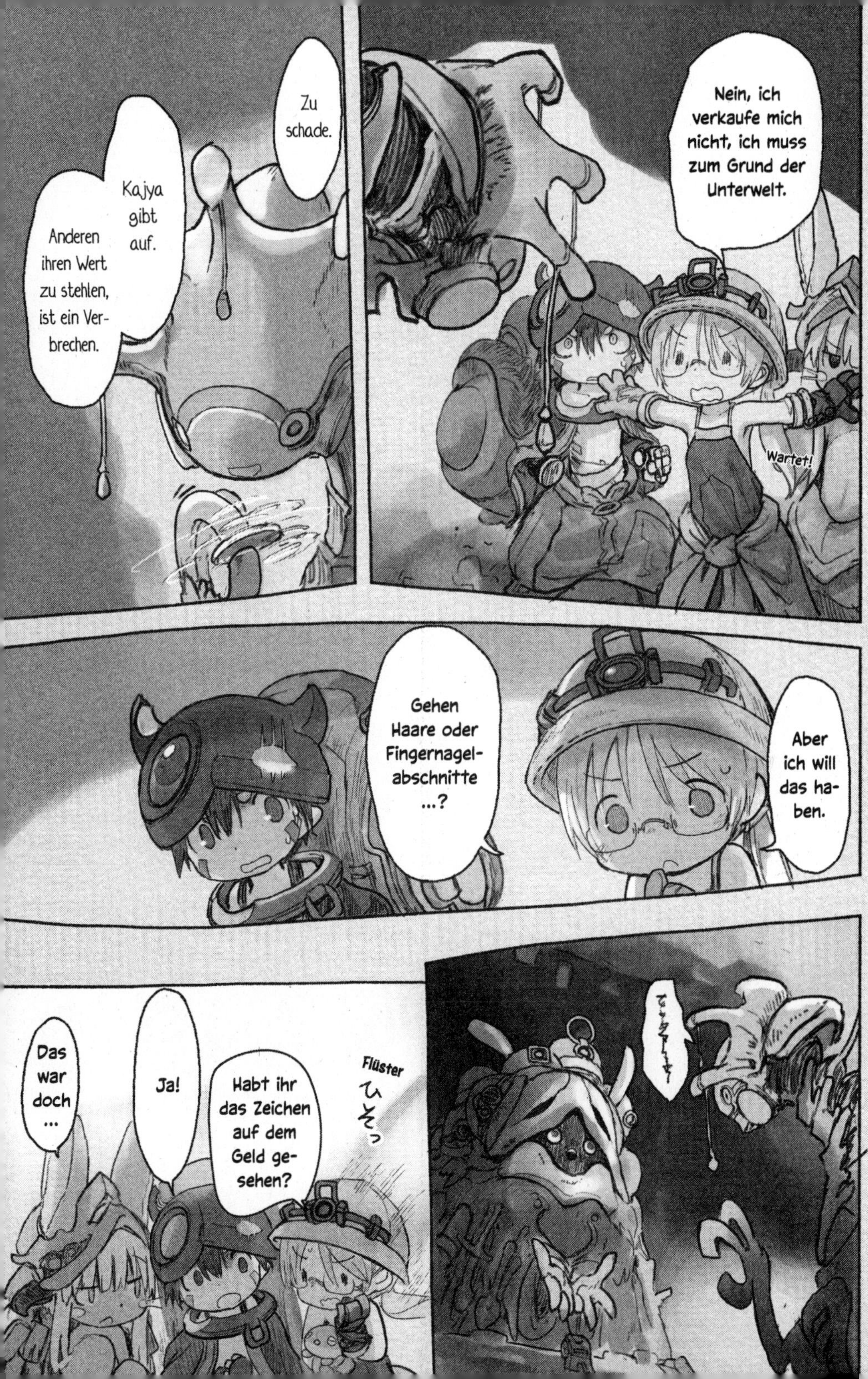
Nein, ich verkaufe mich nicht, ich muss zum Grund der Unterwelt.
Wartet!
Zu schade.
Kajya gibt auf.
Anderen ihren Wert zu stehlen, ist ein Verbrechen.
Aber ich will das haben.
Gehen Haare oder Fingernagelabschnitte ...?
Flüster
ひそっ
Habt ihr das Zeichen auf dem Geld gesehen?
Ja!
Das war doch ...

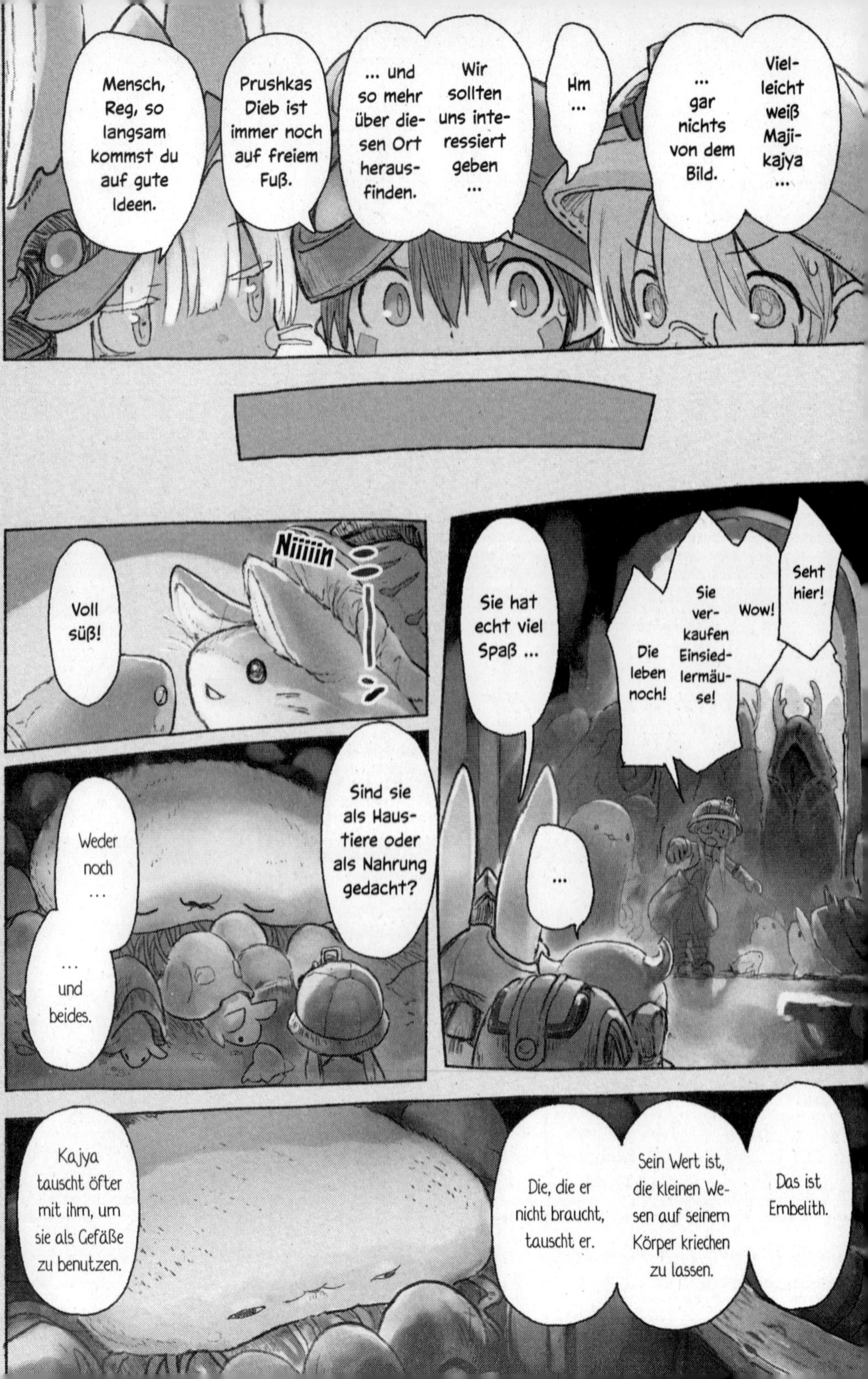
Vielleicht weiß Majikajya ...
... gar nichts von dem Bild.
Hm ...
Wir sollten uns interessiert geben ...
... und so mehr über diesen Ort herausfinden.
Prushkas Dieb ist immer noch auf freiem Fuß.
Mensch, Reg, so langsam kommst du auf gute Ideen.
Seht hier!
Wow!
Sie verkaufen Einsiedlermäuse!
Die leben noch!
Sie hat echt viel Spaß ...
...
Niiiiin
Voll süß!
Sind sie als Haustiere oder als Nahrung gedacht?
Weder noch ...
... und beides.
Das ist Embelith.
Sein Wert ist, die kleinen Wesen auf seinem Körper kriechen zu lassen.
Die, die er nicht braucht, tauscht er.
Kajya tauscht öfter mit ihm, um sie als Gefäße zu benutzen.

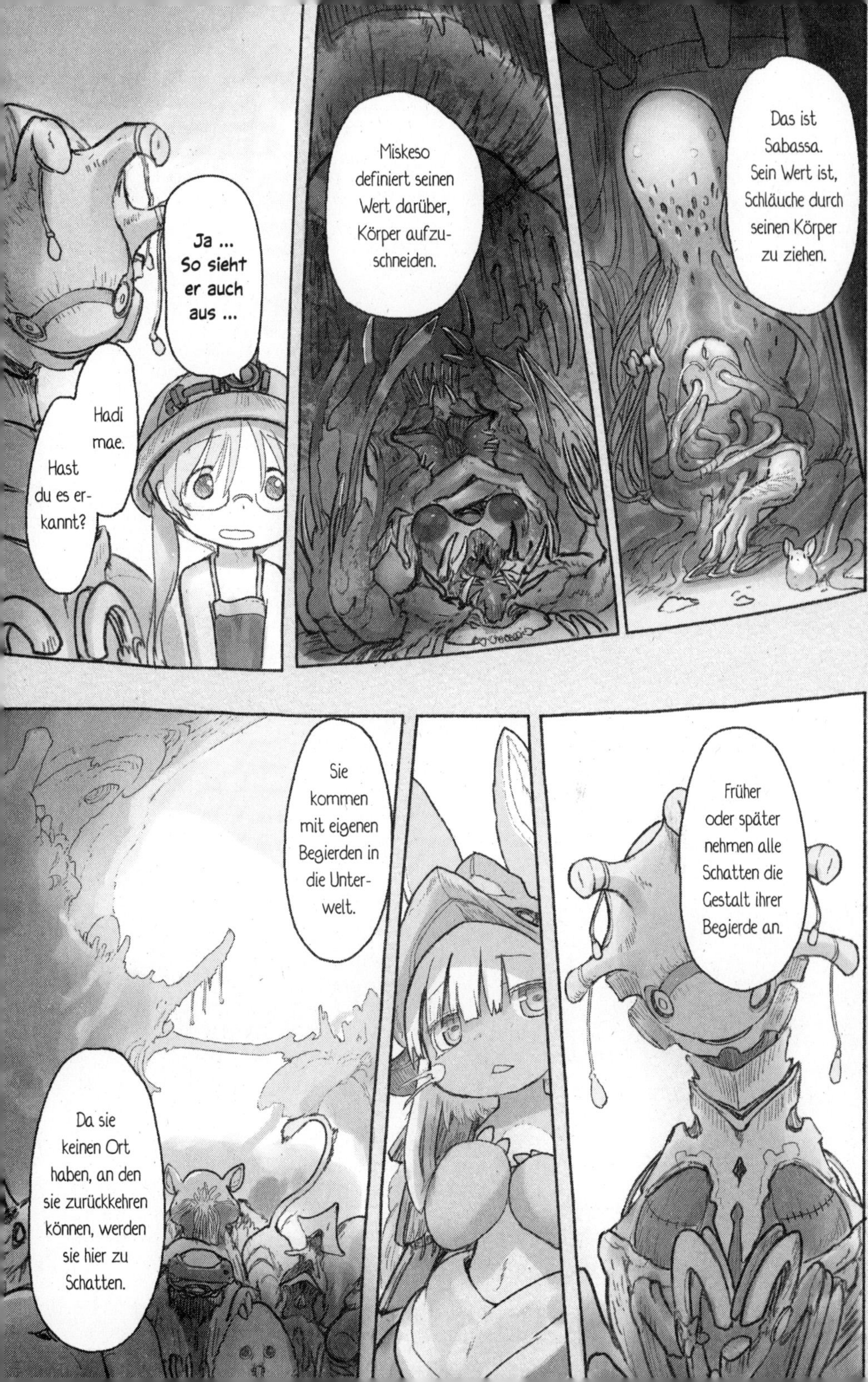
Das ist Sabassa. Sein Wert ist, Schläuche durch seinen Körper zu ziehen.
Miskeso definiert seinen Wert darüber, Körper aufzuschneiden.
Ja ... So sieht er auch aus ...
Hadi mae. Hast du es erkannt?
Früher oder später nehmen alle Schatten die Gestalt ihrer Begierde an.
Sie kommen mit eigenen Begierden in die Unterwelt.
Da sie keinen Ort haben, an den sie zurückkehren können, werden sie hier zu Schatten.

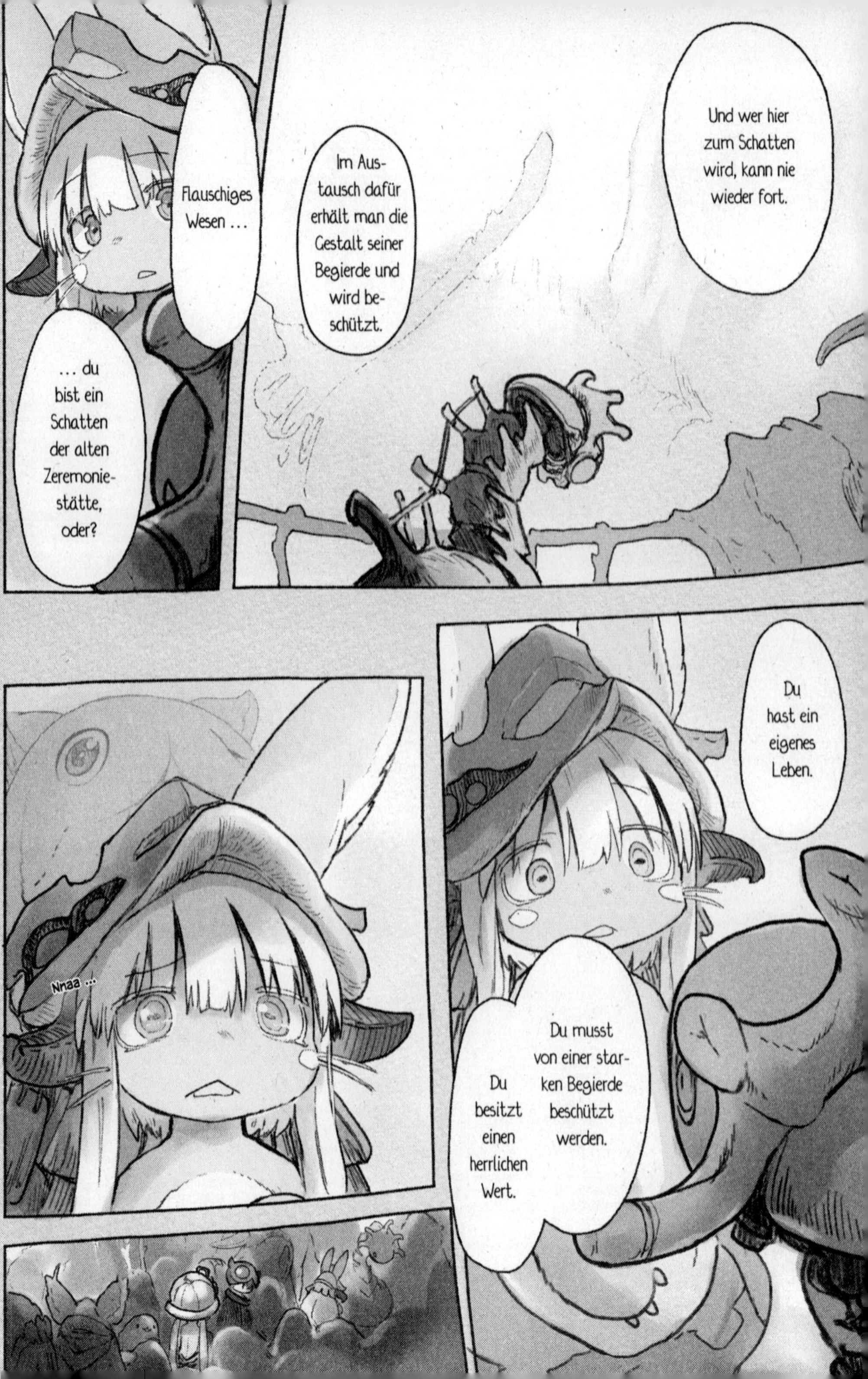
Im Austausch dafür erhält man die Gestalt seiner Begierde und wird beschützt.
Und wer hier zum Schatten wird, kann nie wieder fort.
Flauschiges Wesen …
… du bist ein Schatten der alten Zeremoniestätte, oder?
Du hast ein eigenes Leben.
Du musst von einer starken Begierde beschützt werden.
Du besitzt einen herrlichen Wert.
Nnaa …

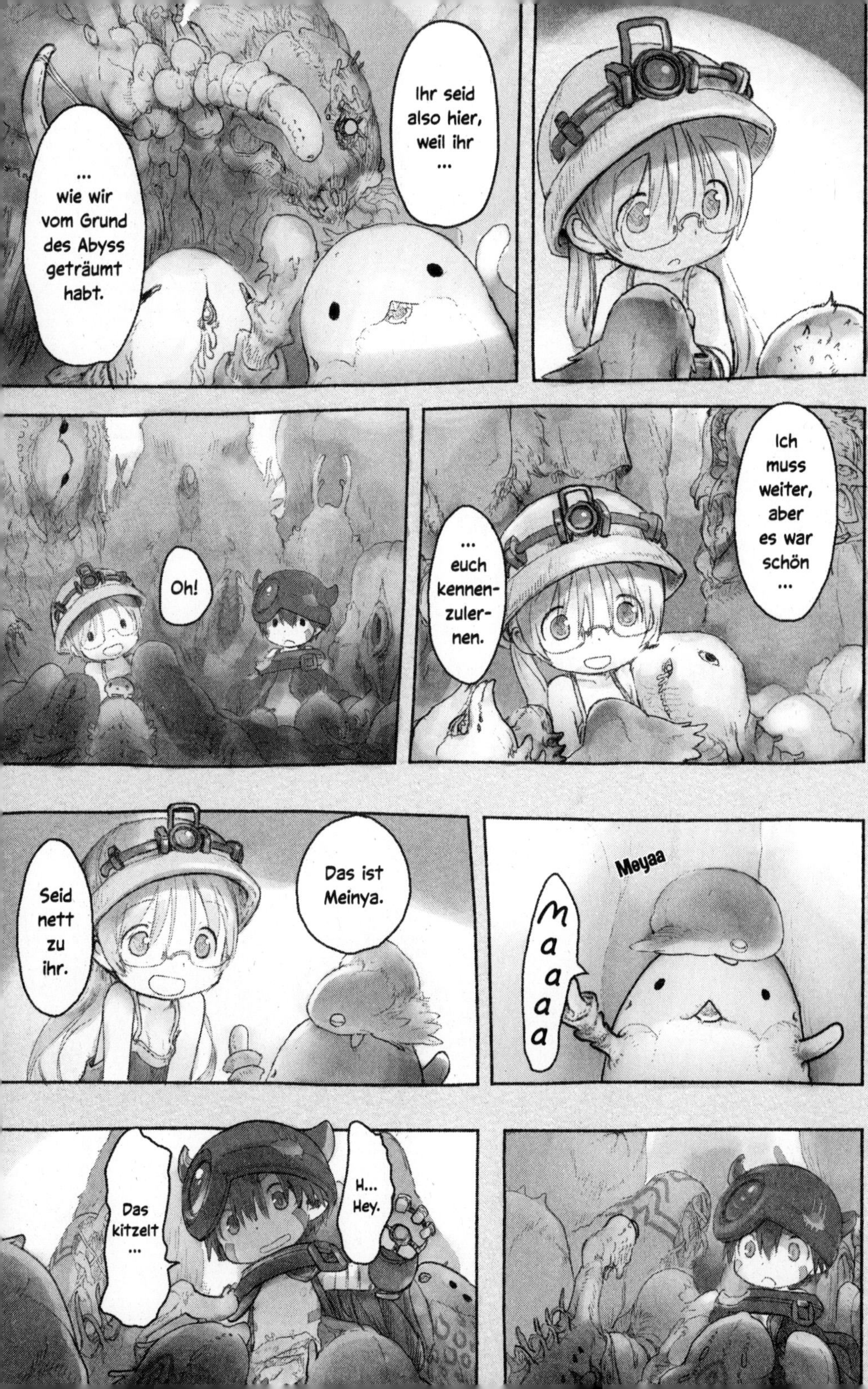
Ihr seid also hier, weil ihr ...
... wie wir vom Grund des Abyss geträumt habt.
Ich muss weiter, aber es war schön ...
... euch kennenzulernen.
Oh!
Meyaa
Maaaa
Das ist Meinya.
Seid nett zu ihr.
H... Hey.
Das kitzelt ...

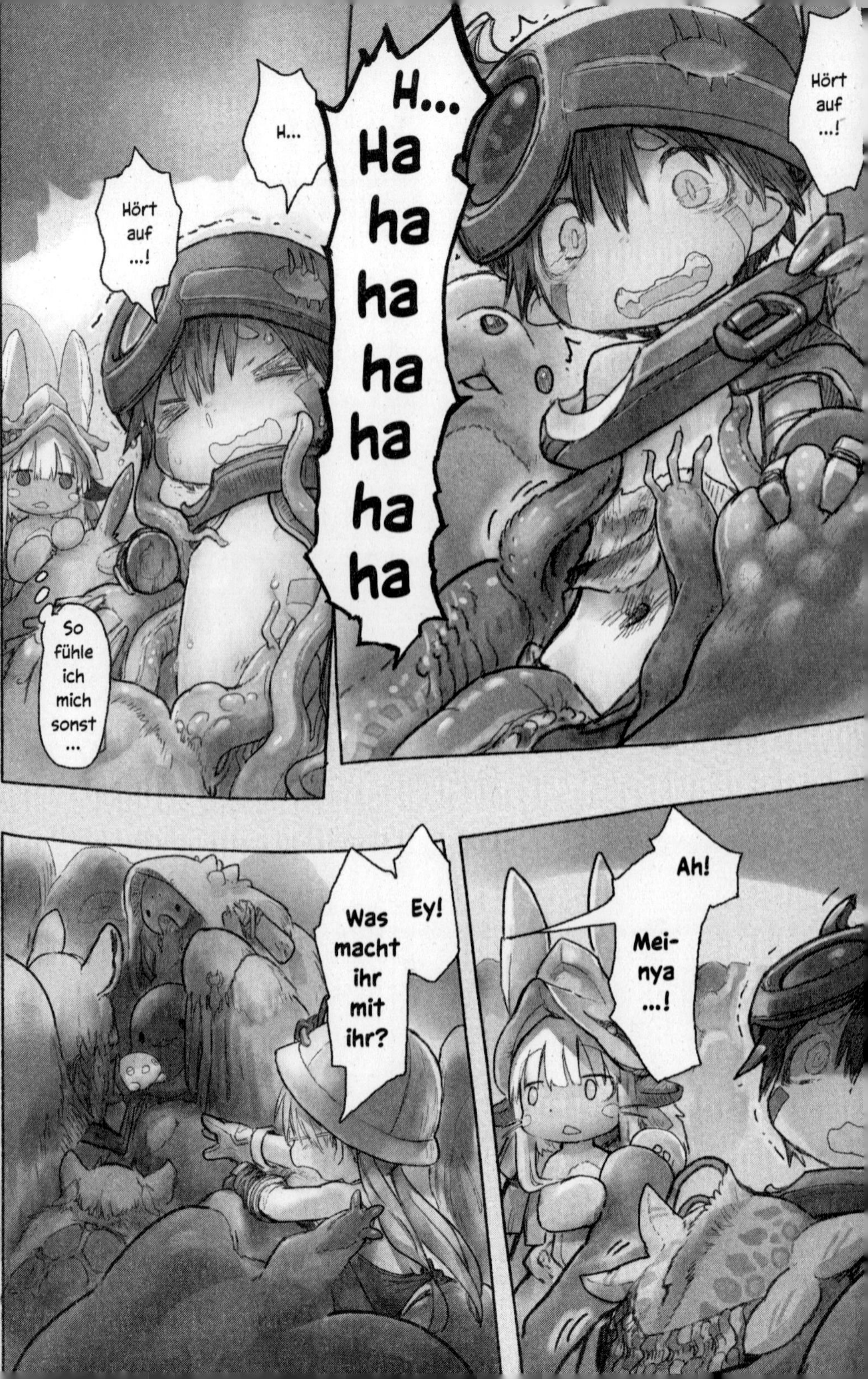
Hört auf ...!
H...
Ha ha ha ha ha ha ha ha
H...
Hört auf ...!
So fühle ich mich sonst ...
Ah!
Mei- nya ...!
Ey!
Was macht ihr mit ihr?

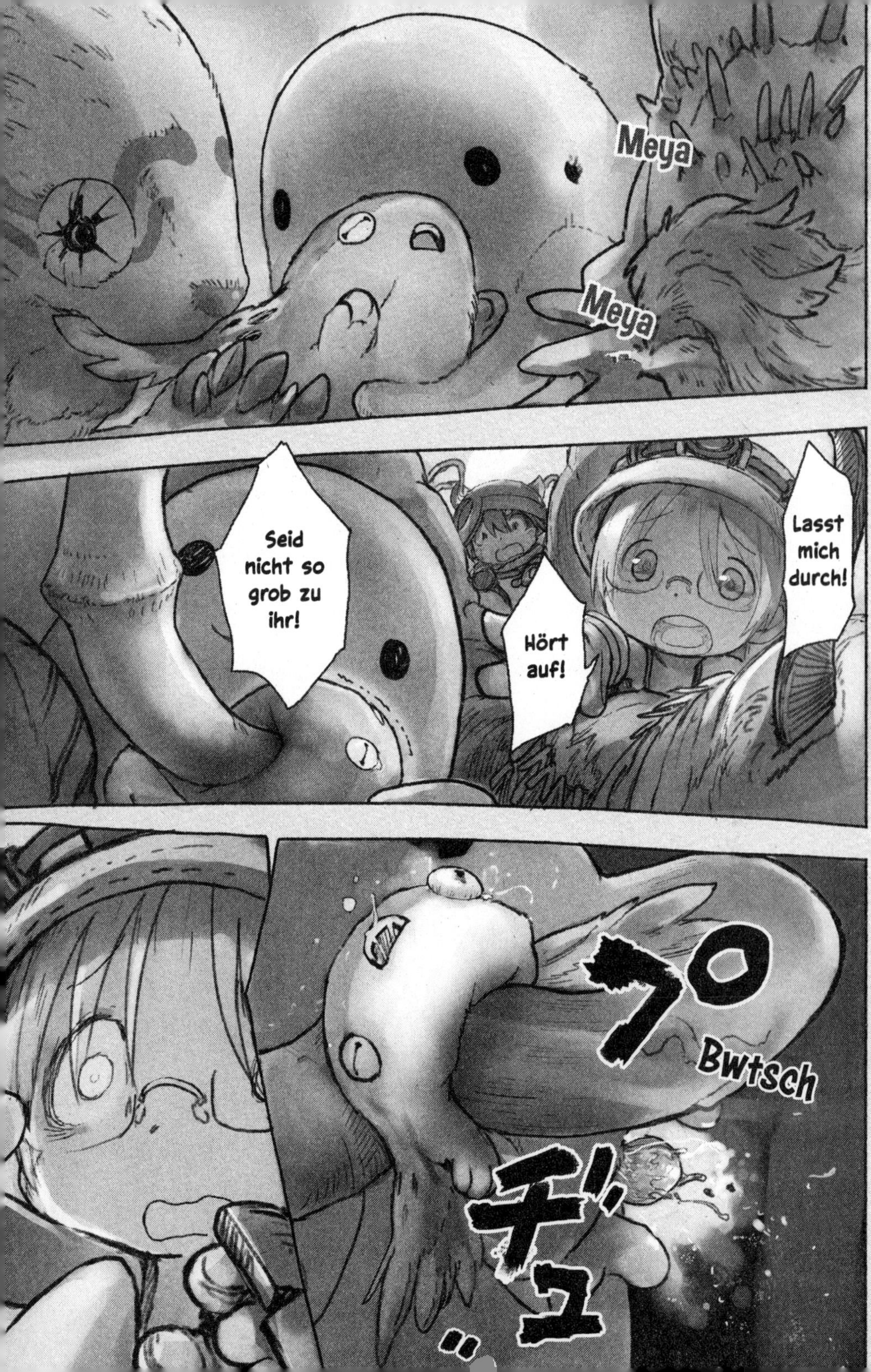
Meya
Meya
Lasst mich durch!
Hört auf!
Seid nicht so grob zu ihr!
Bwtsch
プ
チュ

Die Uralte Schrift Teil 2

Eine Unterhaltung zwischen zwei Geschwistern in einer Ausstellung über die Geschichte des Höhlentauchens im östlichen Bezirk von Orth.

◇ Sag mal, Sherumi. Was bedeutet das?

◆ Das bedeutet zu sechzig Prozent: »Es kann nicht wahr sein, aber das ist es trotzdem«, und zu vierzig Prozent »bewegend«. Man spricht es »Indeb« aus.

◇ Wenn man das Prinzip verstanden hat, kann man bestimmt auch selber Zeichen erschaffen.

◆ Die Grammatik soll ganz anders sein als die der Amtssprache, man muss sie richtig lernen.

◇ Und was heißt das hier?

◆ Man spricht es »Hadi mae« aus und es bedeutet so etwas wie »Ah« oder »Hoppla«. Es wird auch als Ausrufezeichen verwendet.

◇ Und das hier?

◆ Die Bedeutung ist noch nicht ganz klar, da sie sehr kompliziert ist. Es wird wohl »Iru buru« ausgesprochen.

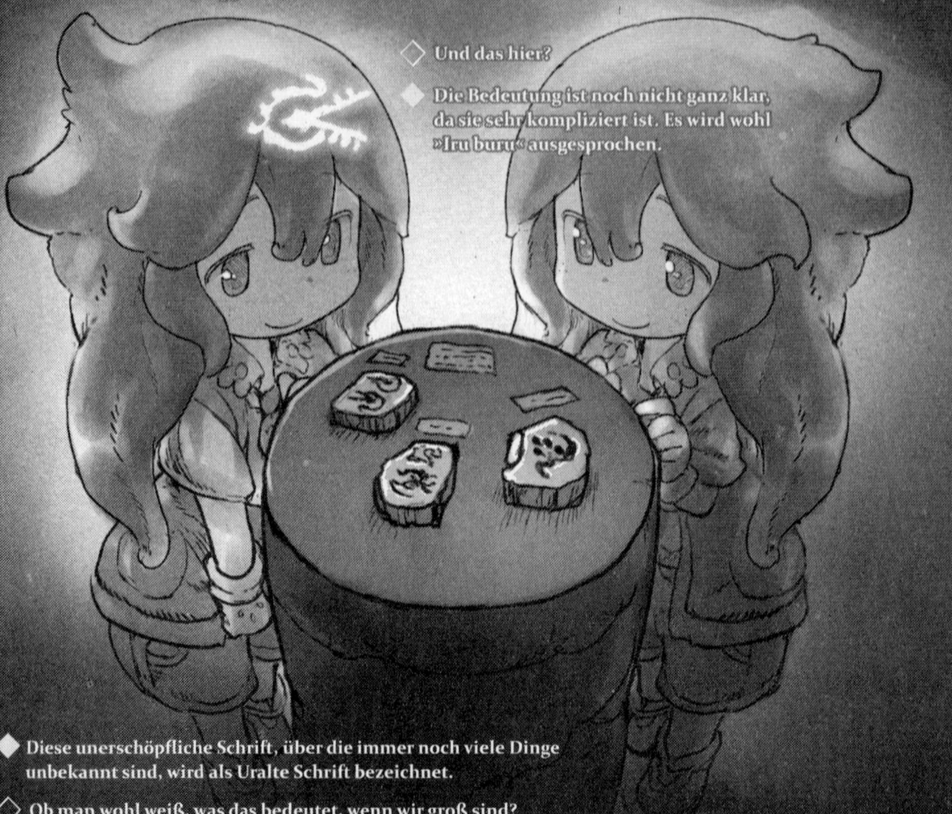

◆ Diese unerschöpfliche Schrift, über die immer noch viele Dinge unbekannt sind, wird als Uralte Schrift bezeichnet.

◇ Ob man wohl weiß, was das bedeutet, wenn wir groß sind?

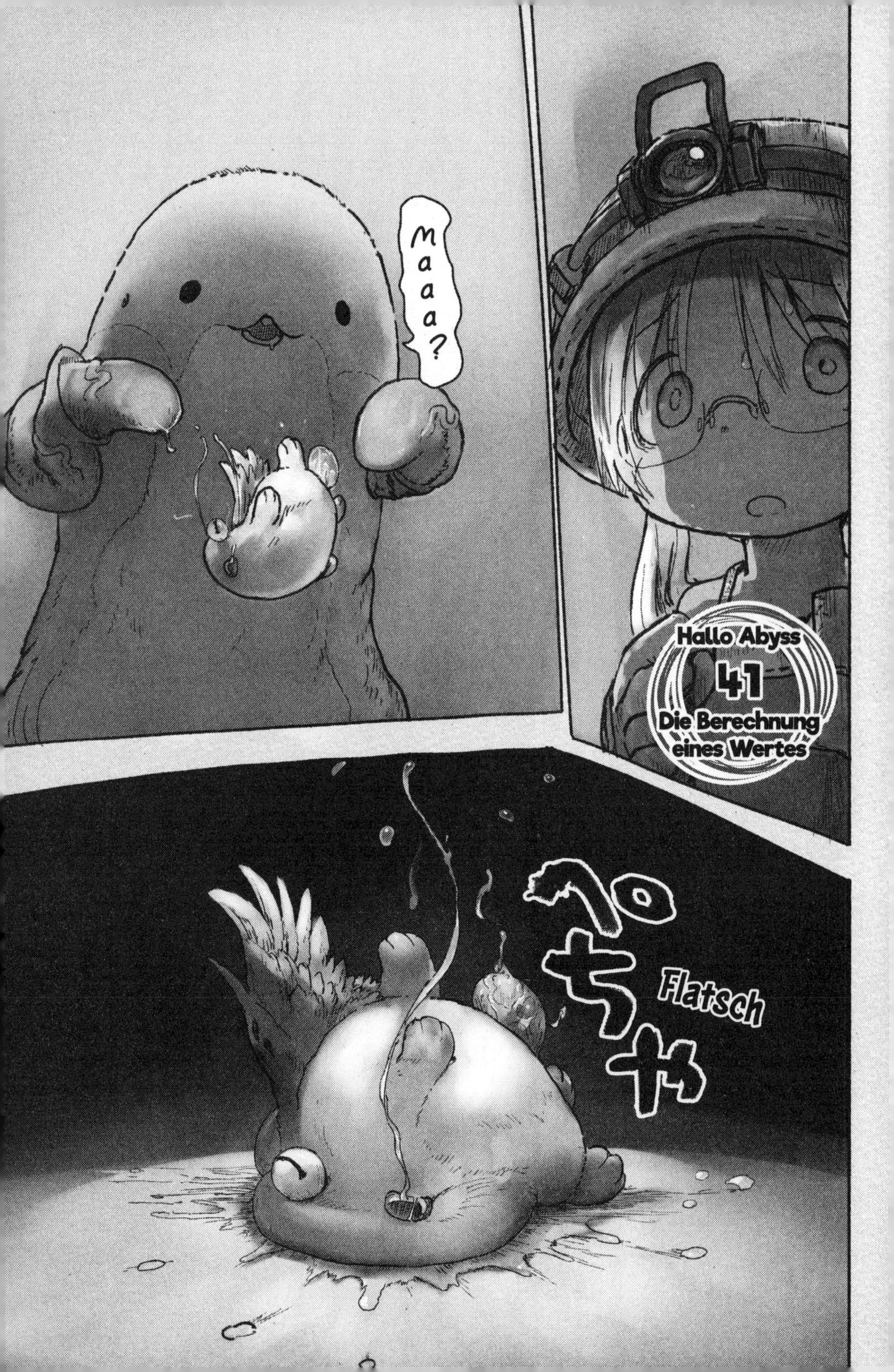
Maaa?
Hallo Abyss
41
Die Berechnung eines Wertes
Flatsch

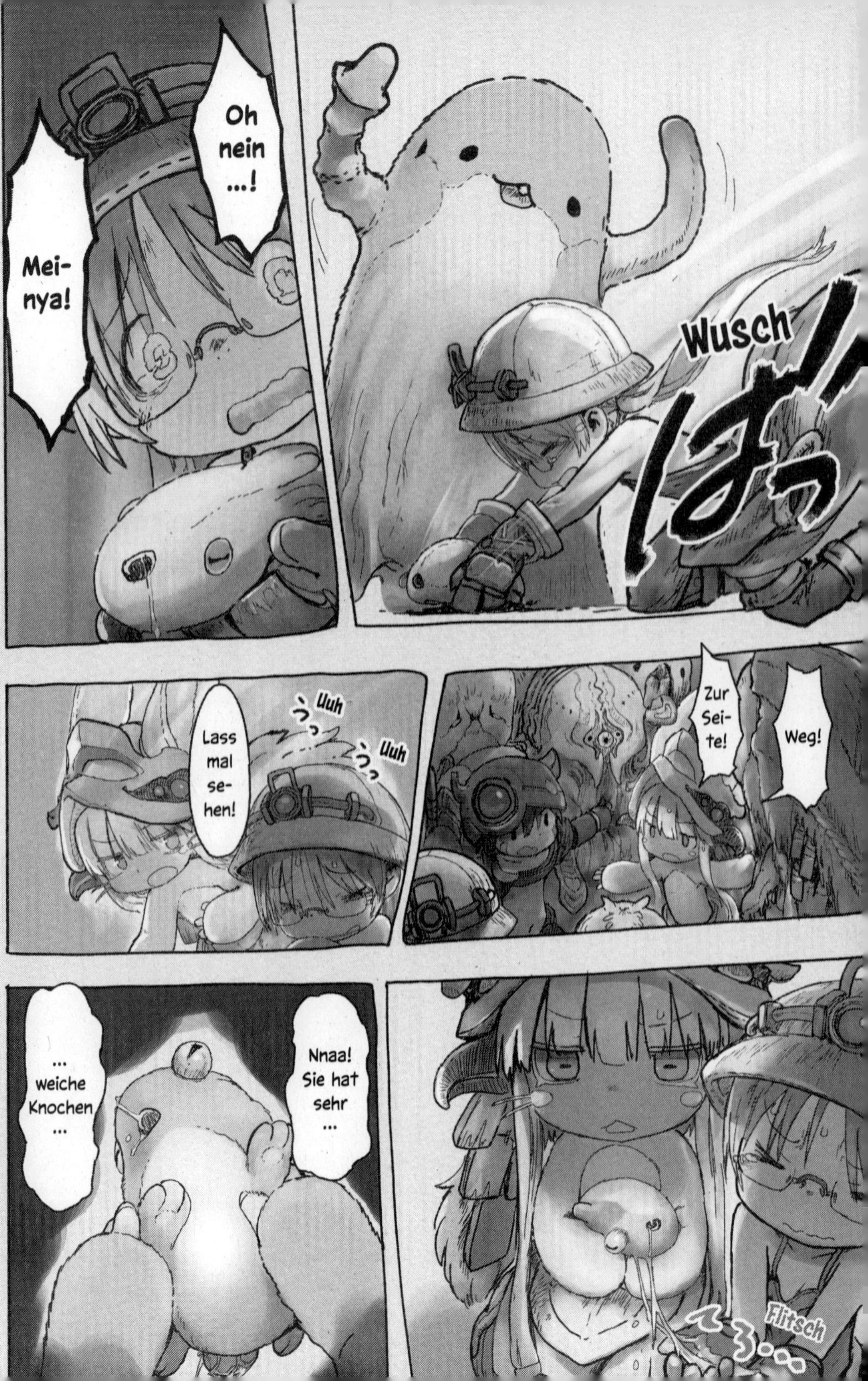
Wusch
Oh nein ...!
Mei-nya!
Weg!
Zur Seite!
Uuh
Uuh
Lass mal se-hen!
Flitsch
Nnaa! Sie hat sehr ...
... weiche Knochen ...

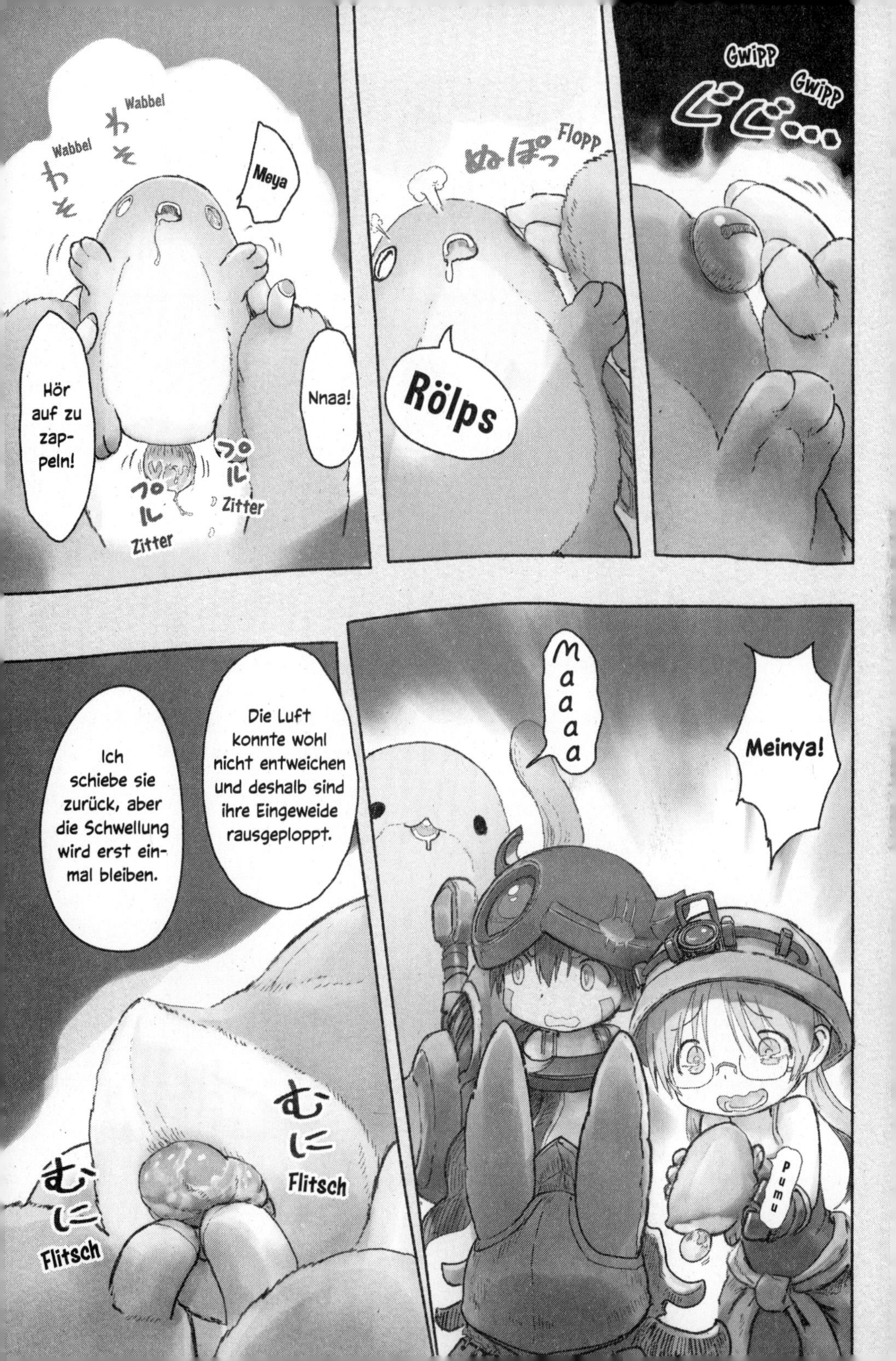

ぐぐ…
Gwipp
Gwipp
ぬぽっ
Flopp
Rölps
Nnaa!
Meya
わそ
Wabbel
わそ
Wabbel
Hör auf zu zappeln!
プル
Zitter
プル
Zitter
Meinya!
Maaaa
Pumu
Die Luft konnte wohl nicht entweichen und deshalb sind ihre Eingeweide rausgeploppt.
Ich schiebe sie zurück, aber die Schwellung wird erst einmal bleiben.
むに
Flitsch
むに
Flitsch

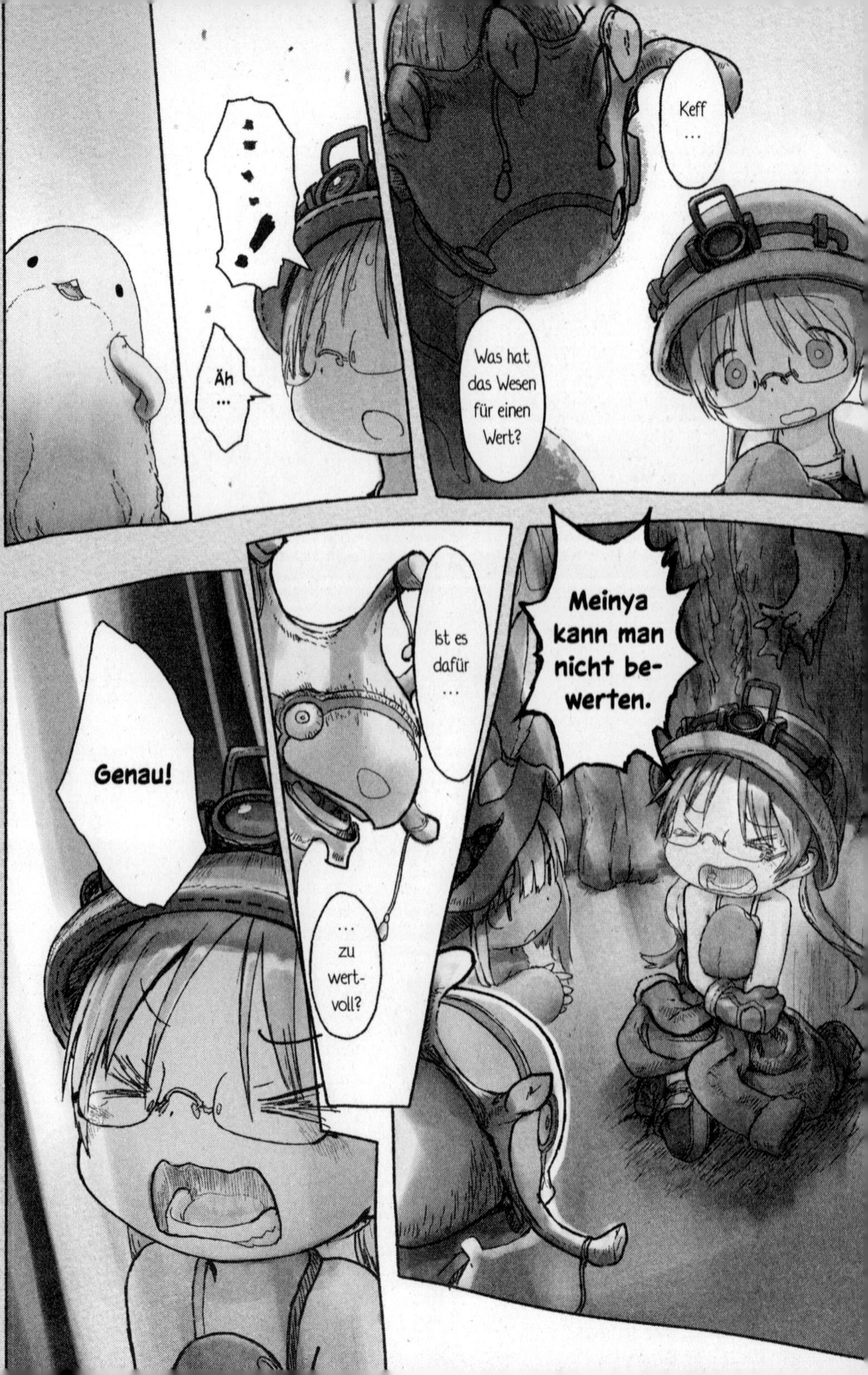
Keff
…
Was hat
das Wesen
für einen
Wert?
…!
Äh
…
Meinya
kann man
nicht be-
werten.
Ist es
dafür
…
…
zu
wert-
voll?
Genau!

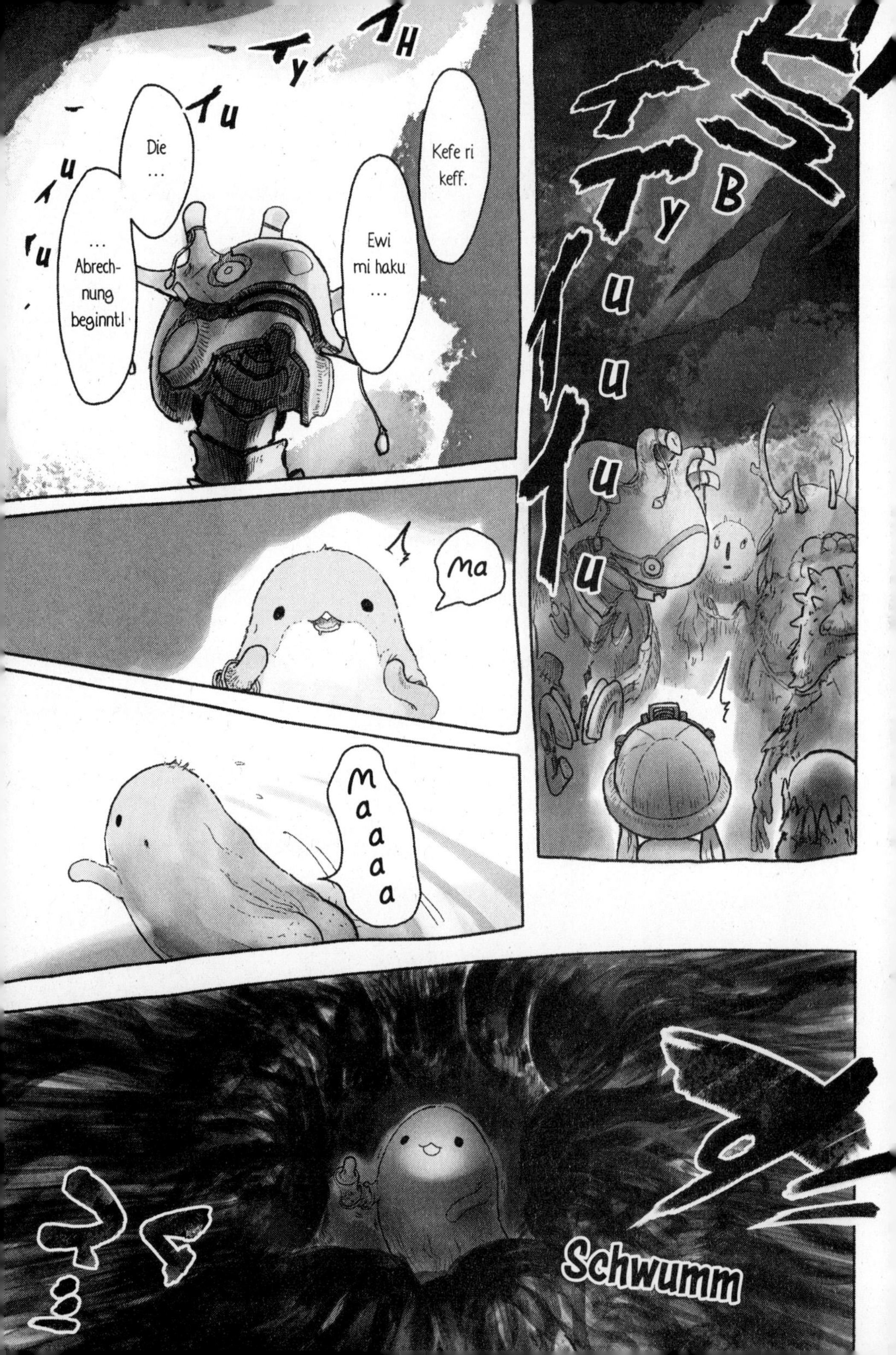
Byuuuuu
Kefe ri keff.
Ewi mi haku …
Die …
… Abrech-nung beginnt!
Hyuuu
Ma
Maaaa
Schwumm

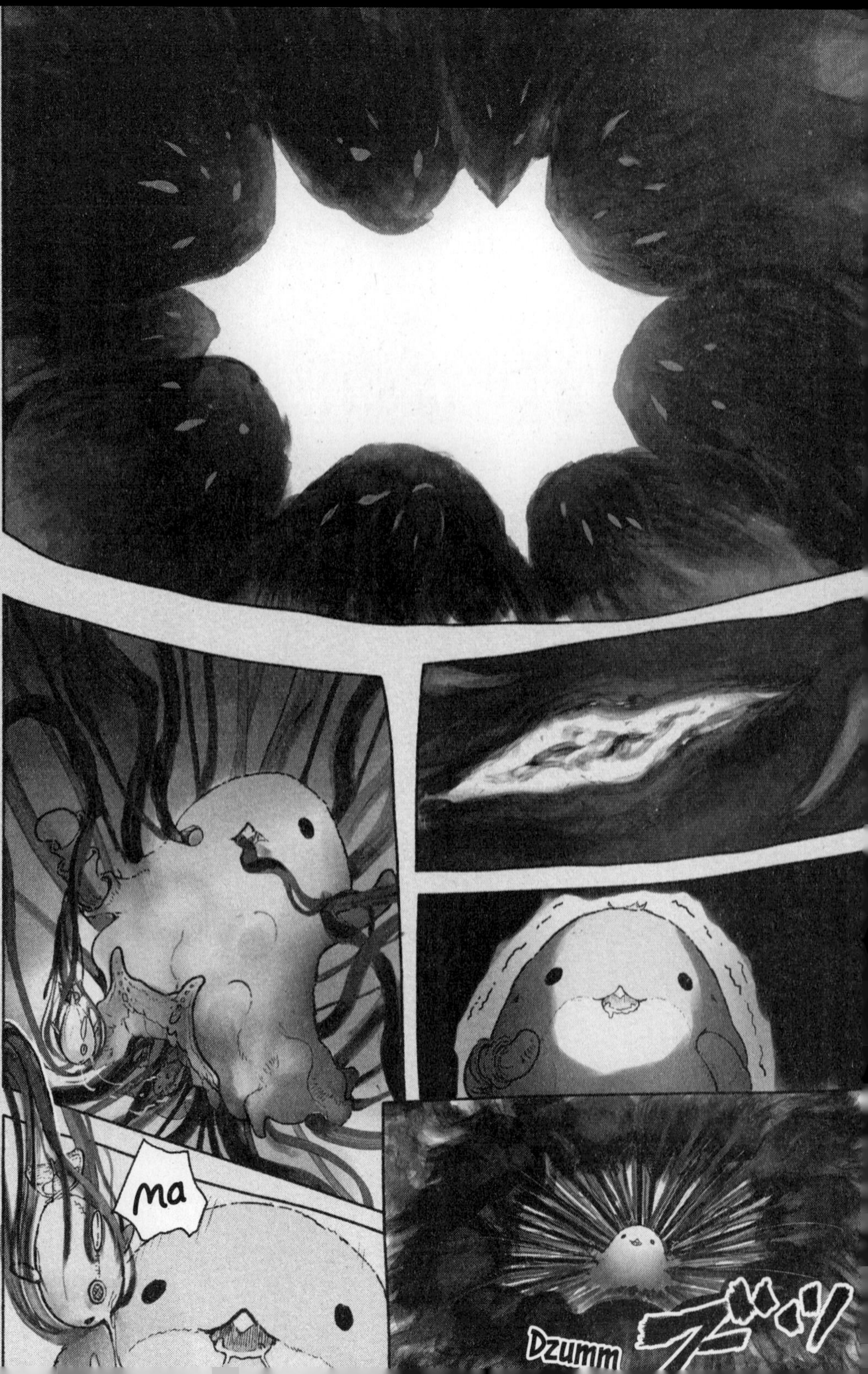
Ma
Dzumm

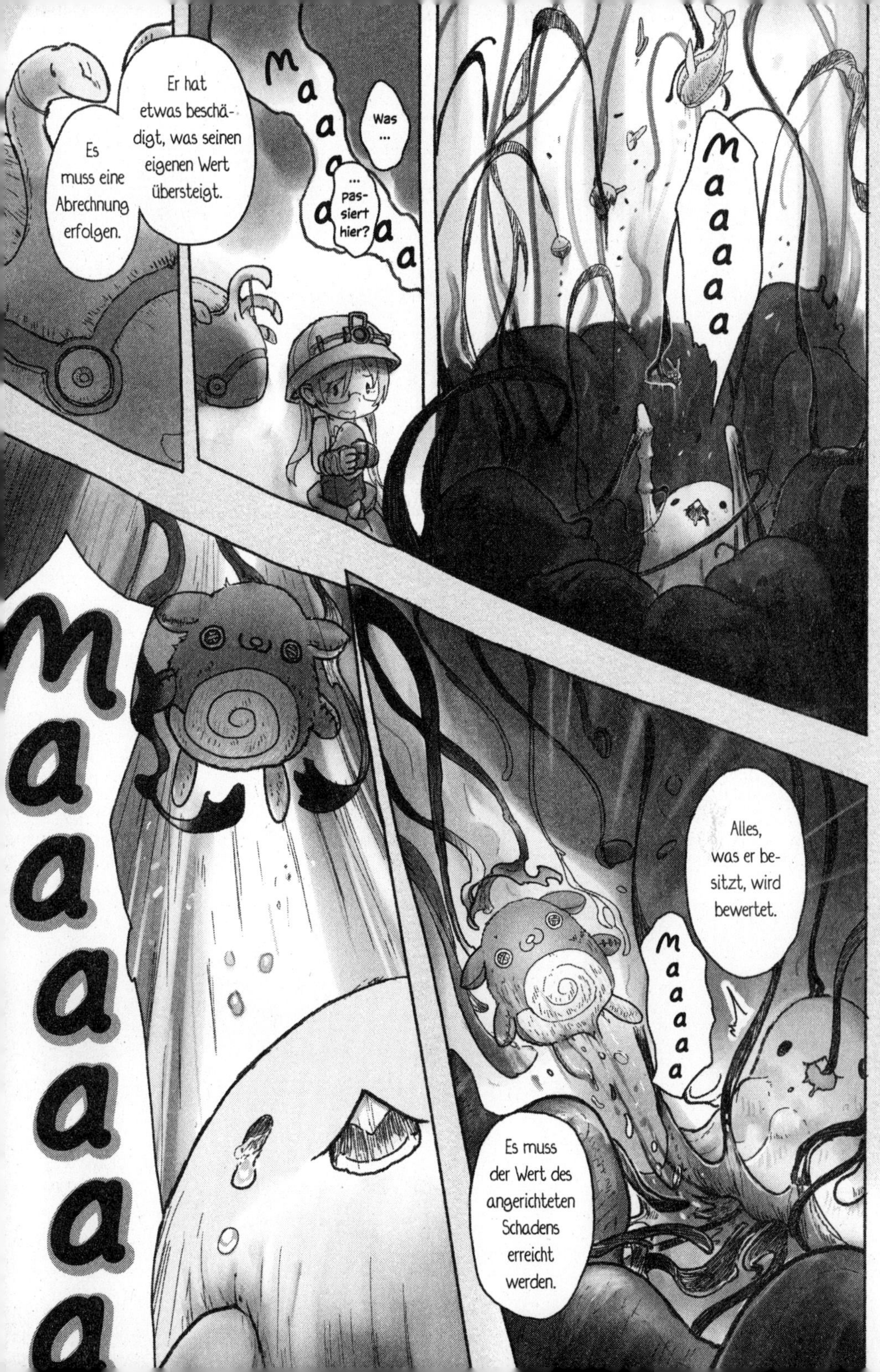
Maaaaa
Maaaaaa
Was ...
... passiert hier?
Er hat etwas beschädigt, was seinen eigenen Wert übersteigt.
Es muss eine Abrechnung erfolgen.
Alles, was er besitzt, wird bewertet.
Maaaaa
Es muss der Wert des angerichteten Schadens erreicht werden.
Maaaaaaaa

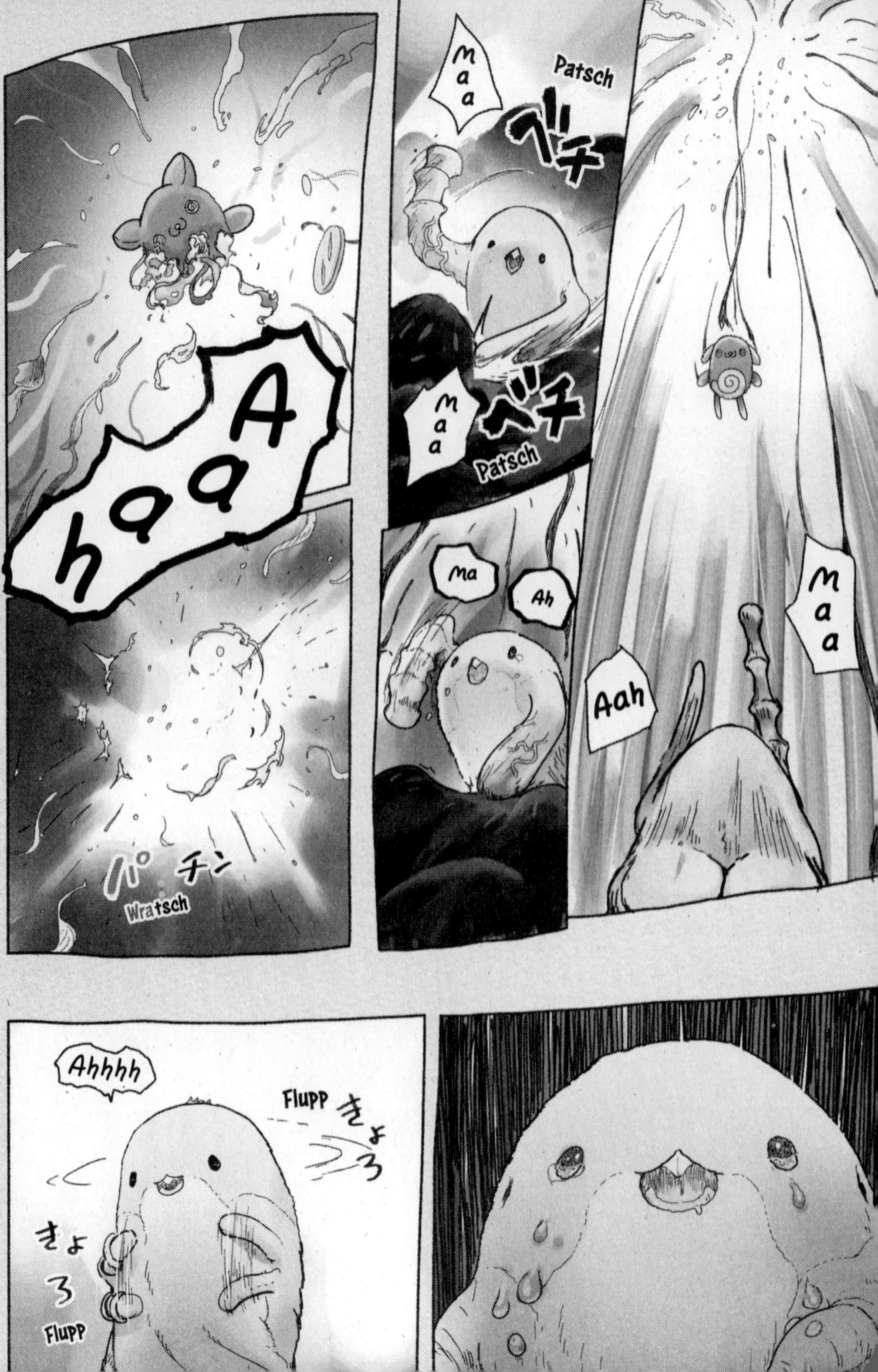

Maa
Aah
Maa
ベチ
Patsch
Maa
ベチ
Patsch
Ma
Ah
haaA
パチン
Wratsch
Ahhhh
きょろ
Flupp
きょろ
Flupp

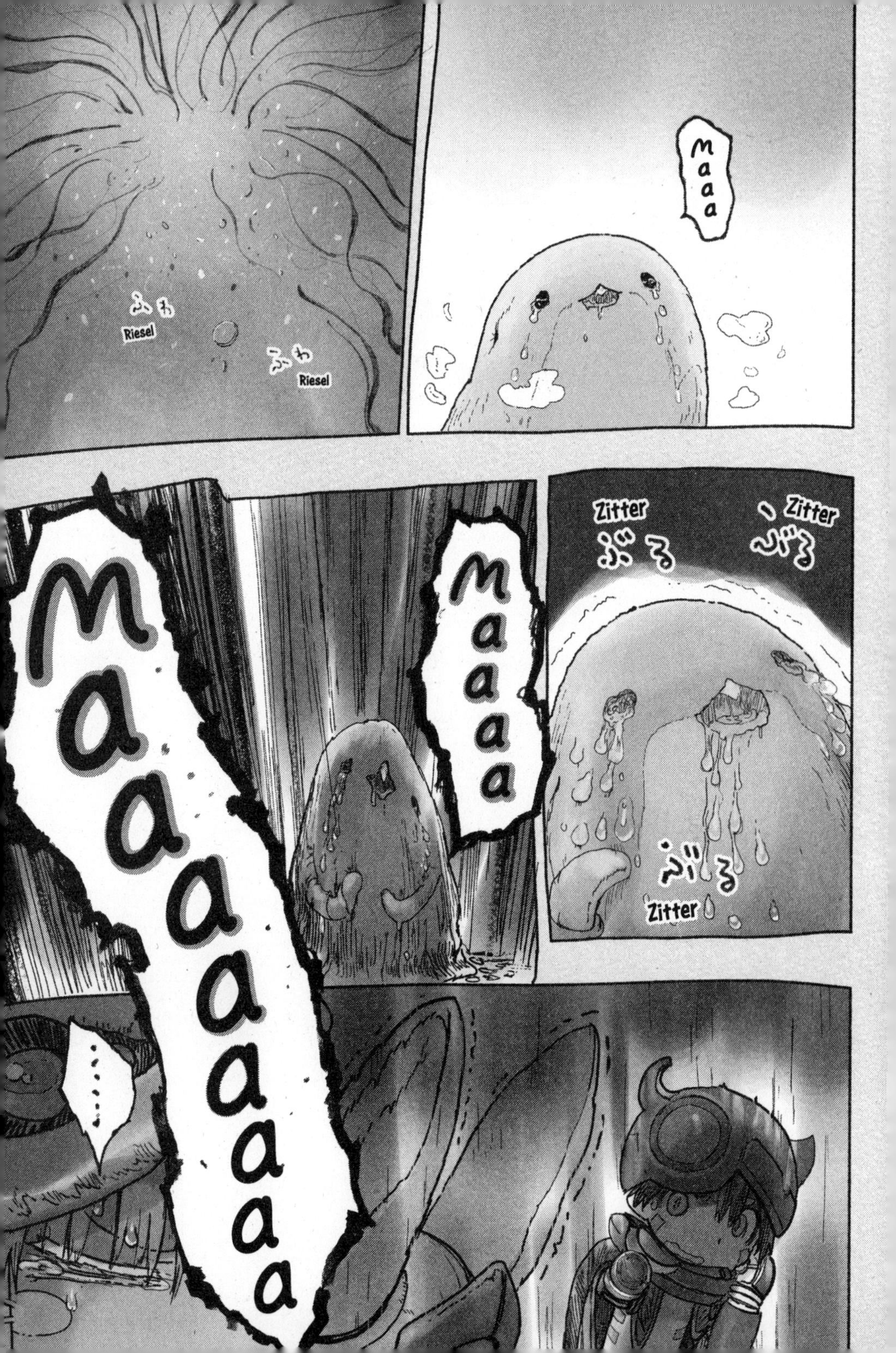

Maaa
ふわ
Riesel
ふわ
Riesel
Zitter
ぶる
Zitter
ぶる
ぶる
Zitter
Maaaaa
Maaaaaaaa
……

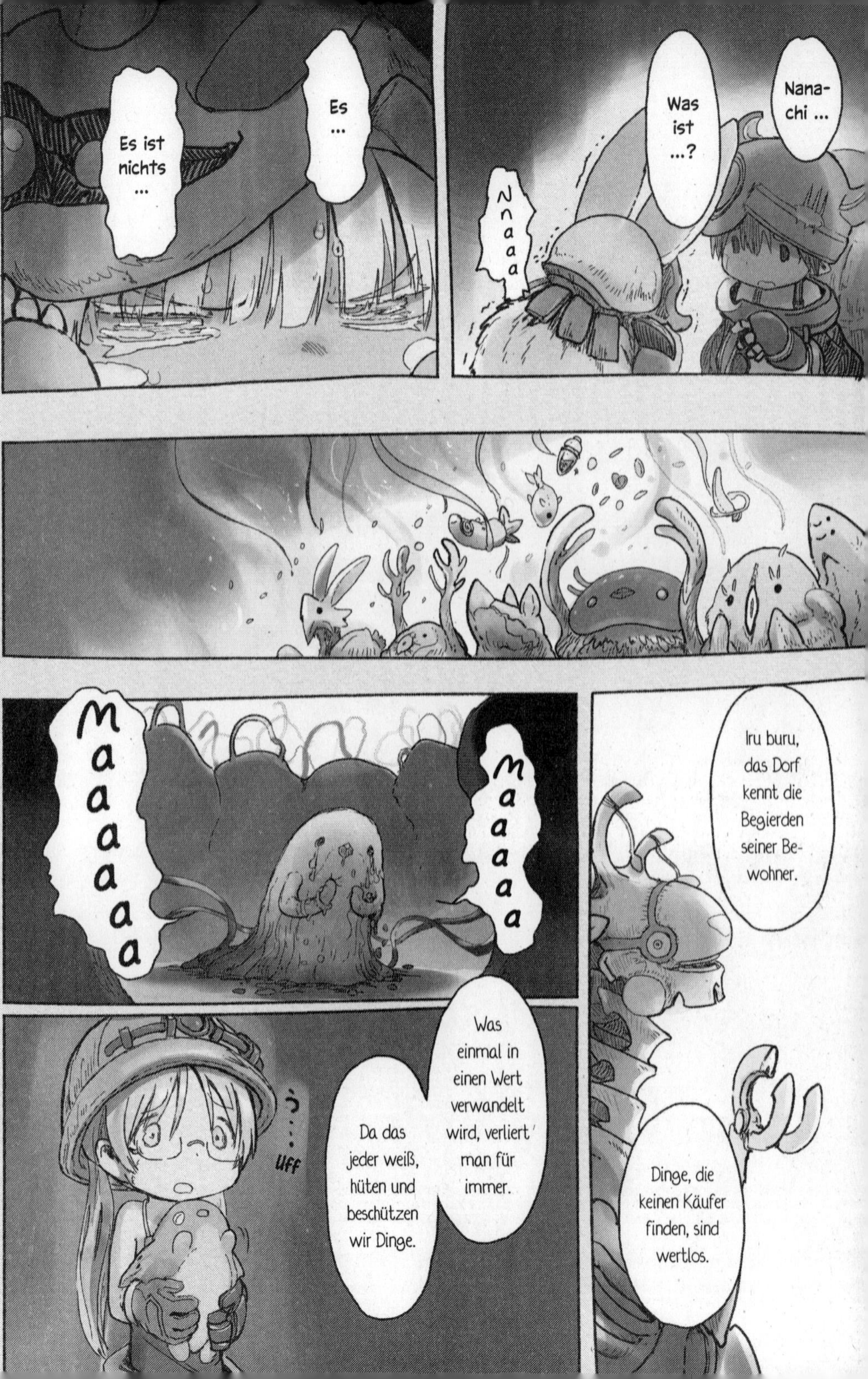

Nana-chi ...
Was ist ...?
Nnaaa
Es ...
Es ist nichts ...
Iru buru, das Dorf kennt die Begierden seiner Bewohner.
Maaaaaa
Maaaaaaa
Dinge, die keinen Käufer finden, sind wertlos.
Was einmal in einen Wert verwandelt wird, verliert man für immer.
Da das jeder weiß, hüten und beschützen wir Dinge.
Uff

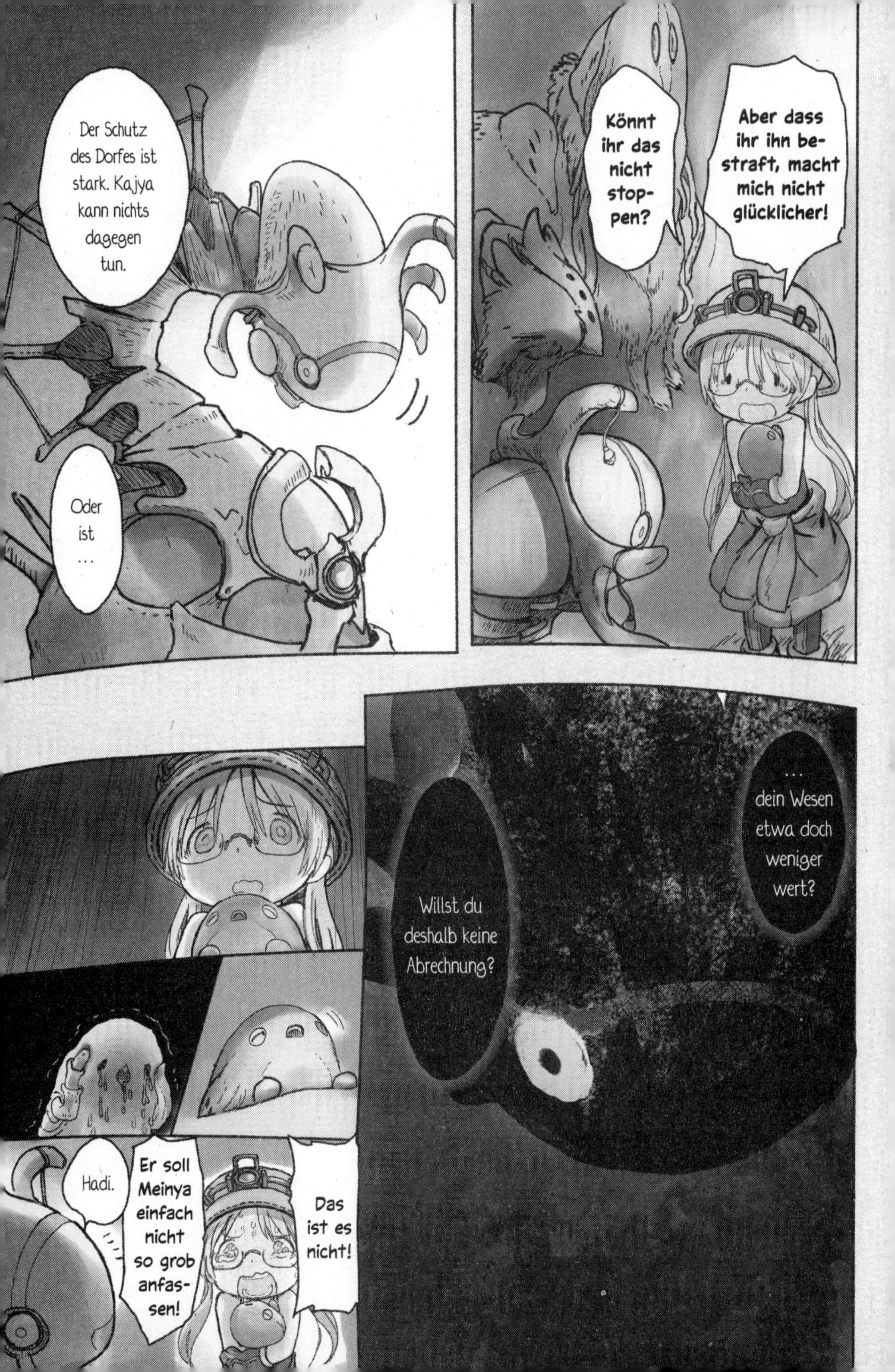
Aber dass ihr ihn bestraft, macht mich nicht glücklicher!
Könnt ihr das nicht stoppen?
Der Schutz des Dorfes ist stark. Kajya kann nichts dagegen tun.
Oder ist …
… dein Wesen etwa doch weniger wert?
Willst du deshalb keine Abrechnung?
Das ist es nicht!
Er soll Meinya einfach nicht so grob anfassen!
Hadi.

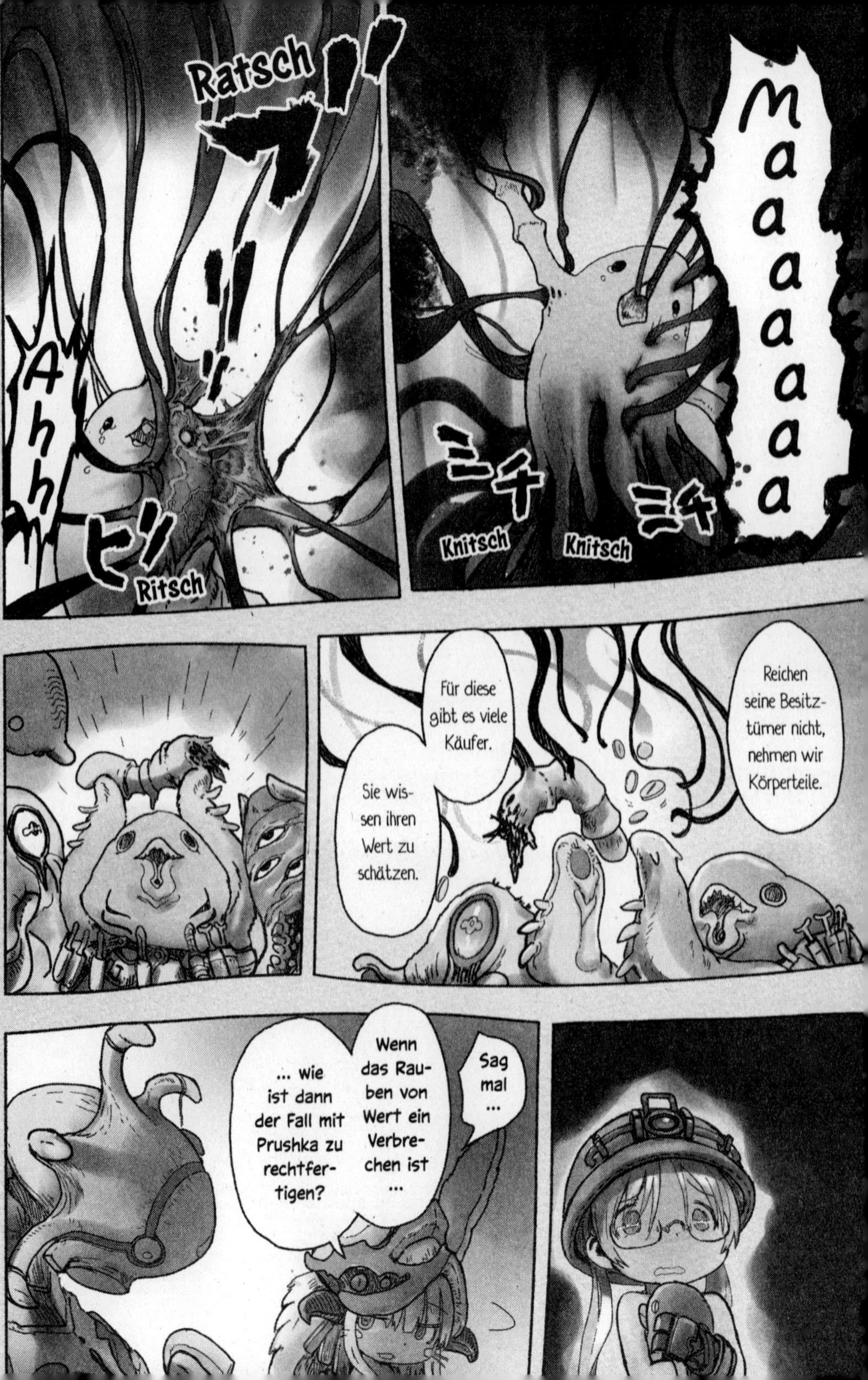
Maaaaaaa
Knitsch
Knitsch
Ratsch
Ahh
Ritsch
Reichen seine Besitztümer nicht, nehmen wir Körperteile.
Für diese gibt es viele Käufer.
Sie wissen ihren Wert zu schätzen.
Sag mal ...
Wenn das Rauben von Wert ein Verbrechen ist ...
... wie ist dann der Fall mit Prushka zu rechtfertigen?

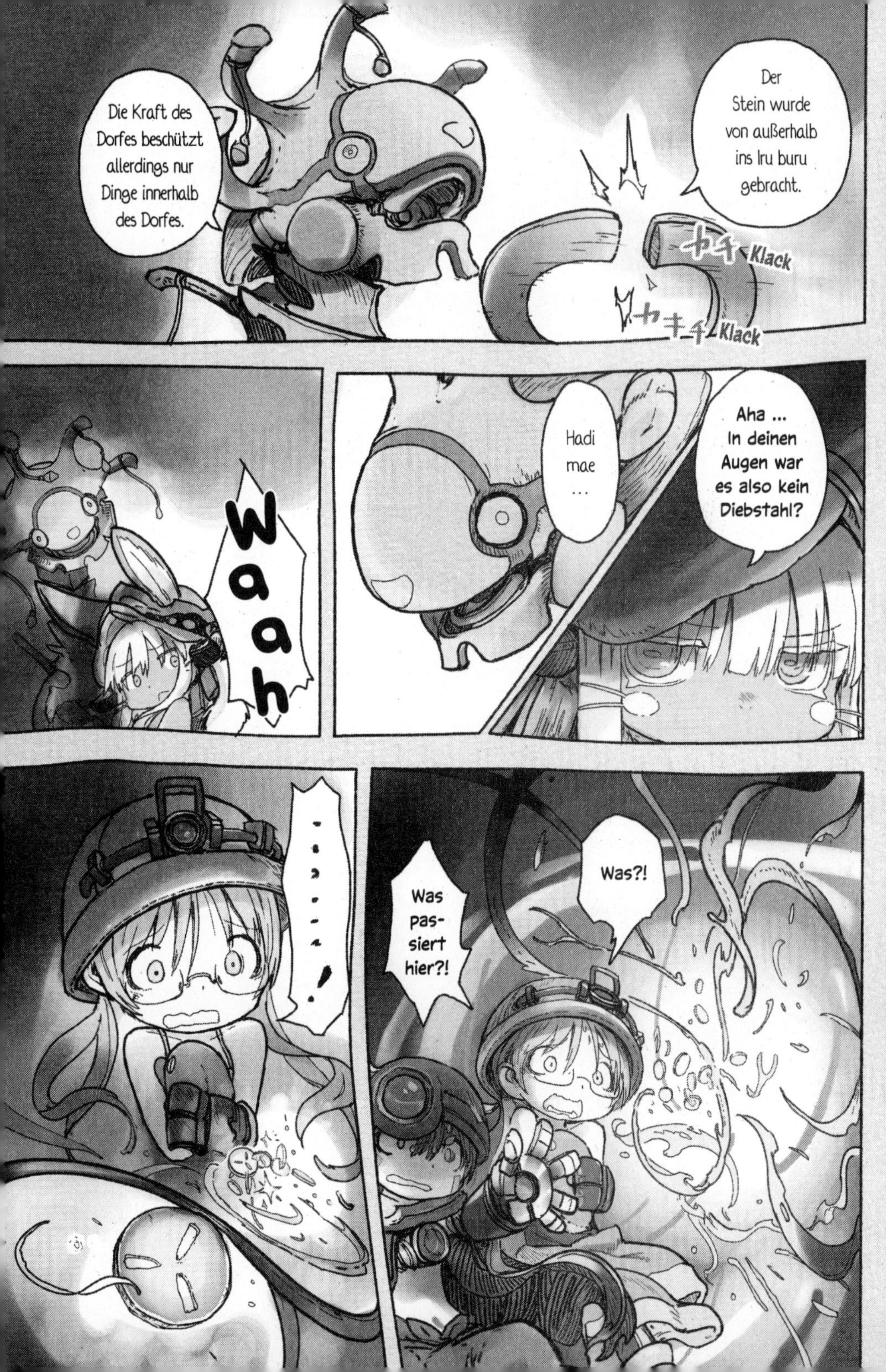
Der Stein wurde von außerhalb ins Iru buru gebracht.
Die Kraft des Dorfes beschützt allerdings nur Dinge innerhalb des Dorfes.
カチ Klack
カチ Klack
Aha ... In deinen Augen war es also kein Diebstahl?
Hadi mae …
Waah
Was?!
Was passiert hier?!
…!

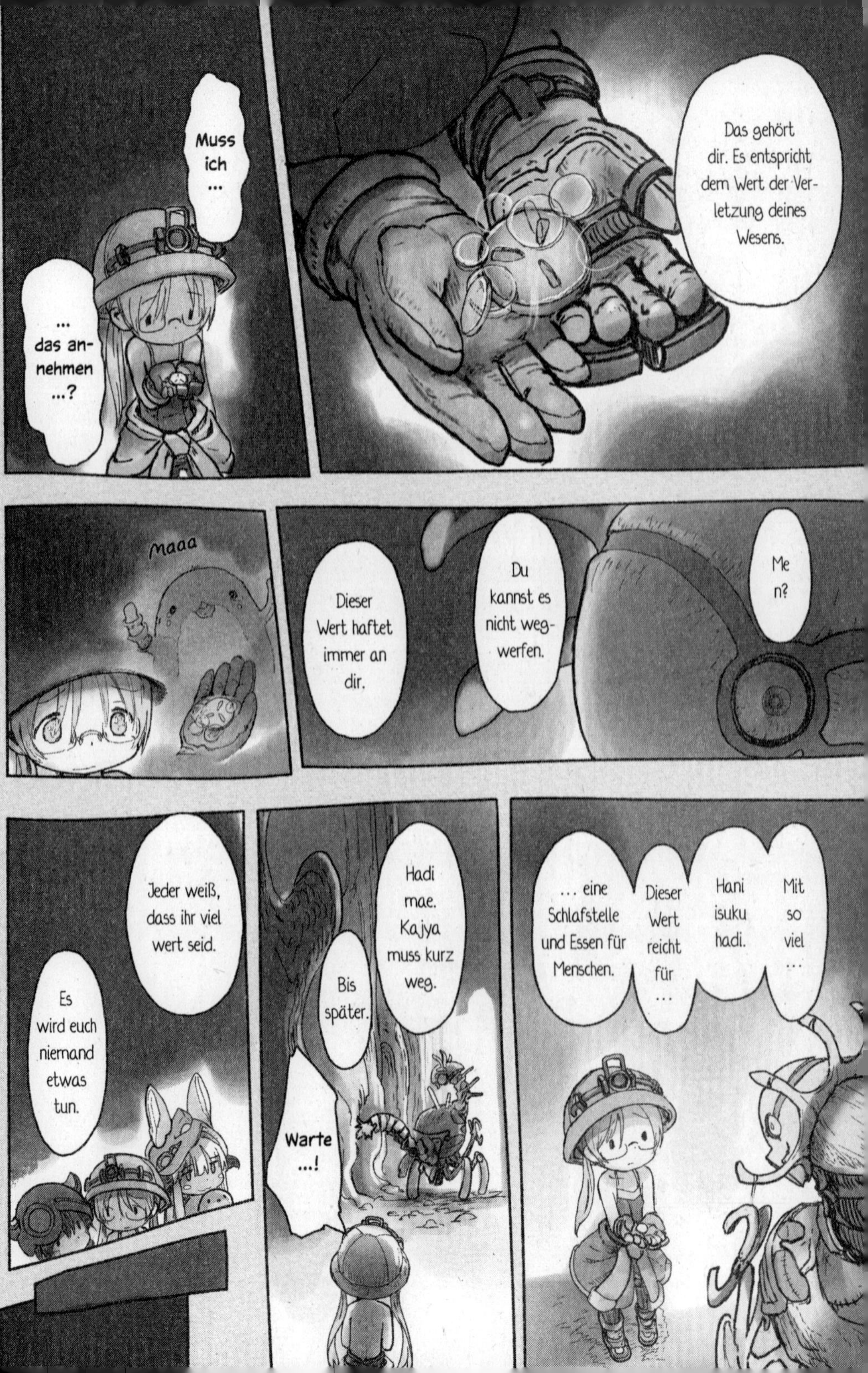
Das gehört dir. Es entspricht dem Wert der Verletzung deines Wesens.
Muss ich …
… das annehmen …?
Me n?
Du kannst es nicht wegwerfen.
Dieser Wert haftet immer an dir.
Maaa
Mit so viel …
Hani isuku hadi.
Dieser Wert reicht für …
… eine Schlafstelle und Essen für Menschen.
Hadi mae. Kajya muss kurz weg.
Bis später.
Warte …!
Jeder weiß, dass ihr viel wert seid.
Es wird euch niemand etwas tun.

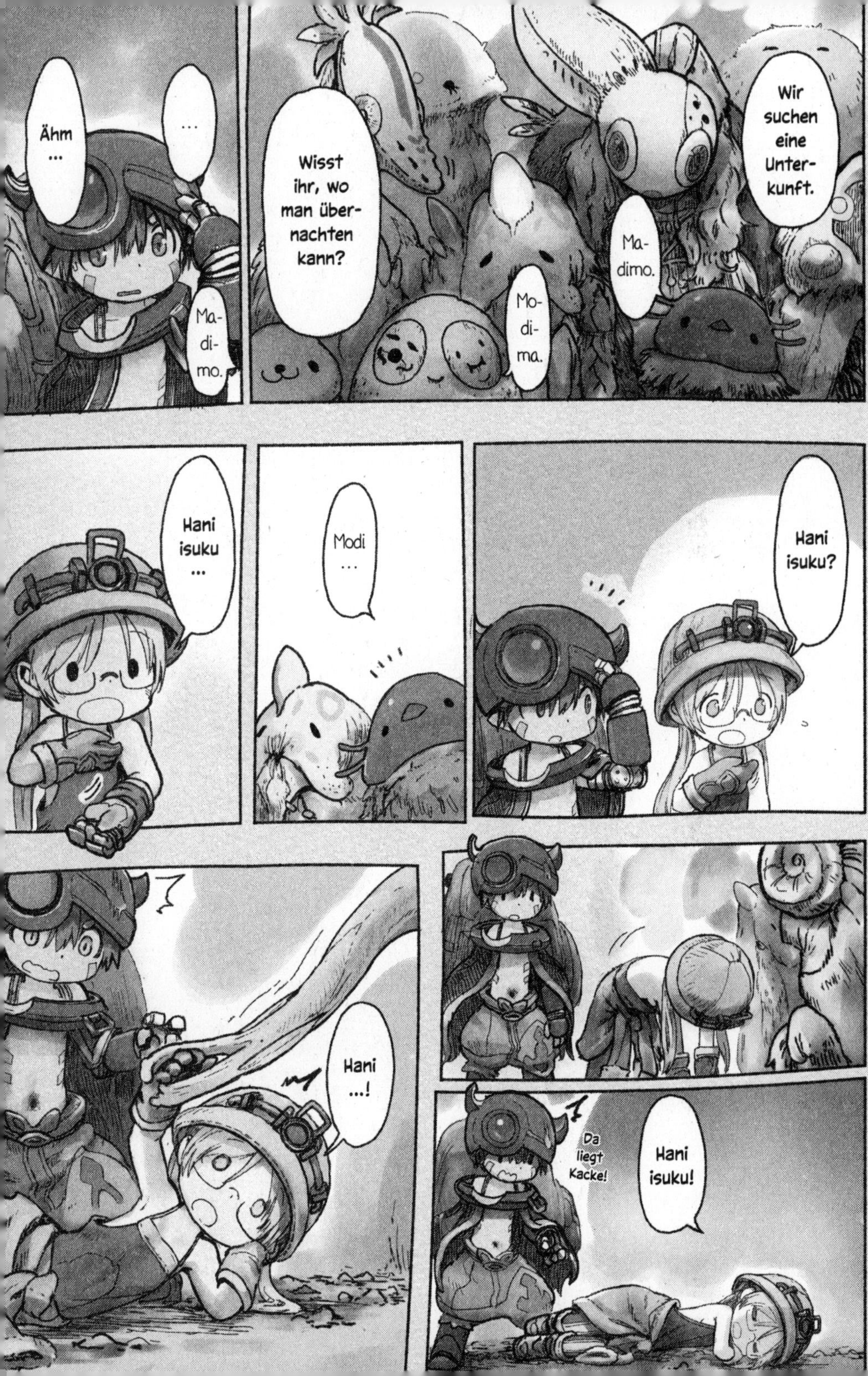
Wir suchen eine Unterkunft.
Ma-dimo.
Mo-di-ma.
Wisst ihr, wo man übernachten kann?
…
Ähm …
Ma-di-mo.
Hani isuku?
Modi …
Hani isuku …
Hani isuku!
Da liegt Kacke!
Hani …!

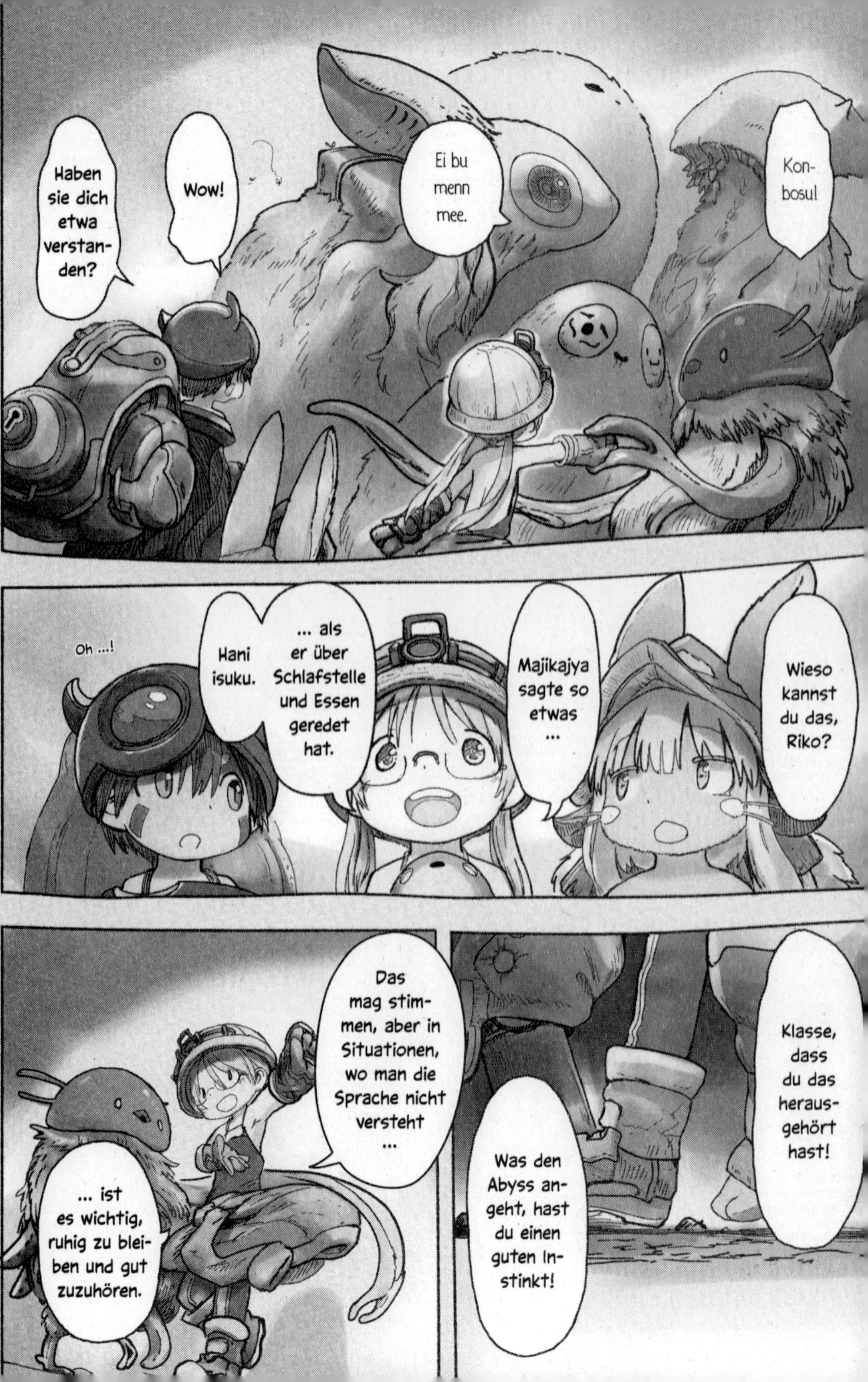
Kon-bosu!
Ei bu menn mee.
Wow!
Haben sie dich etwa verstanden?
Wieso kannst du das, Riko?
Majikajya sagte so etwas ...
... als er über Schlafstelle und Essen geredet hat.
Hani isuku.
Oh ...!
Klasse, dass du das herausgehört hast!
Was den Abyss angeht, hast du einen guten Instinkt!
Das mag stimmen, aber in Situationen, wo man die Sprache nicht versteht ...
... ist es wichtig, ruhig zu bleiben und gut zuzuhören.

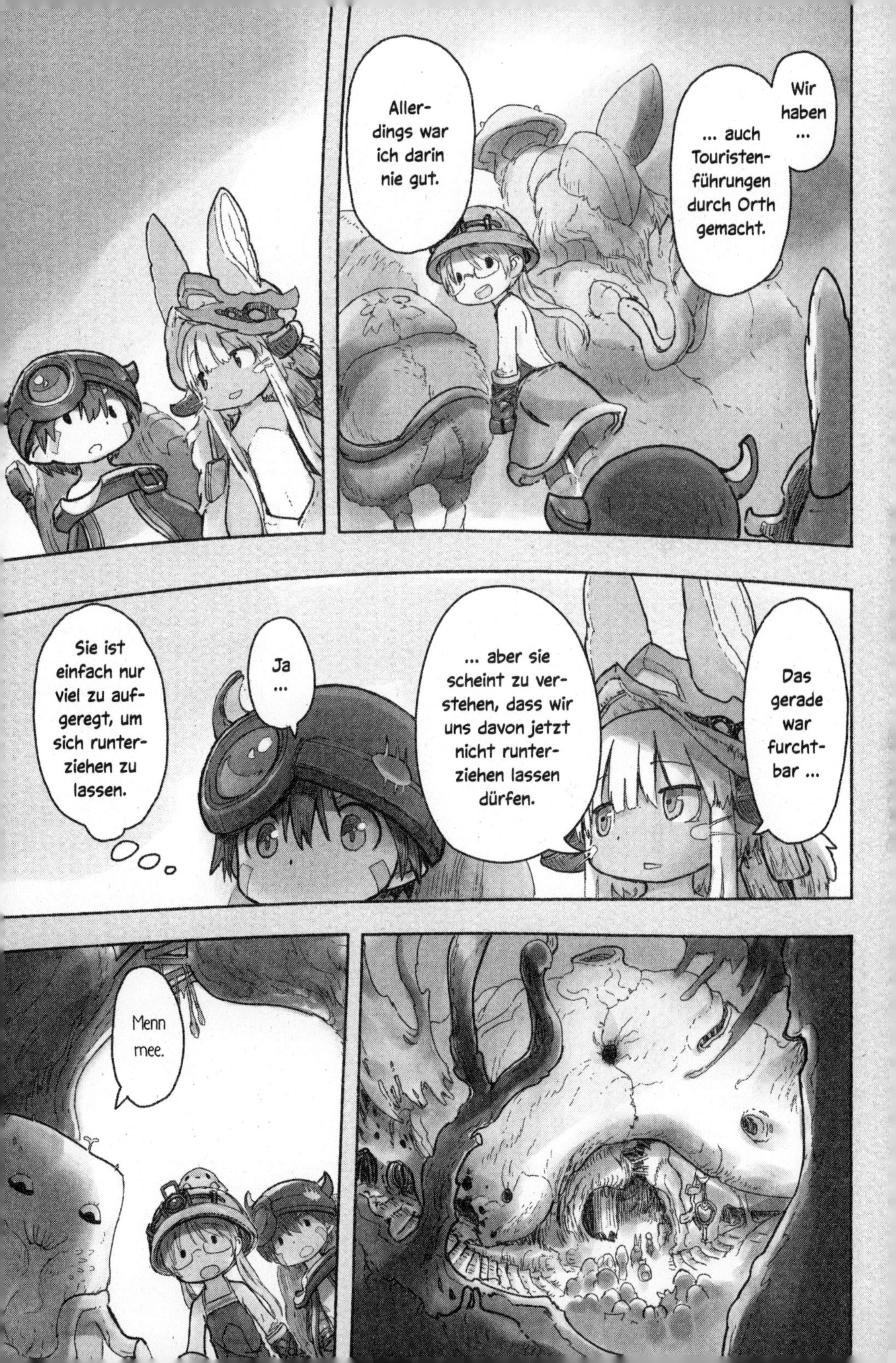
Wir haben ...
... auch Touristenführungen durch Orth gemacht.
Allerdings war ich darin nie gut.
Das gerade war furchtbar ...
... aber sie scheint zu verstehen, dass wir uns davon jetzt nicht runterziehen lassen dürfen.
Ja ...
Sie ist einfach nur viel zu aufgeregt, um sich runterziehen zu lassen.
Menn mee.

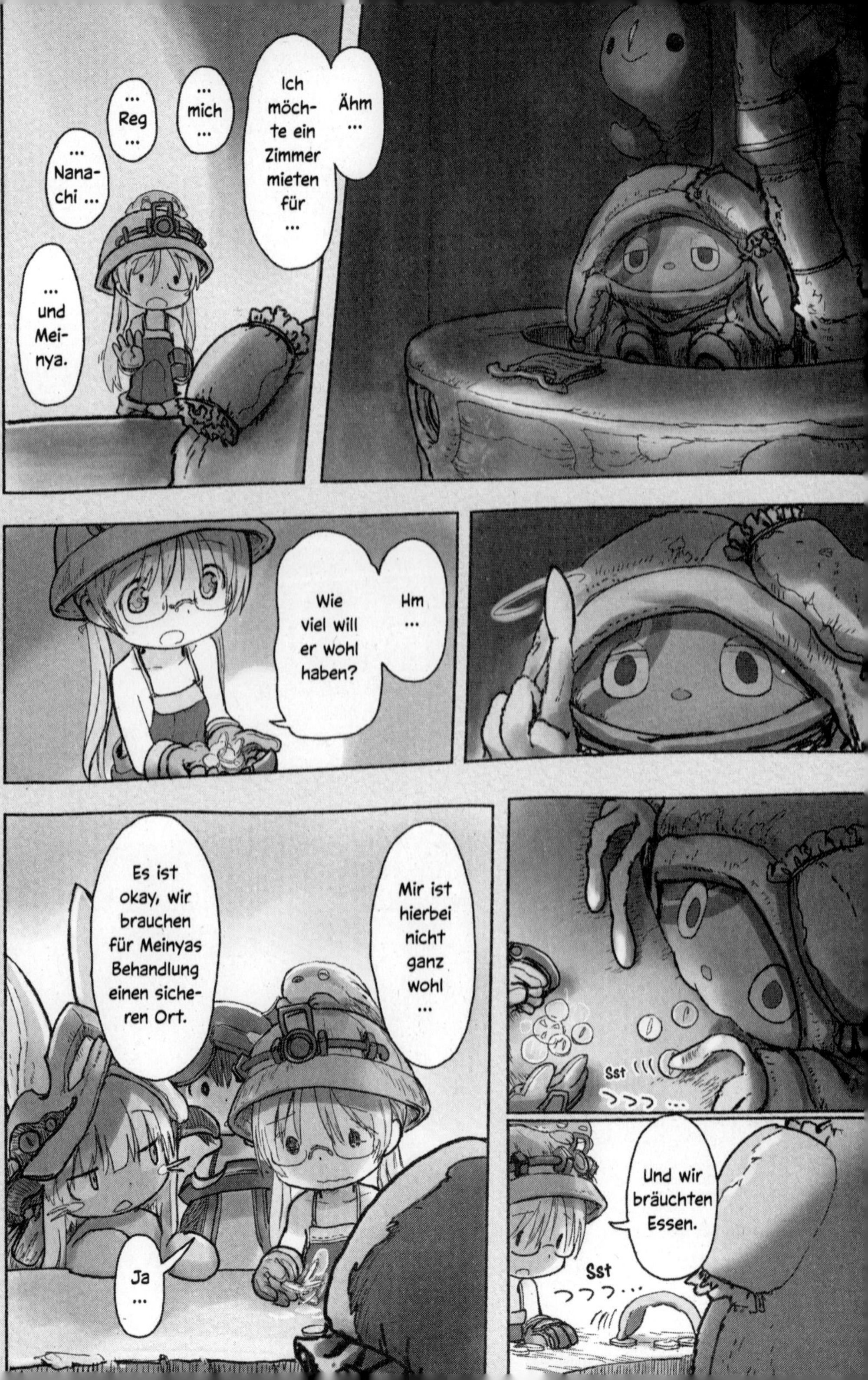
Ähm …
Ich möchte ein Zimmer mieten für …
… mich …
… Reg …
… Nanachi …
… und Meinya.
Hm …
Wie viel will er wohl haben?
Sst つつつ …
Mir ist hierbei nicht ganz wohl …
Es ist okay, wir brauchen für Meinyas Behandlung einen sicheren Ort.
Ja …
Und wir bräuchten Essen.
Sst つつつ…

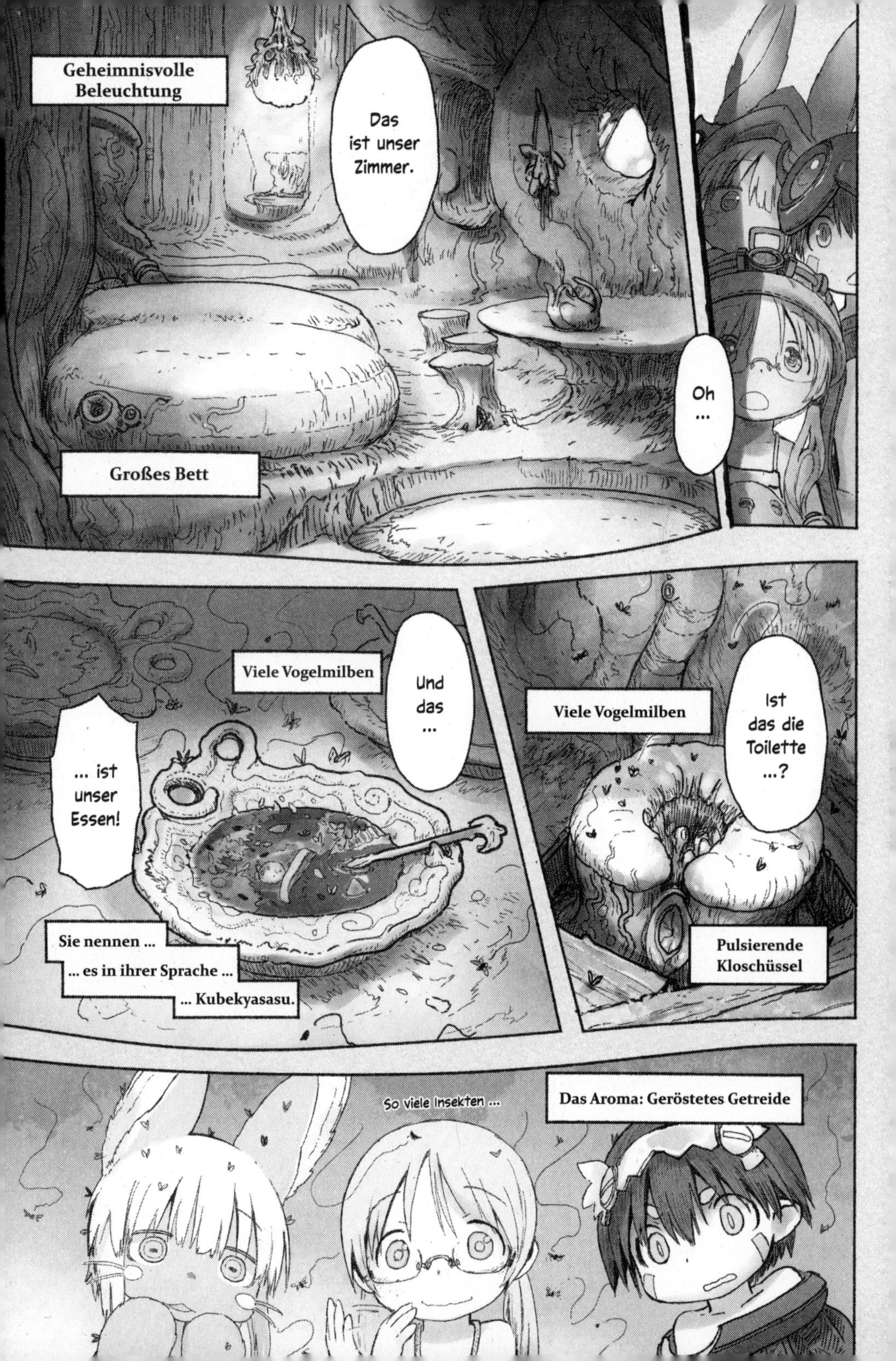
Das ist unser Zimmer.
Geheimnisvolle Beleuchtung
Großes Bett
Oh ...
Ist das die Toilette ...?
Viele Vogelmilben
Pulsierende Kloschüssel
Und das ...
... ist unser Essen!
Viele Vogelmilben
Sie nennen ...
... es in ihrer Sprache ...
... Kubekyasasu.
Das Aroma: Geröstetes Getreide
So viele Insekten ...

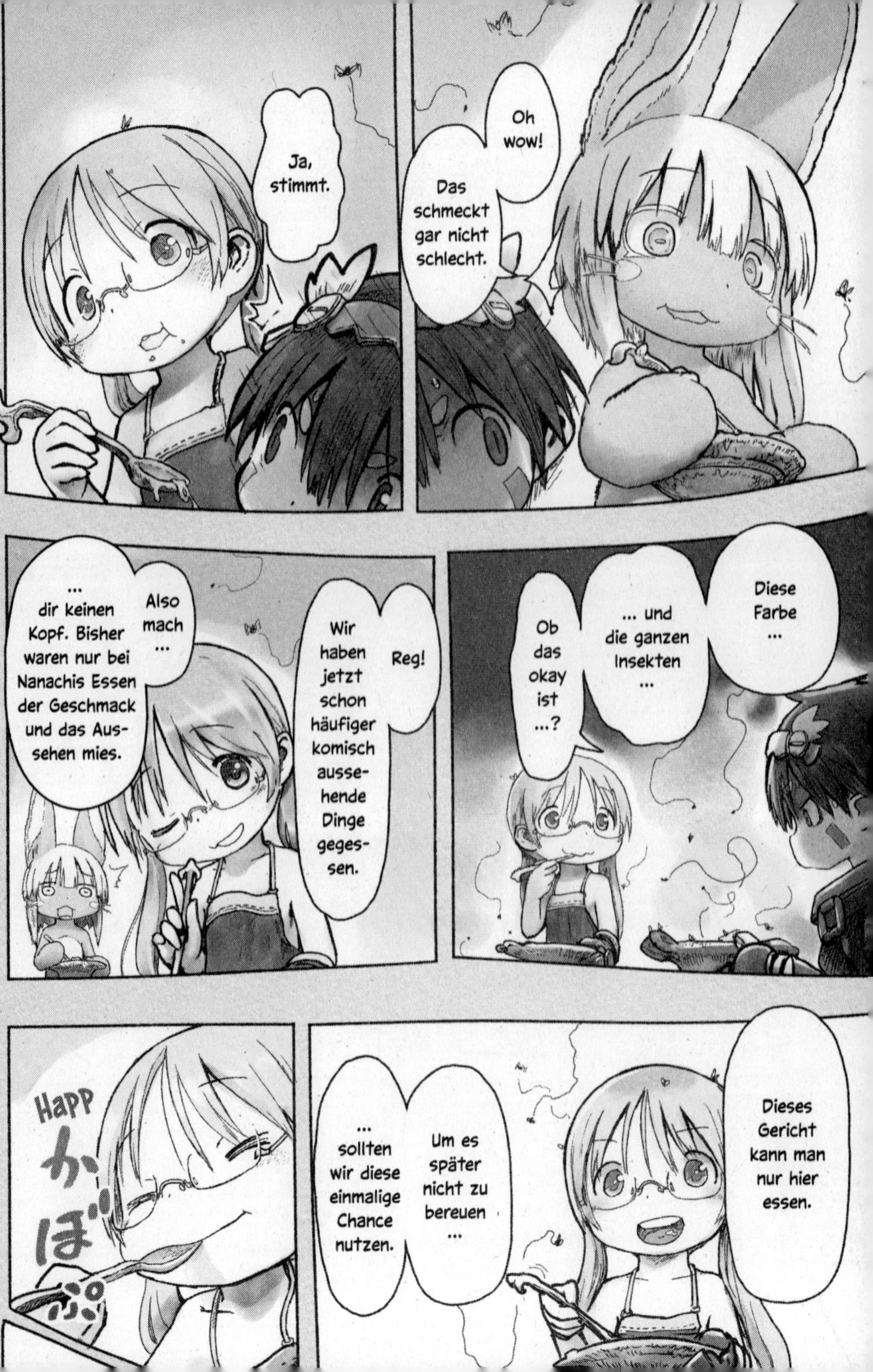
Oh wow!
Das schmeckt gar nicht schlecht.
Ja, stimmt.
Diese Farbe ...
... und die ganzen Insekten ...
Ob das okay ist ...?
Reg!
Wir haben jetzt schon häufiger komisch ausse-hende Dinge geges-sen.
Also mach ...
... dir keinen Kopf. Bisher waren nur bei Nanachis Essen der Geschmack und das Aus-sehen mies.
Dieses Gericht kann man nur hier essen.
Um es später nicht zu bereuen ...
... sollten wir diese einmalige Chance nutzen.
HAPP

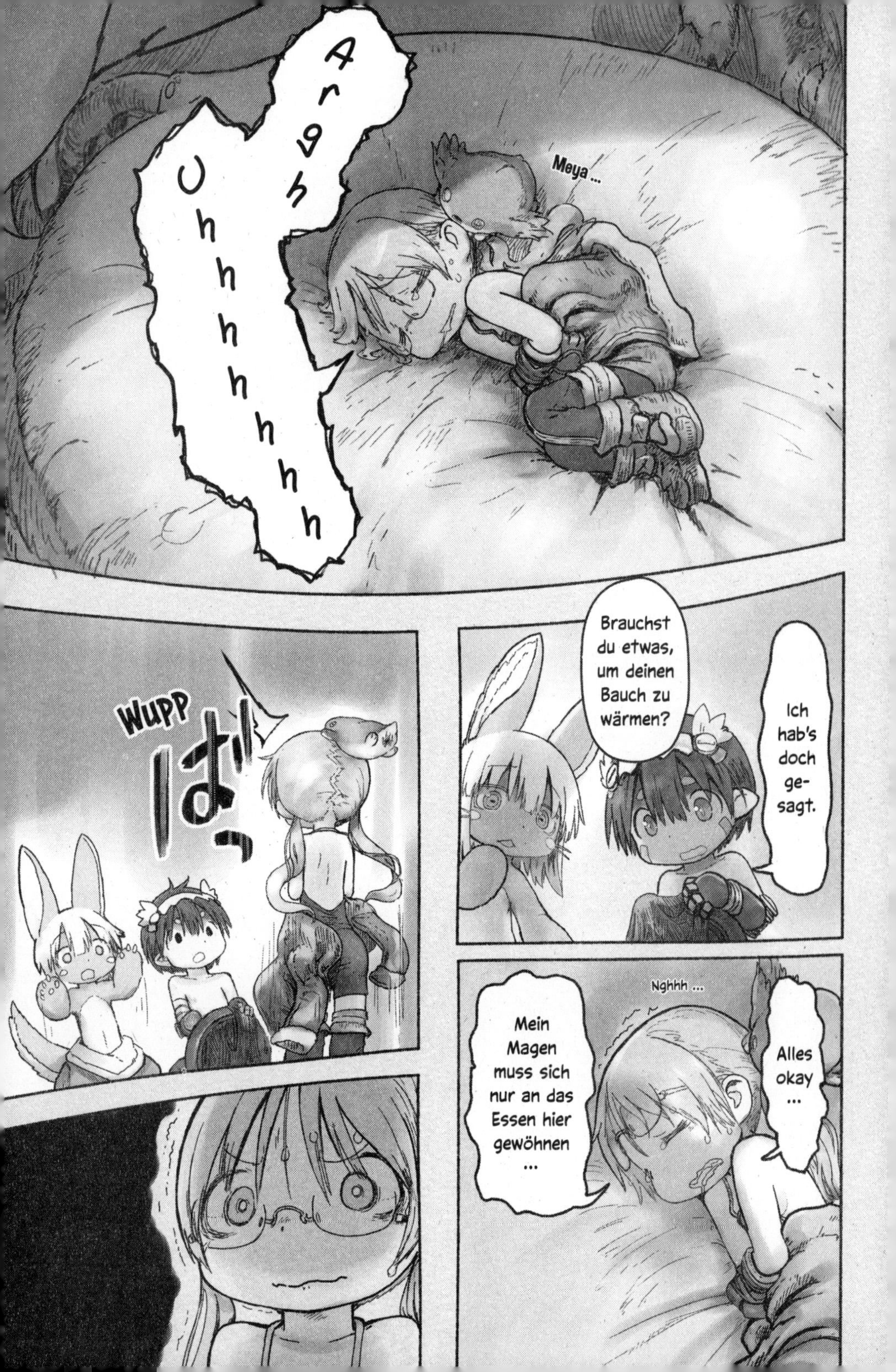
Meya ...
Argh
Uhhhhhhhhh
Ich hab's doch gesagt.
Brauchst du etwas, um deinen Bauch zu wärmen?
Wupp
はっ
Nghhh ...
Alles okay ...
Mein Magen muss sich nur an das Essen hier gewöhnen ...

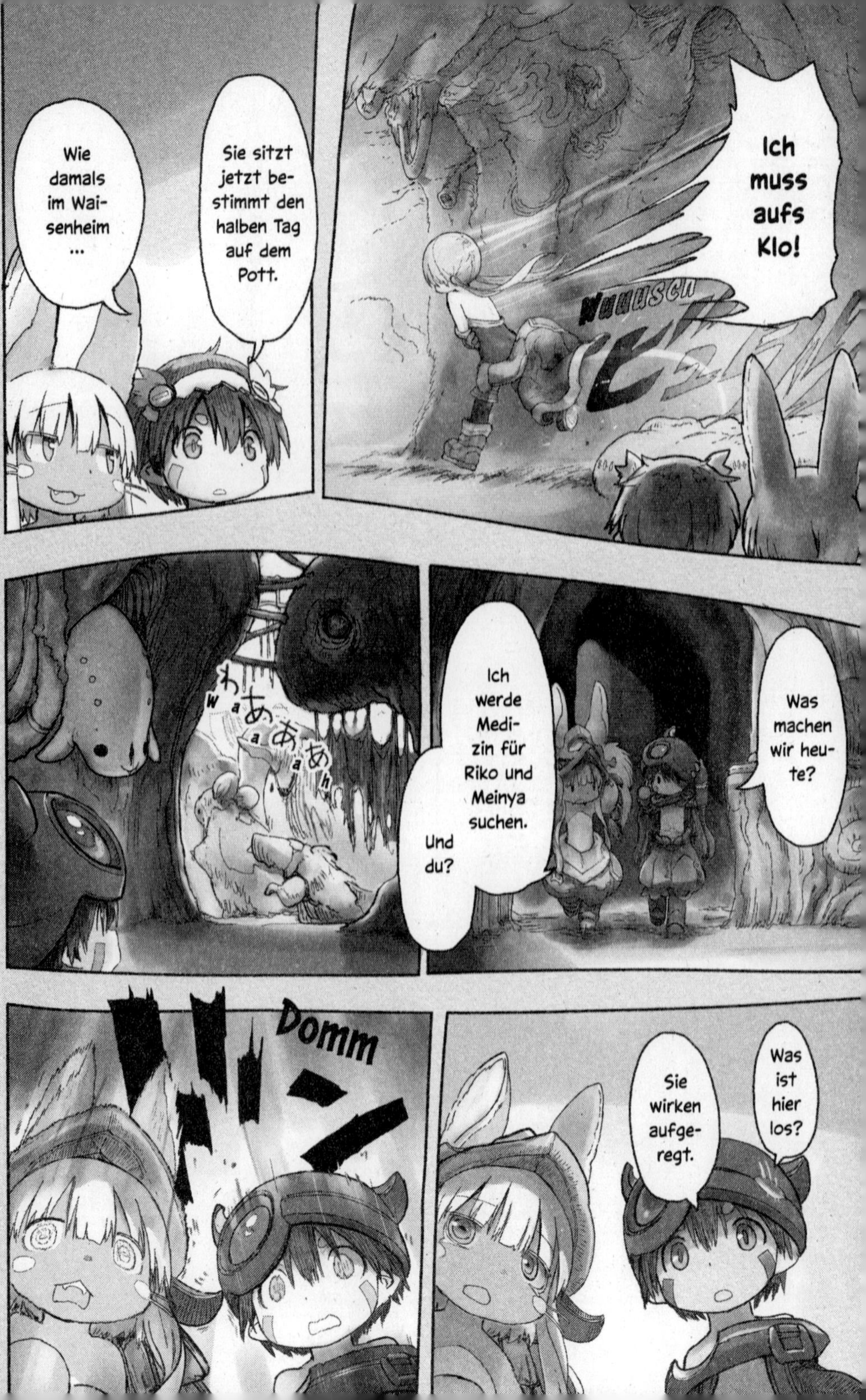
Ich muss aufs Klo!
Wuuusch
Sie sitzt jetzt bestimmt den halben Tag auf dem Pott.
Wie damals im Waisenheim ...
Was machen wir heute?
Ich werde Medizin für Riko und Meinya suchen.
Und du?
わあああ
Was ist hier los?
Sie wirken aufgeregt.
Domm

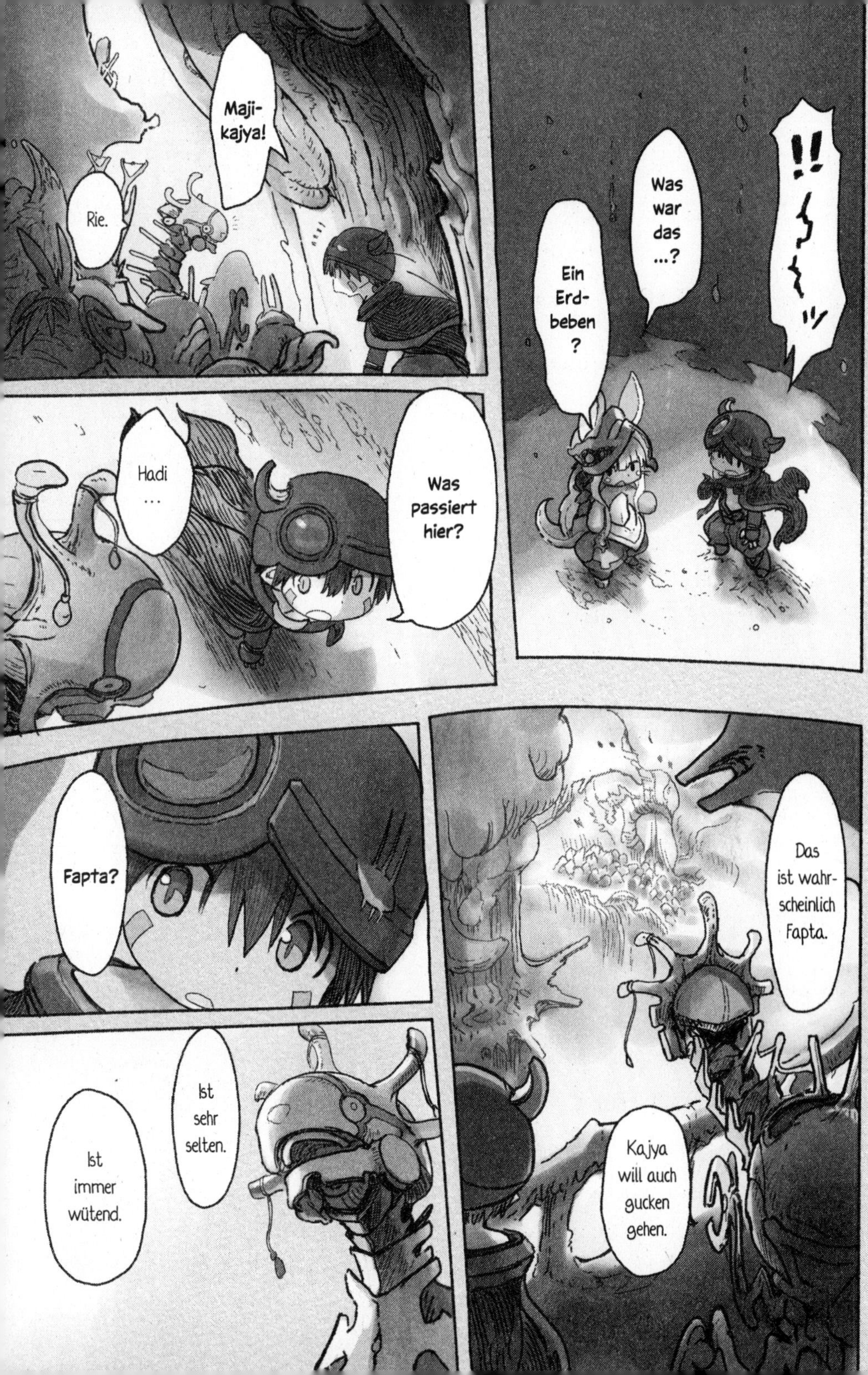
!!
Was war das ...?
Ein Erd-beben?
Maji-kajya!
Rie.
Was passiert hier?
Hadi ...
Das ist wahr-scheinlich Fapta.
Kajya will auch gucken gehen.
Fapta?
Ist sehr selten.
Ist immer wütend.

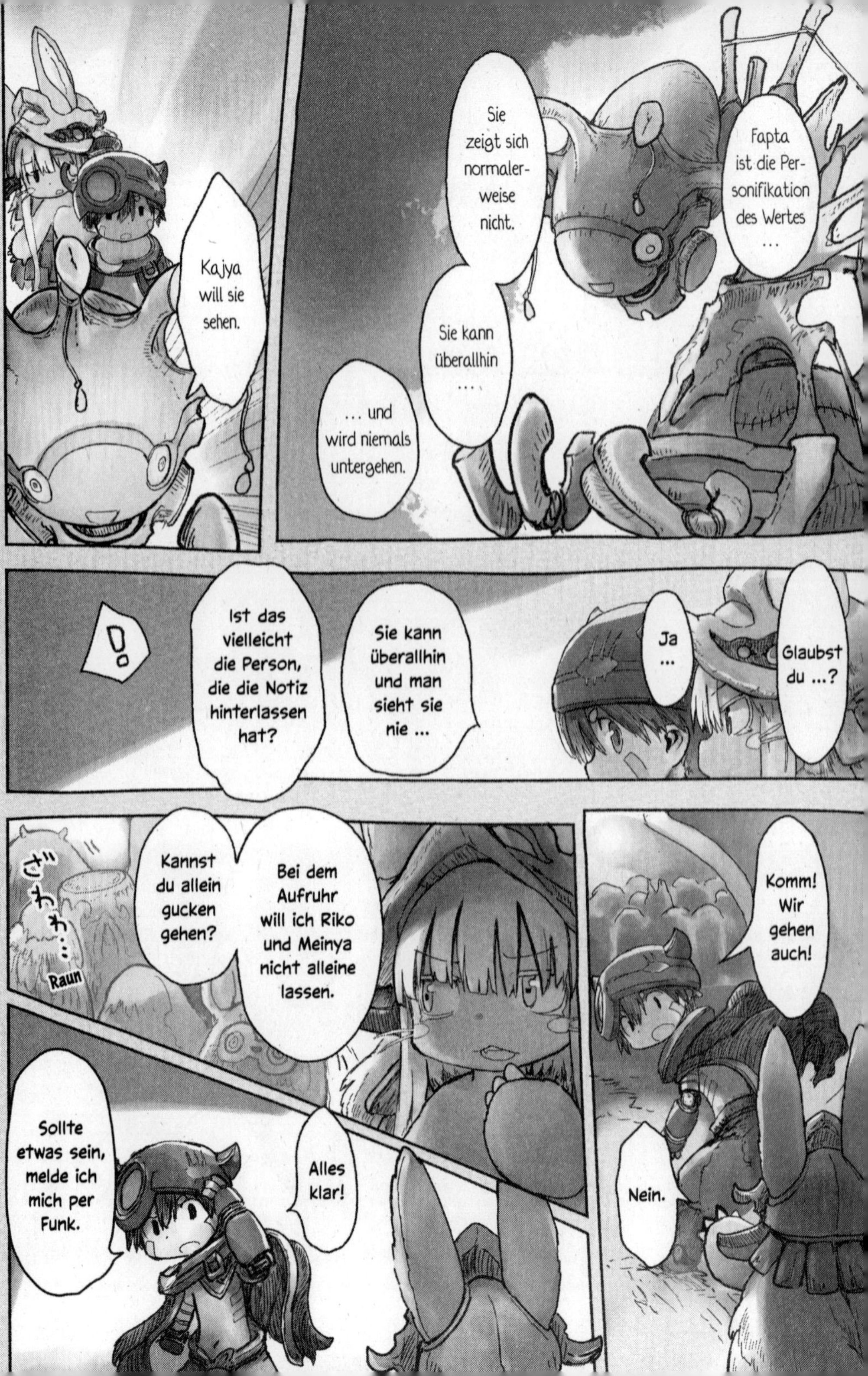
Fapta ist die Personifikation des Wertes …
Sie zeigt sich normalerweise nicht.
Sie kann überallhin …
… und wird niemals untergehen.
Kajya will sie sehen.
Glaubst du …?
Ja …
Sie kann überallhin und man sieht sie nie …
Ist das vielleicht die Person, die die Notiz hinterlassen hat?
!
Komm! Wir gehen auch!
Nein.
Bei dem Aufruhr will ich Riko und Meinya nicht alleine lassen.
Kannst du allein gucken gehen?
ざわわ…
Raun
Alles klar!
Sollte etwas sein, melde ich mich per Funk.

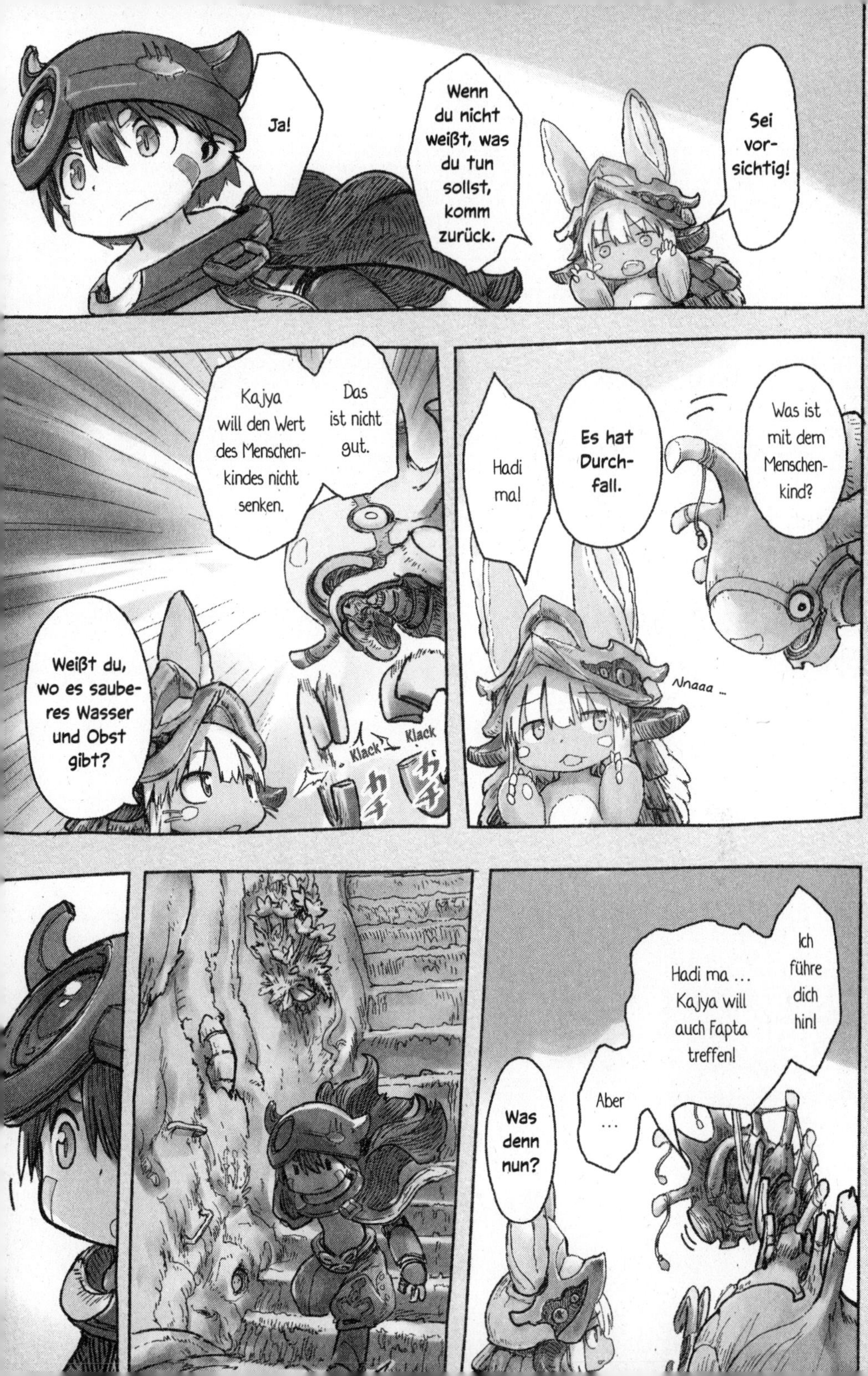
Sei vorsichtig!
Wenn du nicht weißt, was du tun sollst, komm zurück.
Ja!
Was ist mit dem Menschenkind?
Es hat Durchfall.
Hadi ma!
Nnaaa …
Das ist nicht gut.
Kajya will den Wert des Menschenkindes nicht senken.
Klack
Klack
カチ
カチ
Weißt du, wo es sauberes Wasser und Obst gibt?
Ich führe dich hin!
Hadi ma … Kajya will auch Fapta treffen!
Aber …
Was denn nun?

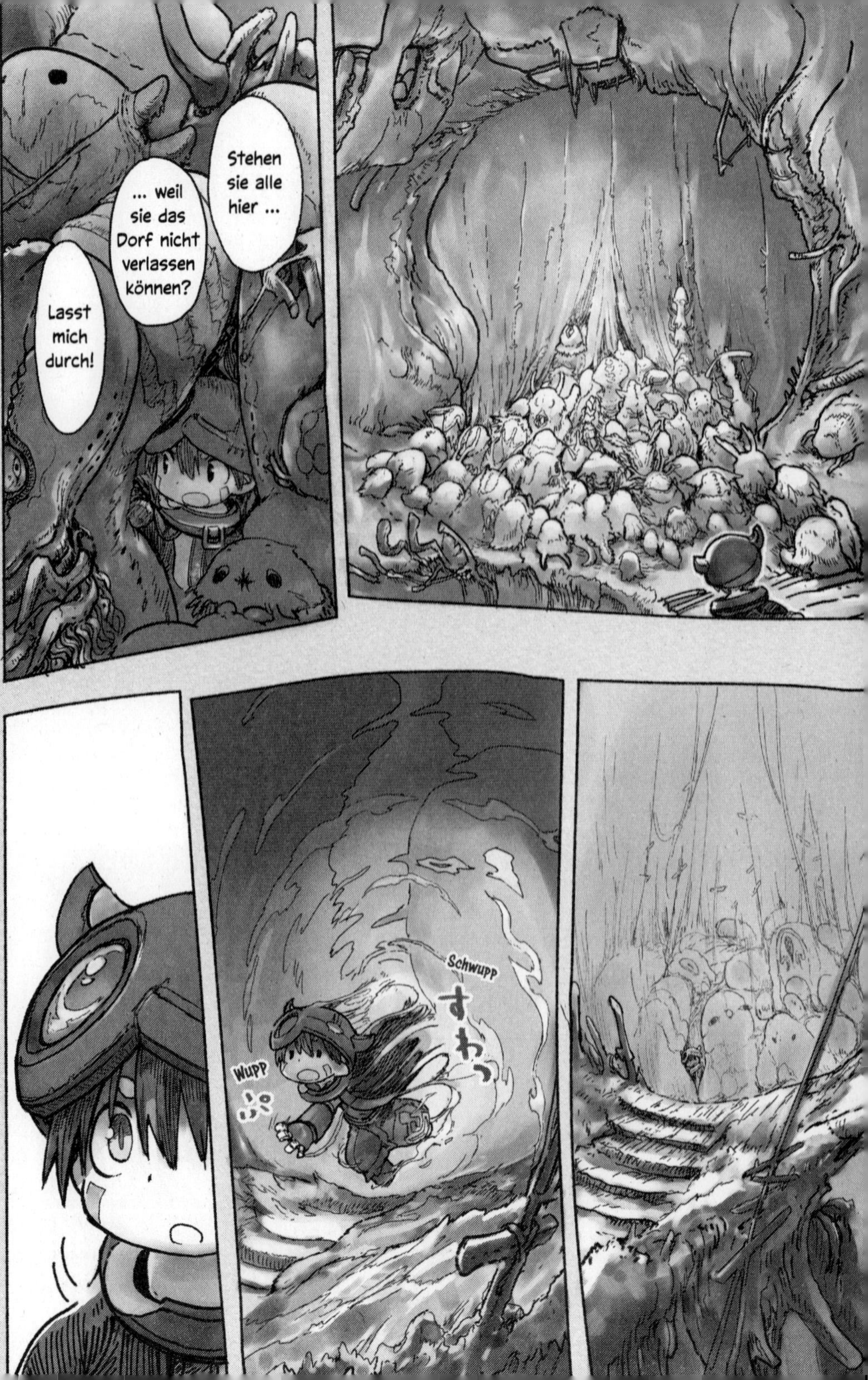
Stehen sie alle hier ...
... weil sie das Dorf nicht verlassen können?
Lasst mich durch!
Schwupp
すわっ
Wupp
ぶぱ

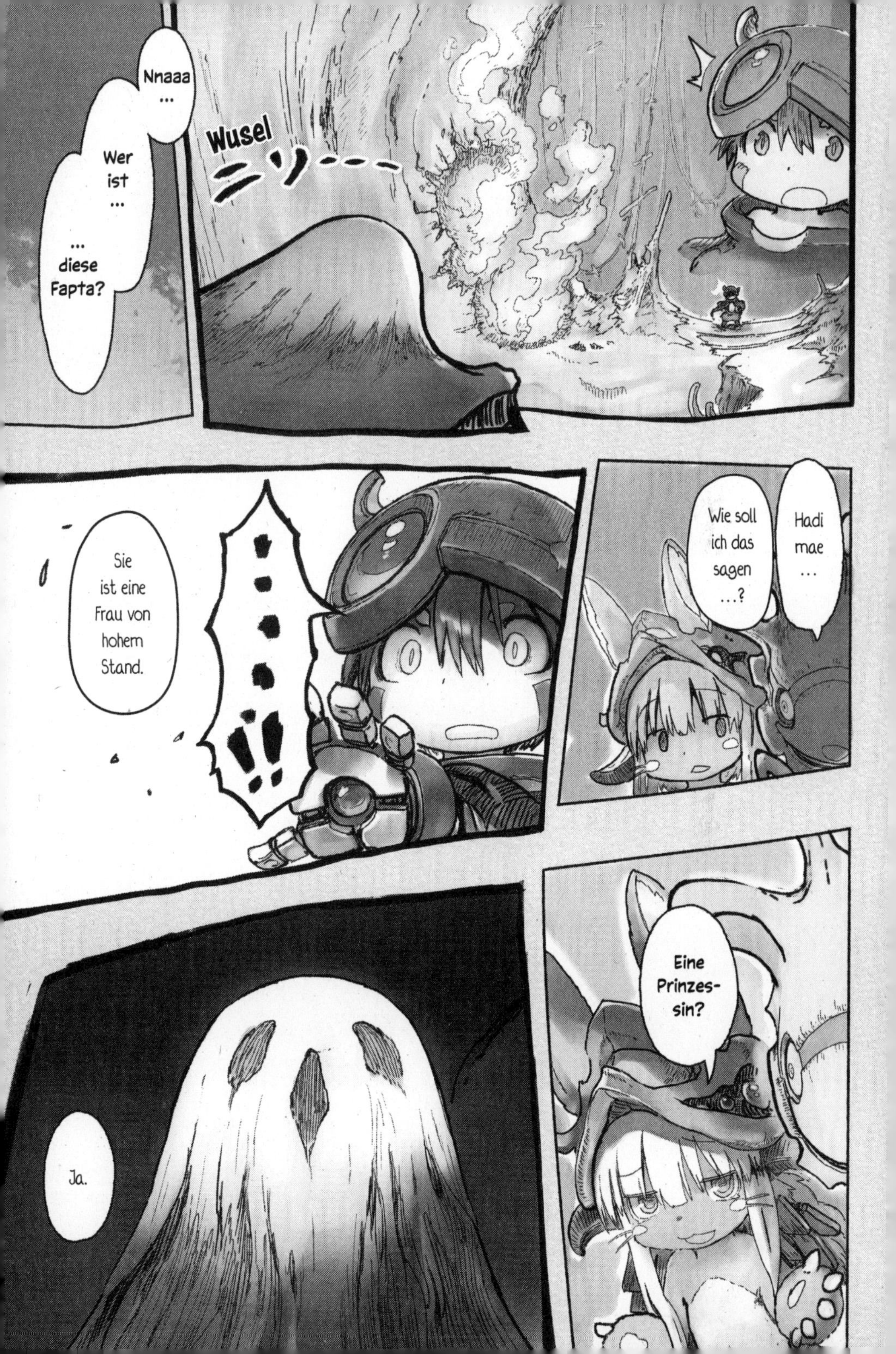
Wusel
Nnaaa …
Wer ist … … diese Fapta?
Hadi mae …
Wie soll ich das sagen …?
Sie ist eine Frau von hohem Stand.
Eine Prinzessin?
Ja.

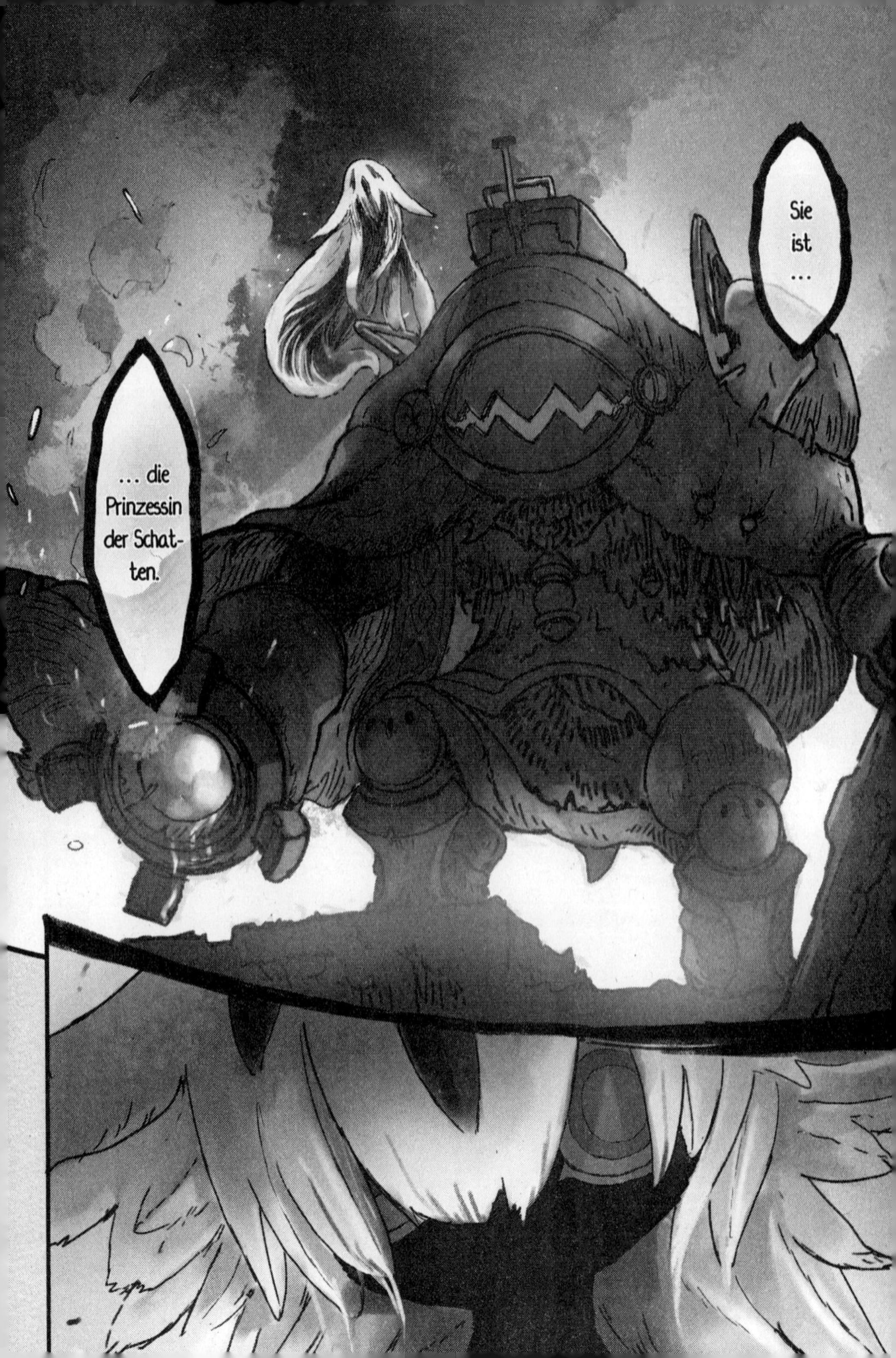
Sie ist …
… die Prinzessin der Schatten.

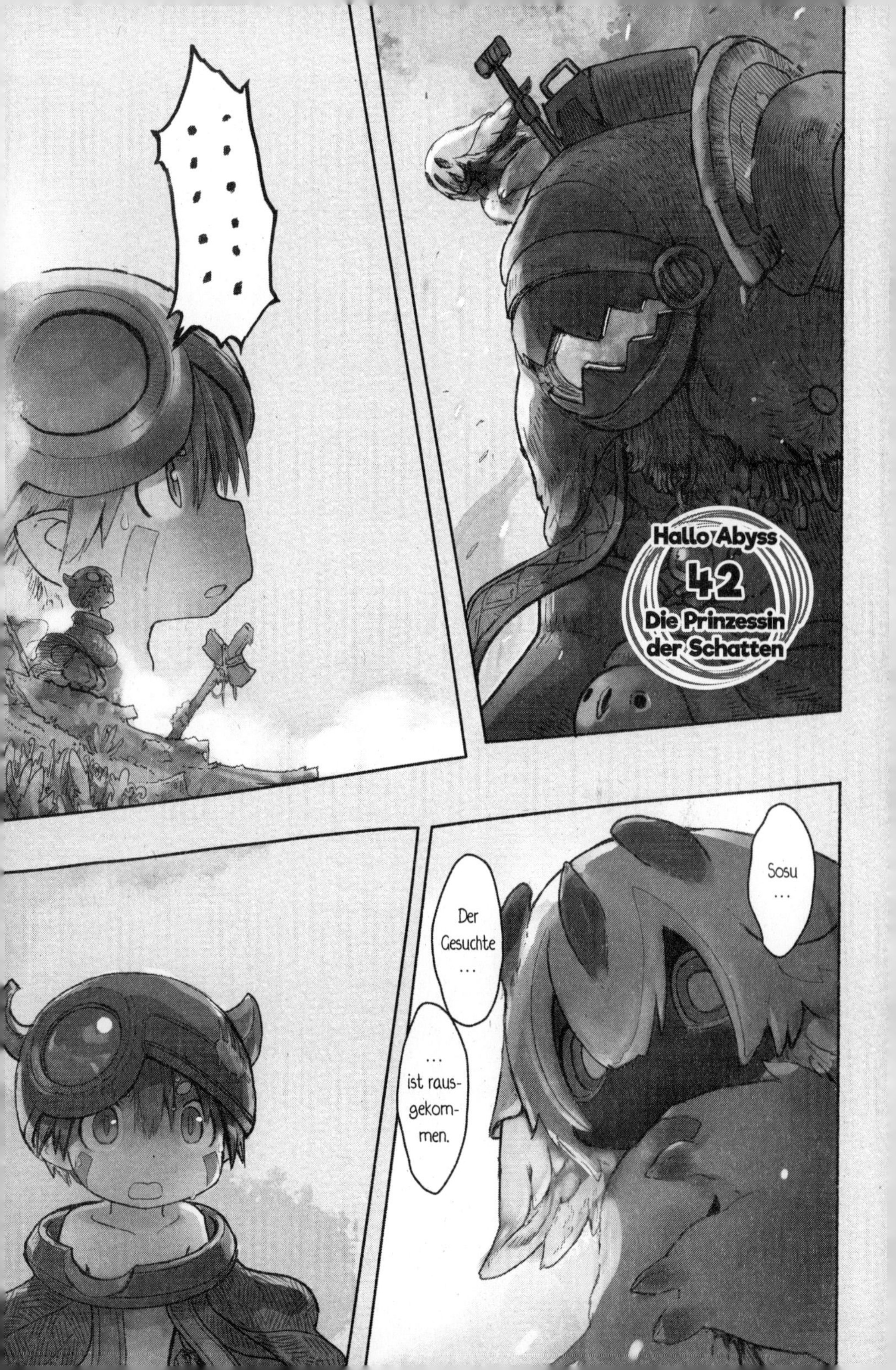

……
Hallo Abyss
42
Die Prinzessin der Schatten
Sosu …
Der Gesuchte …
… ist raus-gekommen.

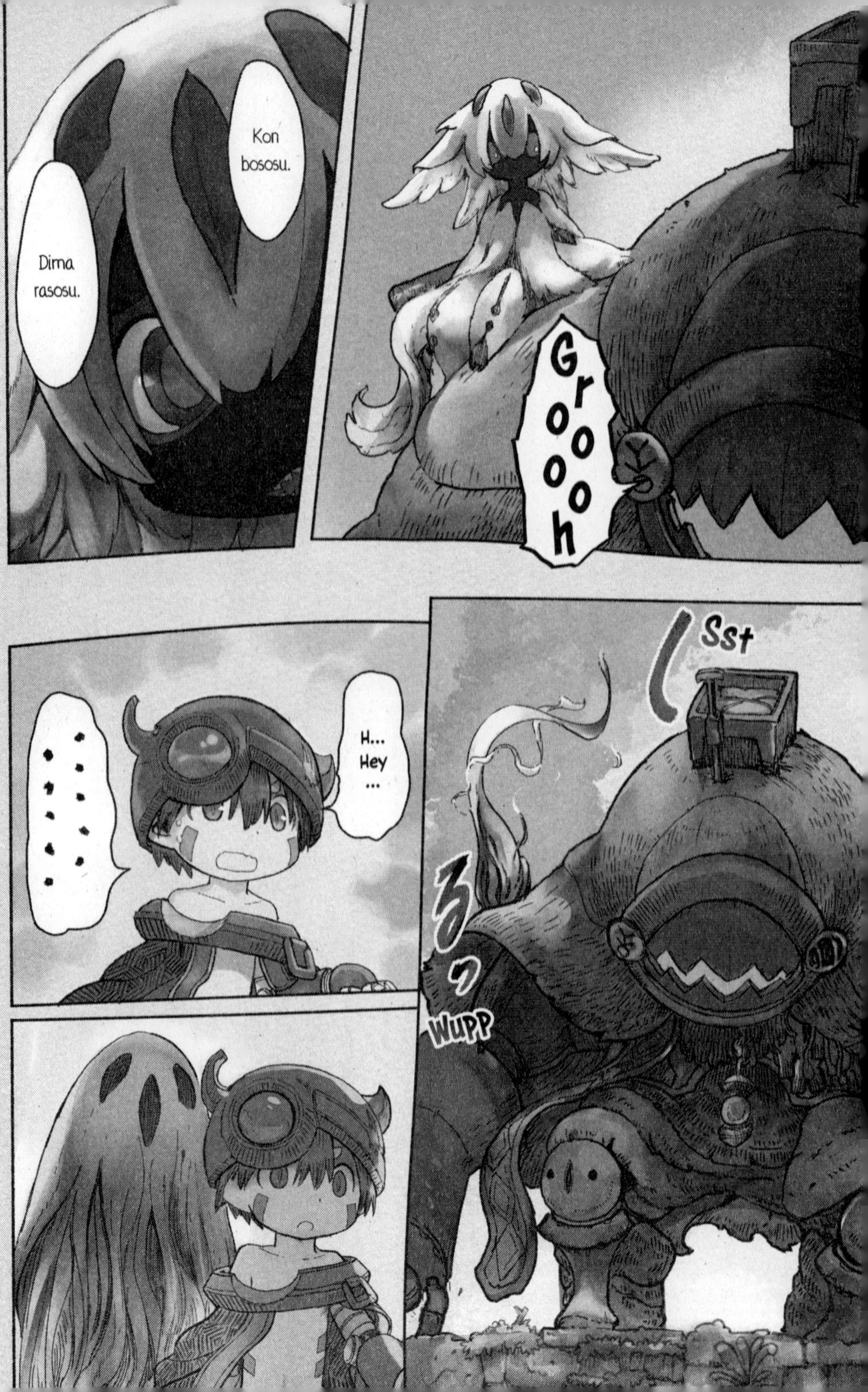
Grooooh
Kon bososu.
Dima rasosu.
Sst
Wupp
H... Hey ...
......

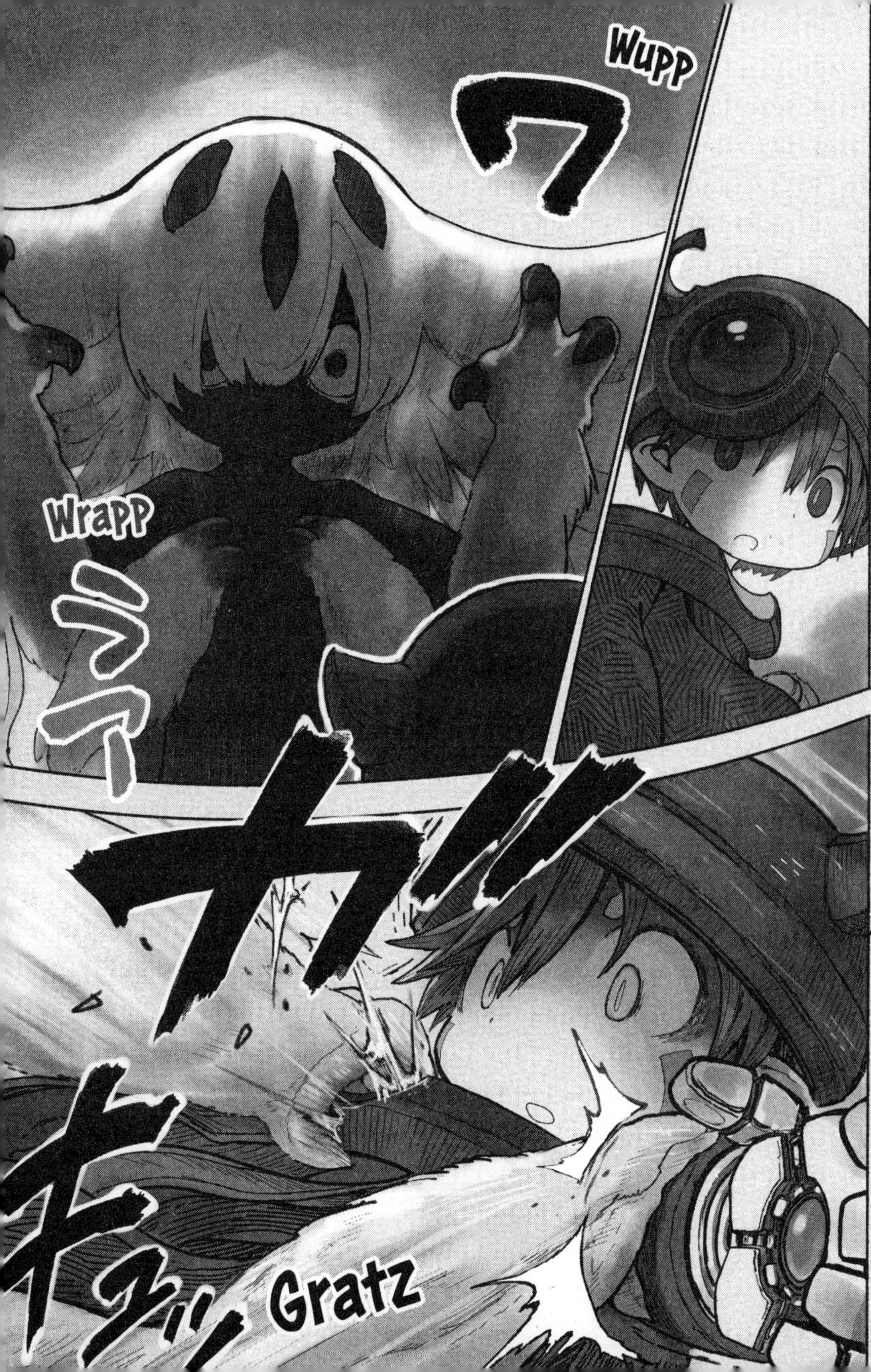
Wupp
ワ
Wrapp
ラア
ガッ
ギヌ゛、
Gratz

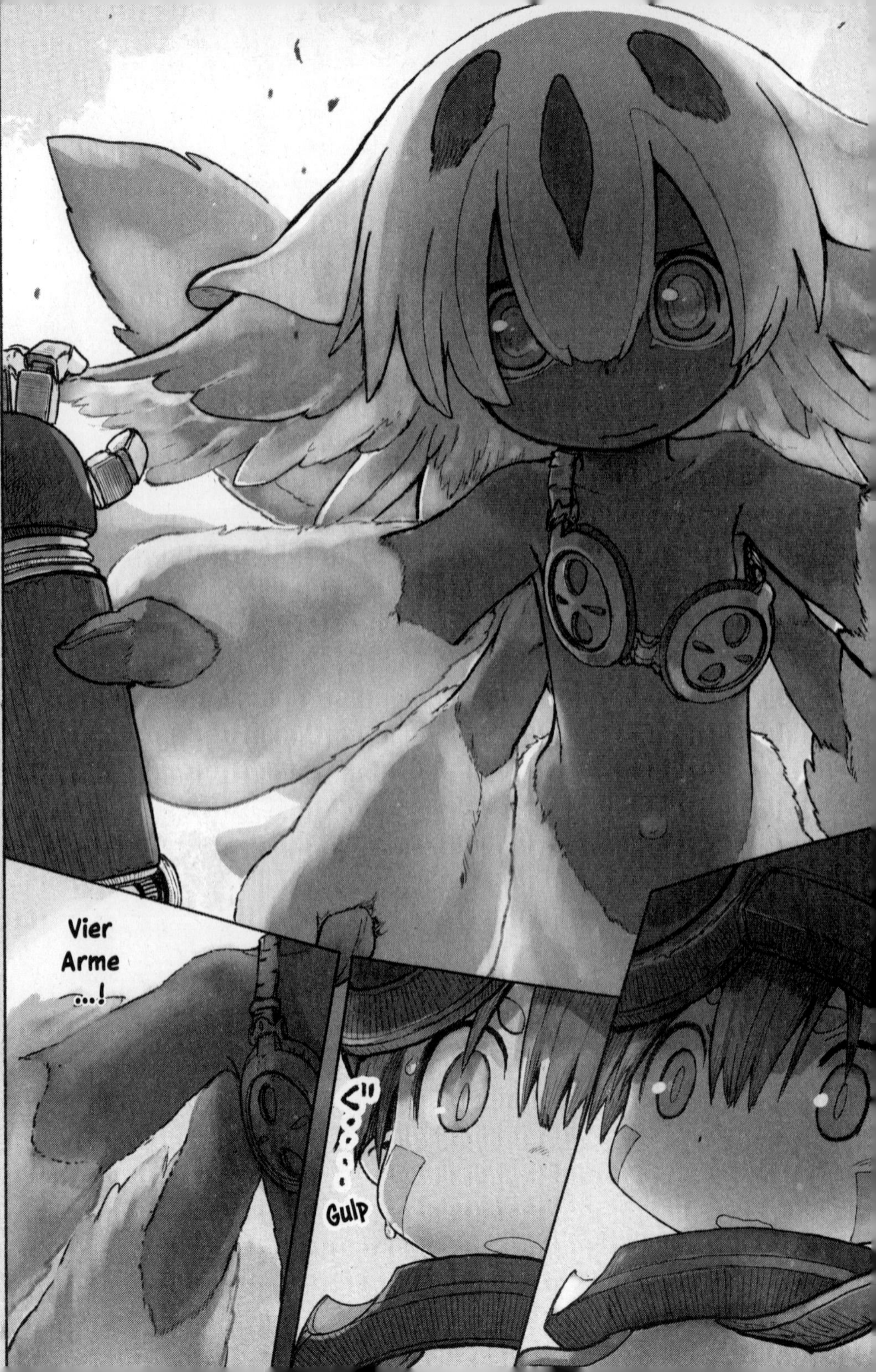
Vier
Arme
...!
Gulp

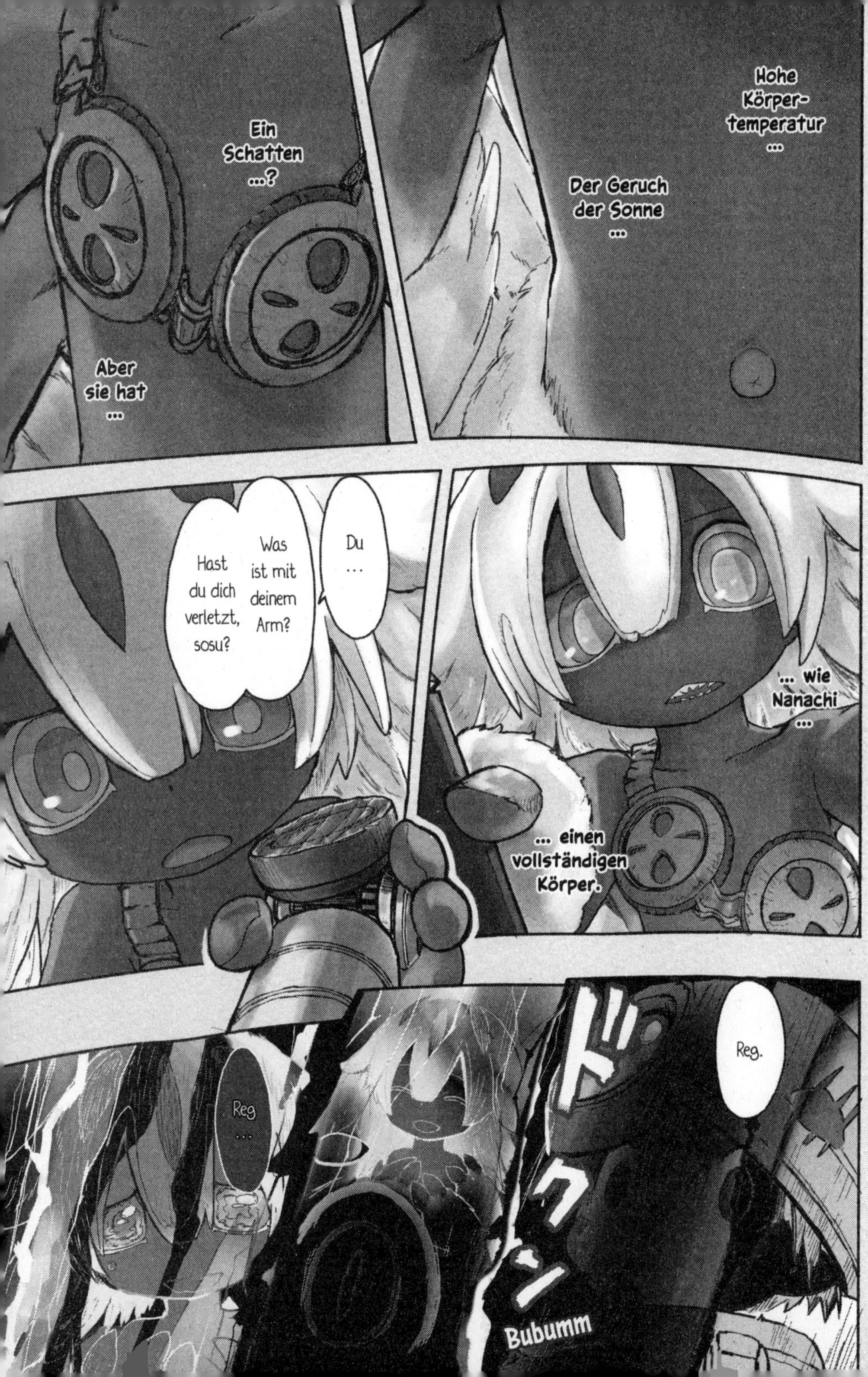
Hohe Körper-temperatur ...
Der Geruch der Sonne ...
Ein Schatten ...?
Aber sie hat ...
... wie Nanachi ...
... einen vollständigen Körper.
Du ...
Was ist mit deinem Arm?
Hast du dich verletzt, sosu?
Reg.
Bubumm
Reg ...

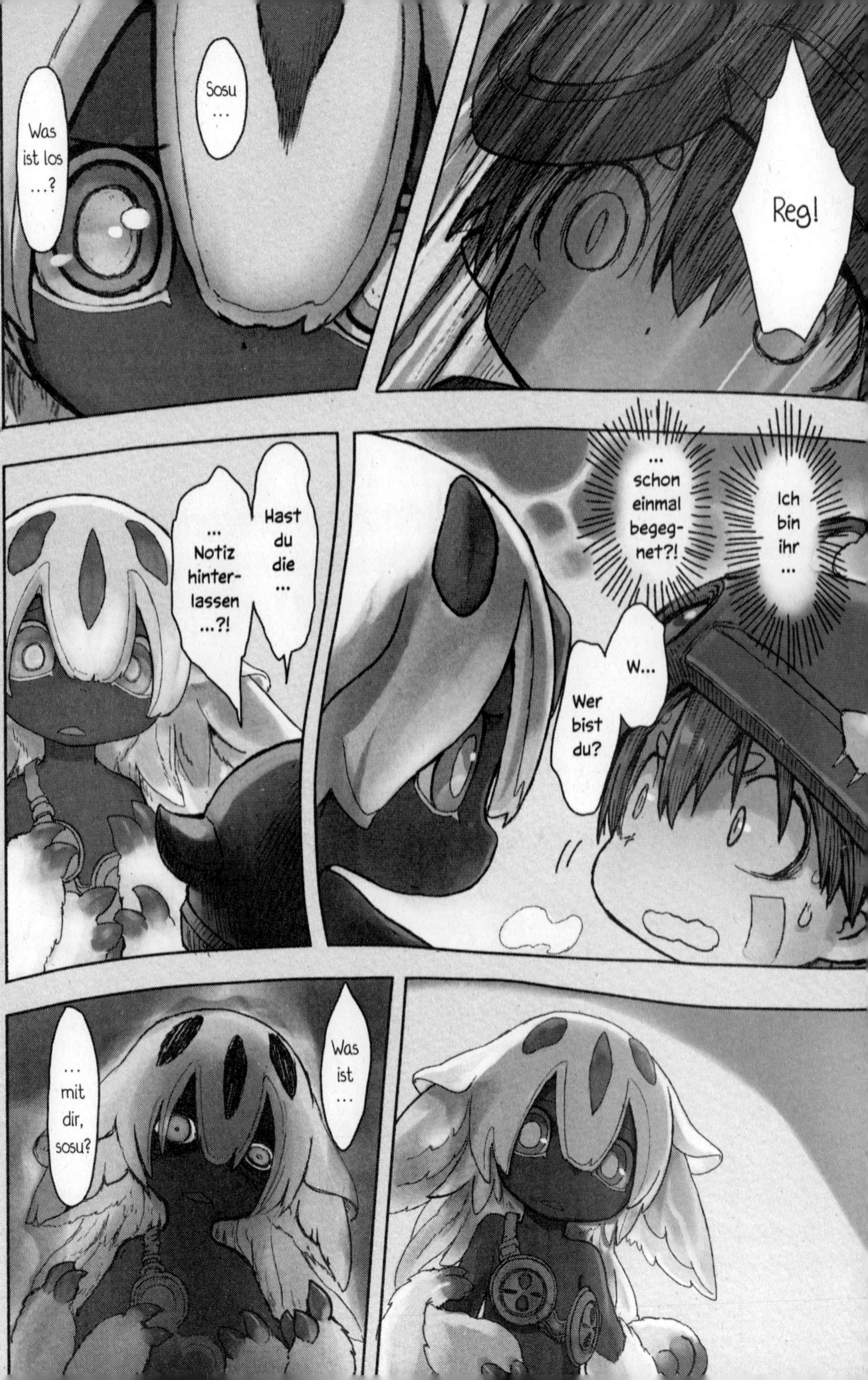

Reg!
Sosu ...
Was ist los ...?
Ich bin ihr ...
... schon einmal begegnet?!
W... Wer bist du?
Hast du die ...
... Notiz hinterlassen ...?!
Was ist ...
... mit dir, sosu?

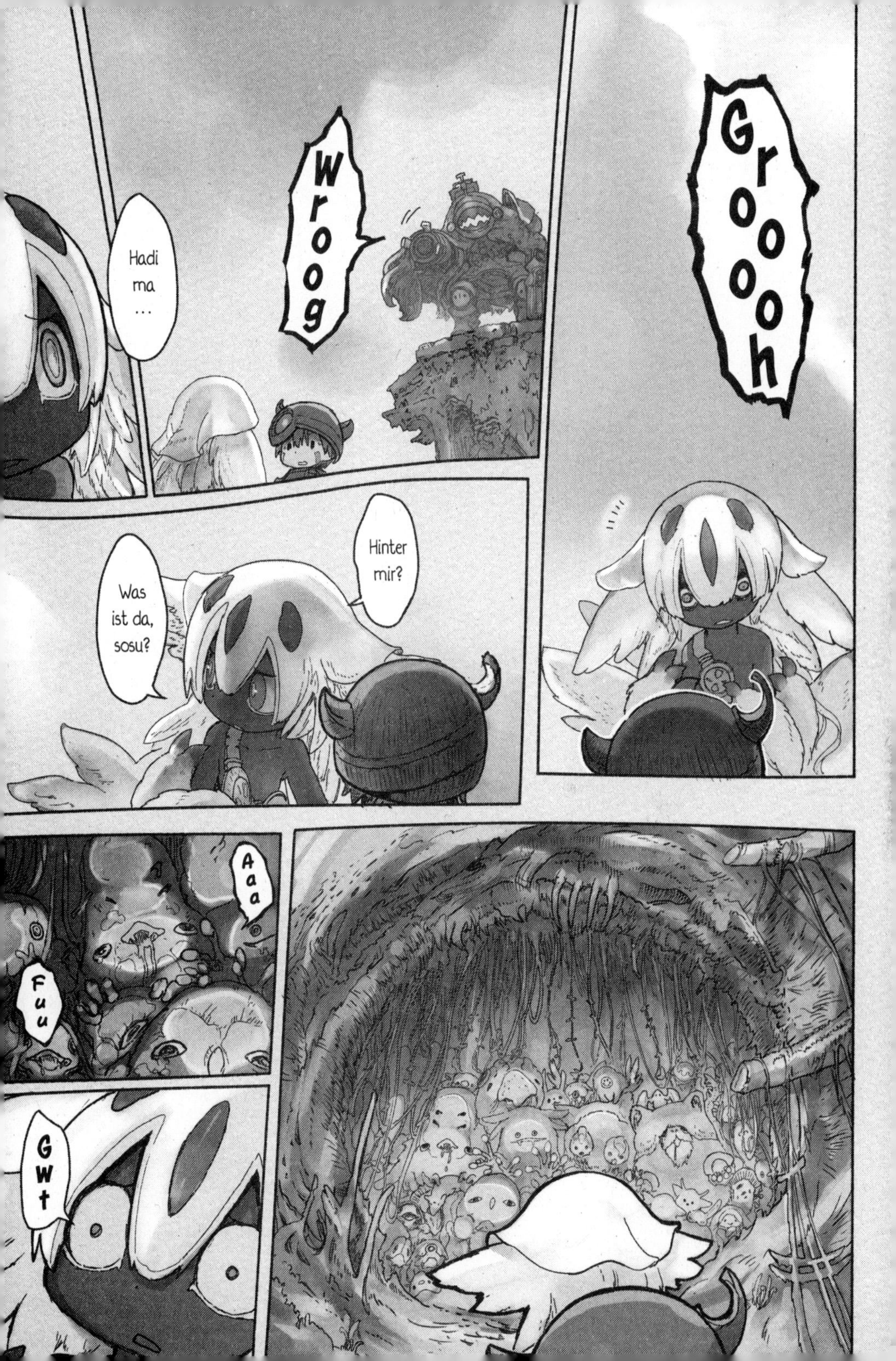
Grooooh
Wroog
Hadi ma …
Hinter mir?
Was ist da, sosu?
Aaa
Fuu
Gwt

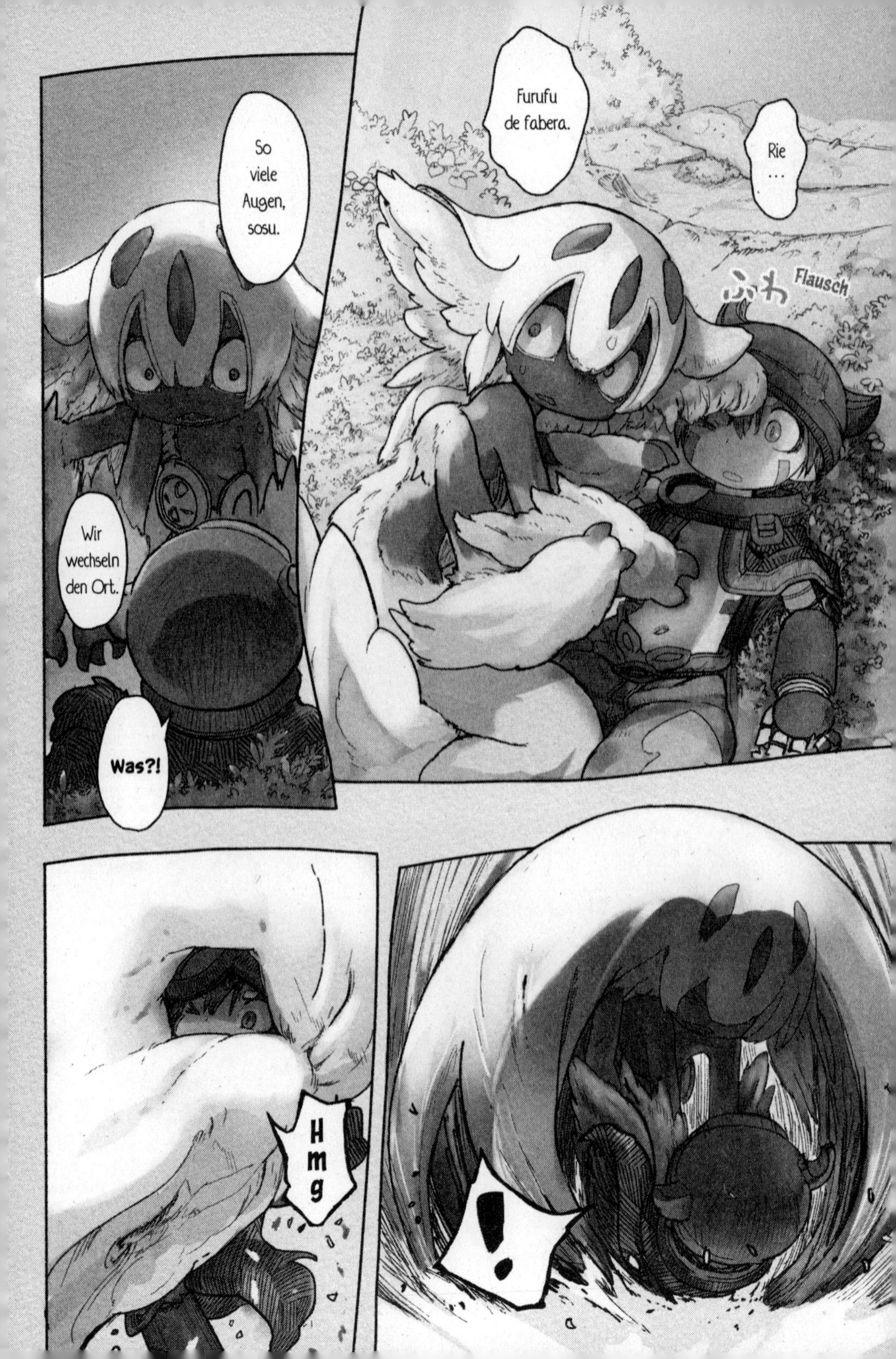
Rie …
Furufu de fabera.
ふわ
Flausch
So viele Augen, sosu.
Wir wechseln den Ort.
Was?!
!
Hmg

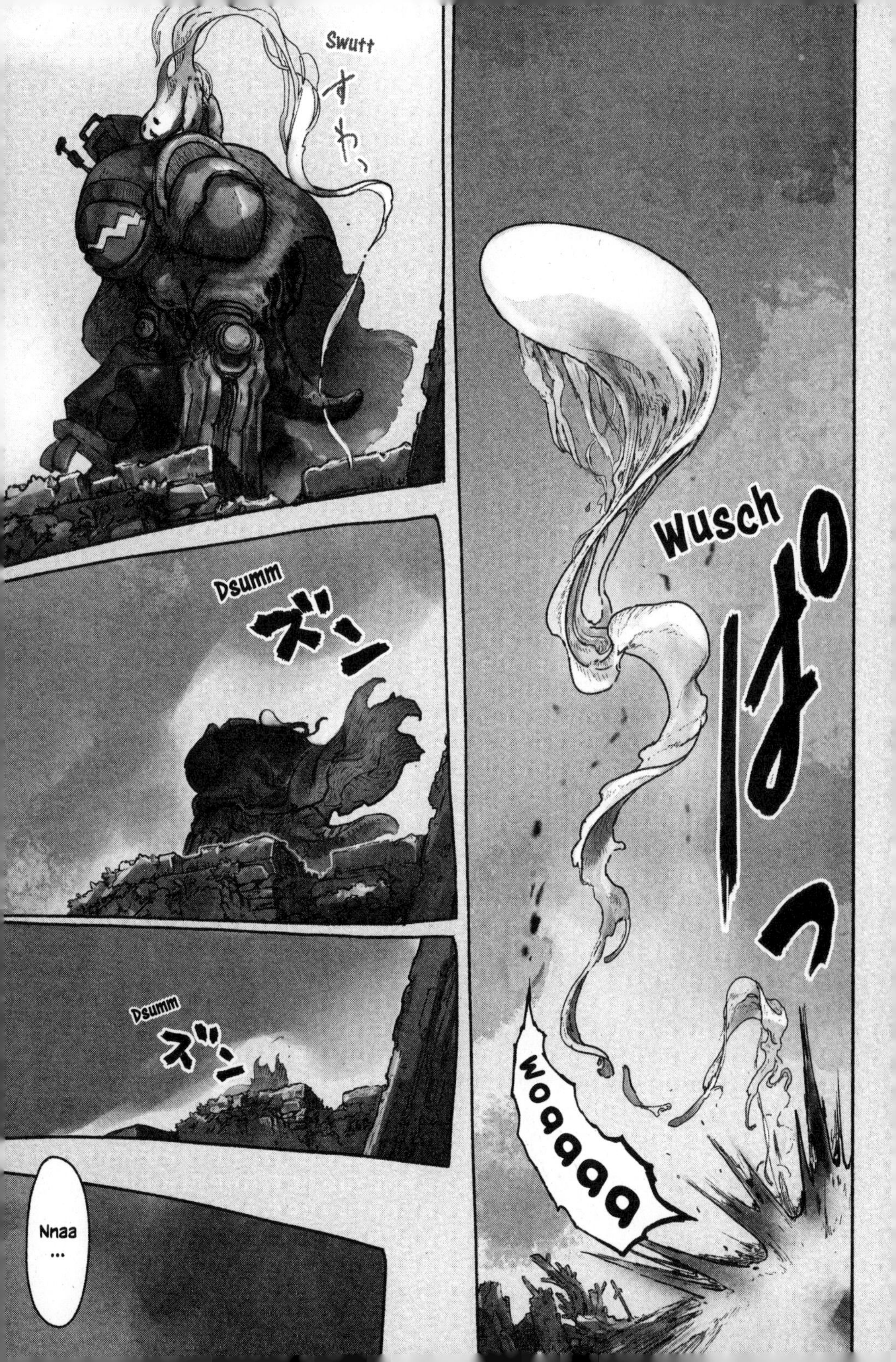

Wusch
ぱっ
Woaaaa
Swutt
すわ、
Dsumm
ズン
Dsumm
ズン
Nnaa ...

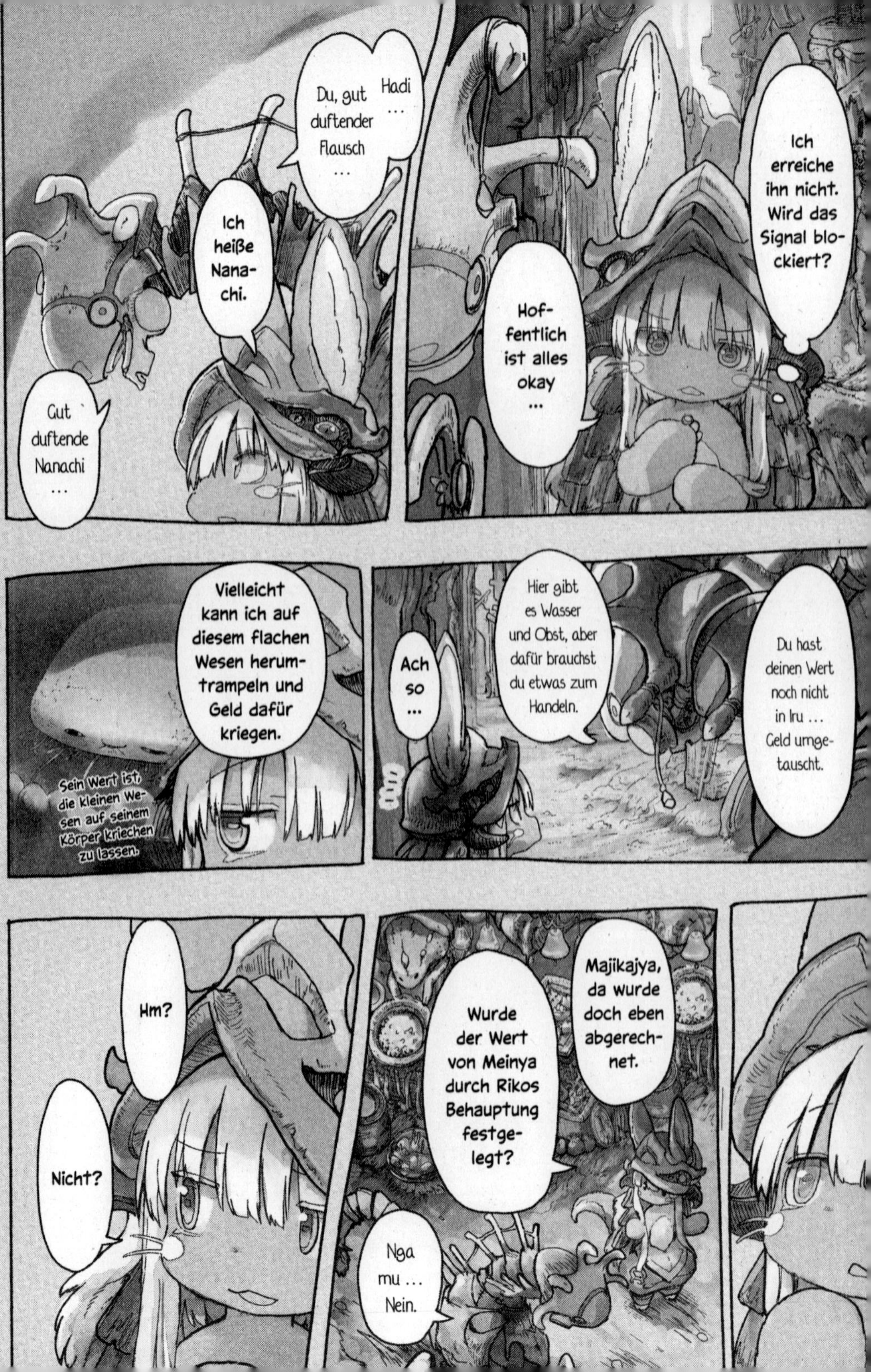
Ich erreiche ihn nicht. Wird das Signal blockiert?
Hoffentlich ist alles okay …
Hadi …
Du, gut duftender Flausch …
Ich heiße Nanachi.
Gut duftende Nanachi …
Du hast deinen Wert noch nicht in Iru … Geld umgetauscht.
Hier gibt es Wasser und Obst, aber dafür brauchst du etwas zum Handeln.
Ach so …
Vielleicht kann ich auf diesem flachen Wesen herumtrampeln und Geld dafür kriegen.
Sein Wert ist, die kleinen Wesen auf seinem Körper kriechen zu lassen.
Majikajya, da wurde doch eben abgerechnet.
Wurde der Wert von Meinya durch Rikos Behauptung festgelegt?
Nga mu … Nein.
Hm?
Nicht?

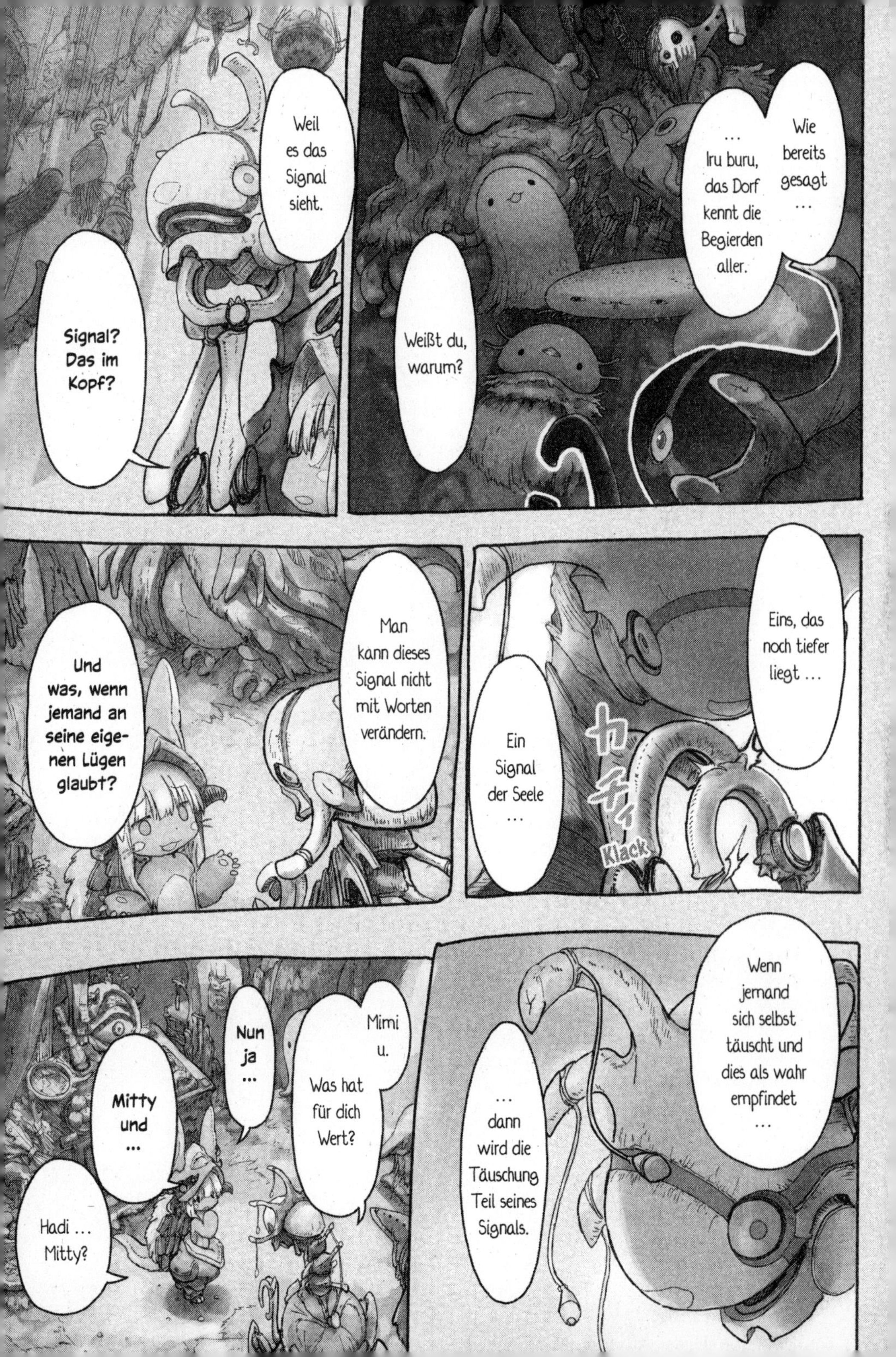

Wie bereits gesagt …
… Iru buru, das Dorf kennt die Begierden aller.
Weißt du, warum?
Weil es das Signal sieht.
Signal? Das im Kopf?
Eins, das noch tiefer liegt …
Ein Signal der Seele …
Klack
Man kann dieses Signal nicht mit Worten verändern.
Und was, wenn jemand an seine eigenen Lügen glaubt?
Wenn jemand sich selbst täuscht und dies als wahr empfindet …
… dann wird die Täuschung Teil seines Signals.
Mimi u.
Was hat für dich Wert?
Nun ja …
Mitty und …
Hadi … Mitty?

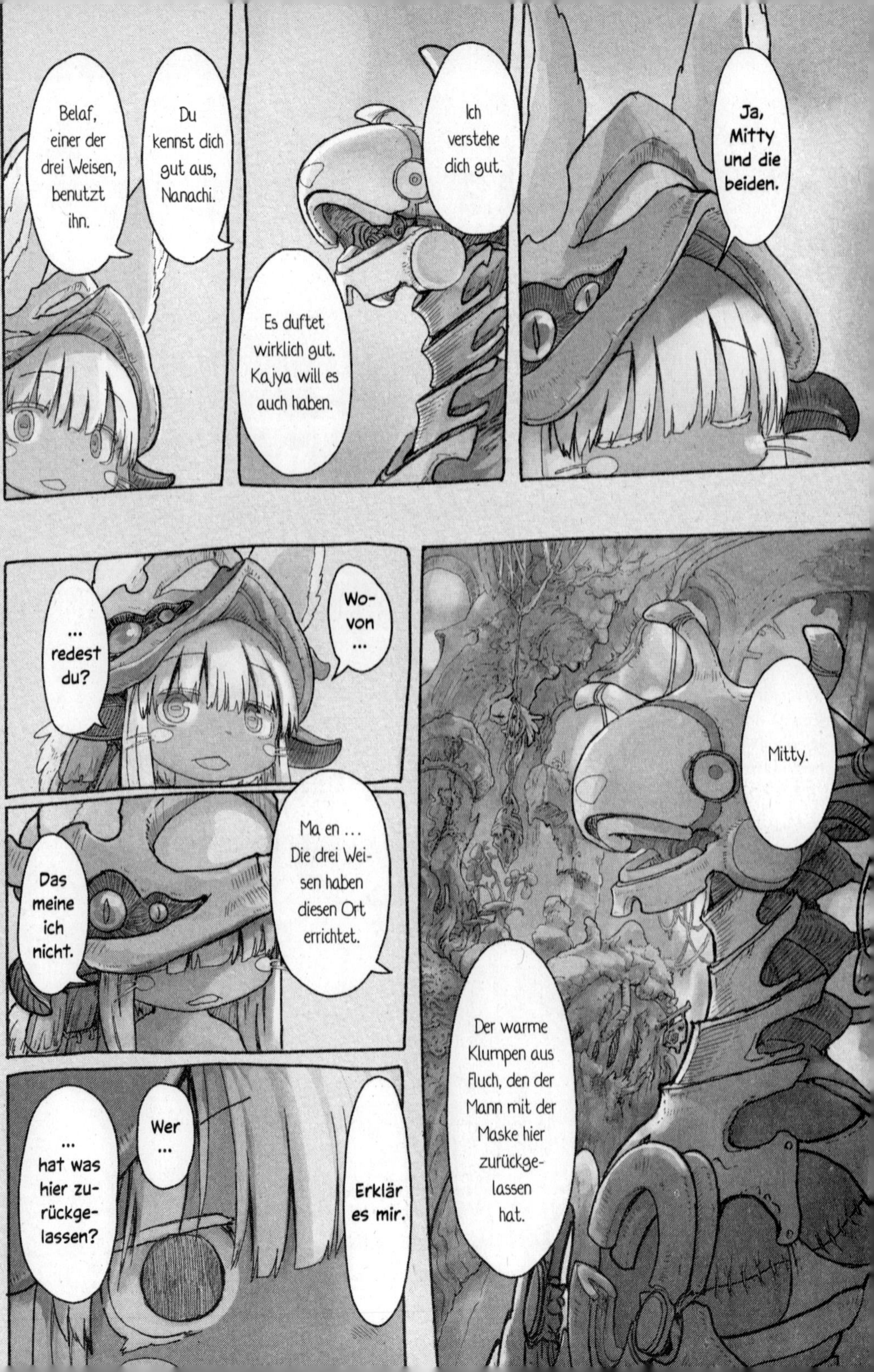
Ja, Mitty und die beiden.
Ich verstehe dich gut.
Es duftet wirklich gut. Kajya will es auch haben.
Du kennst dich gut aus, Nanachi.
Belaf, einer der drei Weisen, benutzt ihn.
Mitty.
Der warme Klumpen aus Fluch, den der Mann mit der Maske hier zurückgelassen hat.
Wo-von ...
... redest du?
Ma en ... Die drei Weisen haben diesen Ort errichtet.
Das meine ich nicht.
Erklär es mir.
Wer ...
... hat was hier zurückgelassen?

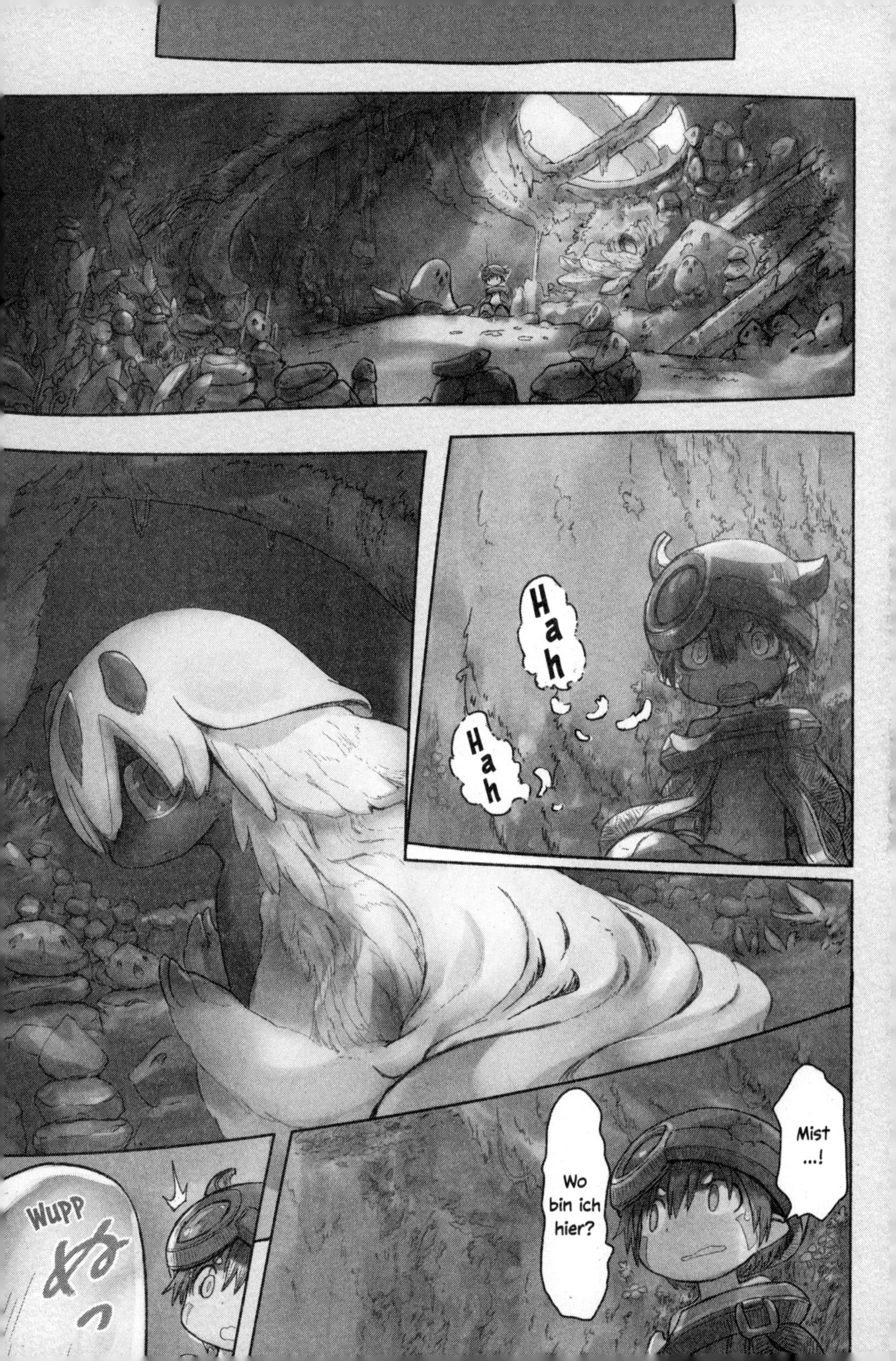
Hah
Hah
Mist ...!
Wo bin ich hier?
Wupp
ぬっ

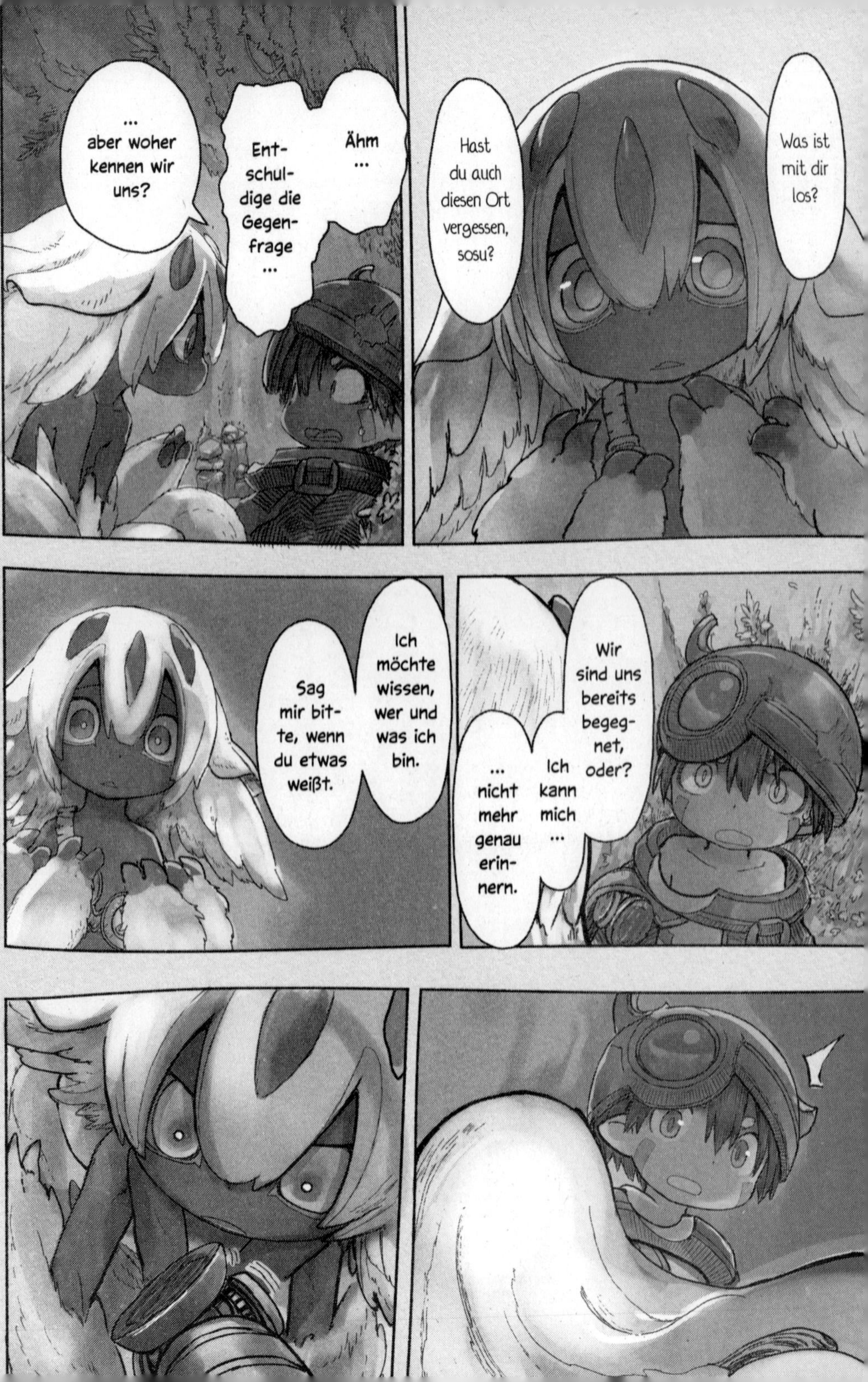
Was ist mit dir los?
Hast du auch diesen Ort vergessen, sosu?
Ähm ...
Entschuldige die Gegenfrage ...
... aber woher kennen wir uns?
Wir sind uns bereits begegnet, oder?
Ich kann mich ...
... nicht mehr genau erinnern.
Ich möchte wissen, wer und was ich bin.
Sag mir bitte, wenn du etwas weißt.

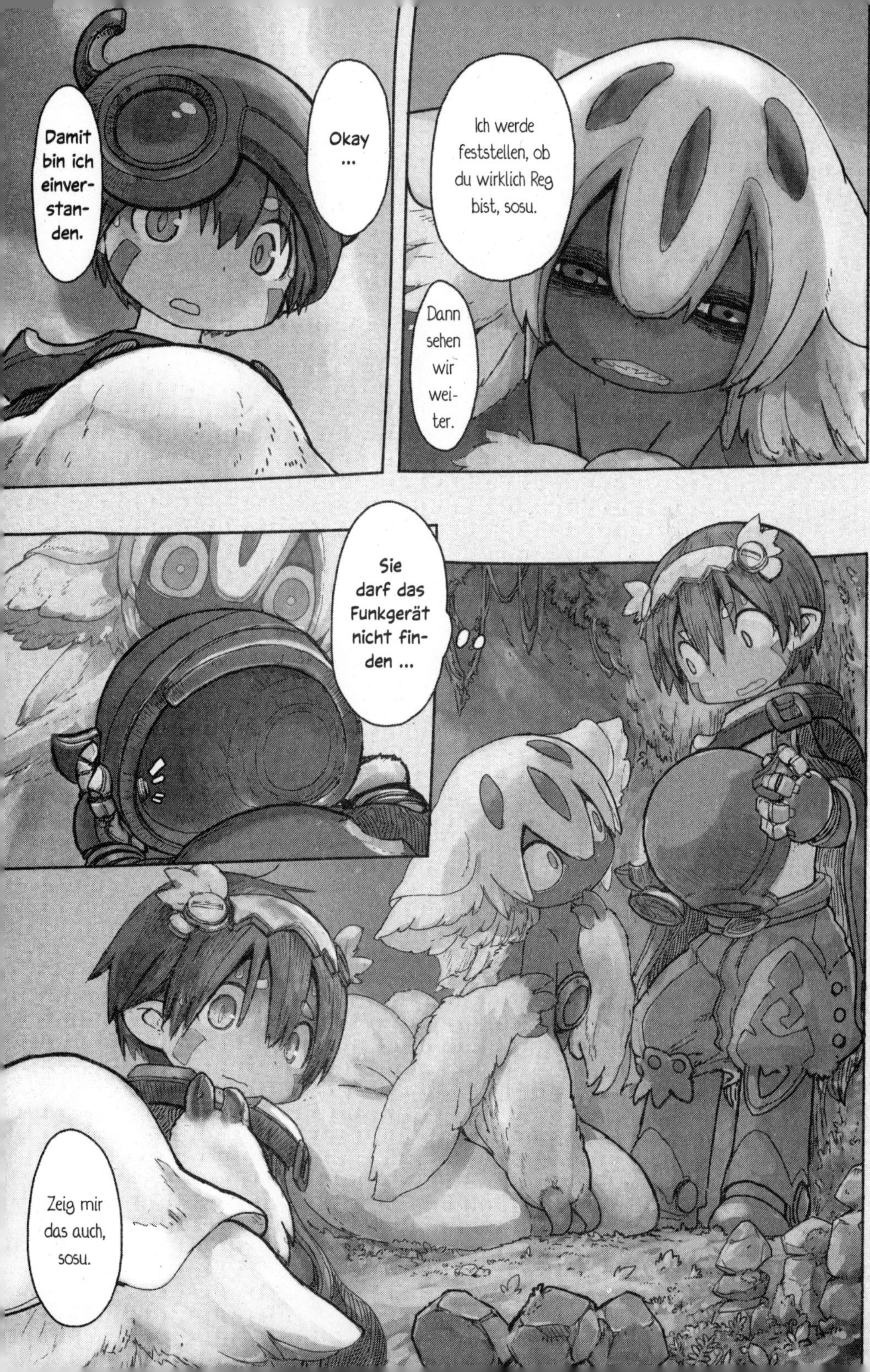
Ich werde feststellen, ob du wirklich Reg bist, sosu.
Dann sehen wir weiter.
Okay ...
Damit bin ich einverstanden.
Sie darf das Funkgerät nicht finden ...
Zeig mir das auch, sosu.

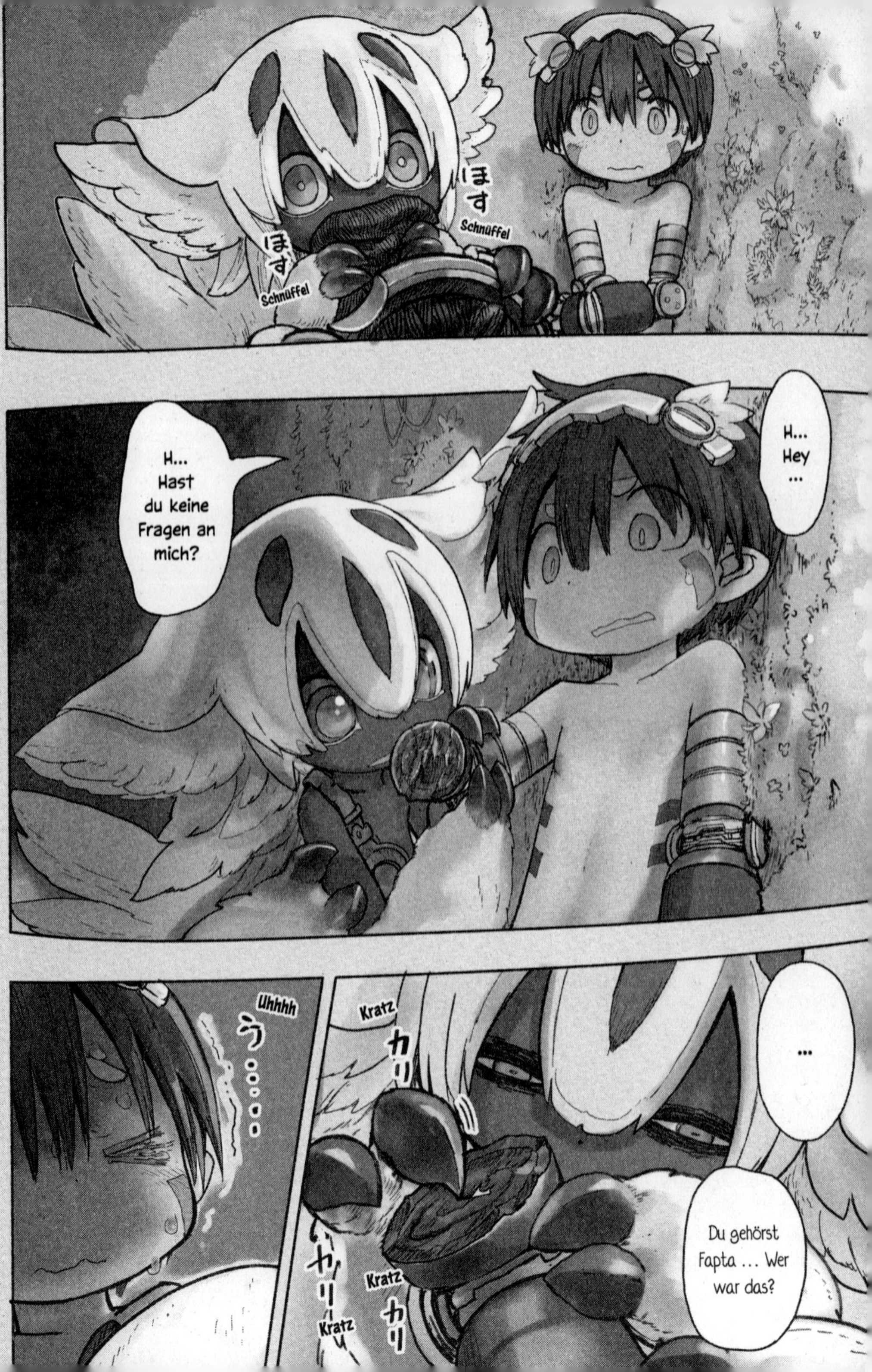

ほす
Schnüffel
ほす
Schnüffel
H... Hey ...
H... Hast du keine Fragen an mich?
...
Du gehörst Fapta ... Wer war das?
Kratz
カリ
Kratz
カリ
Kratz
Uhhhh
う。。。。。

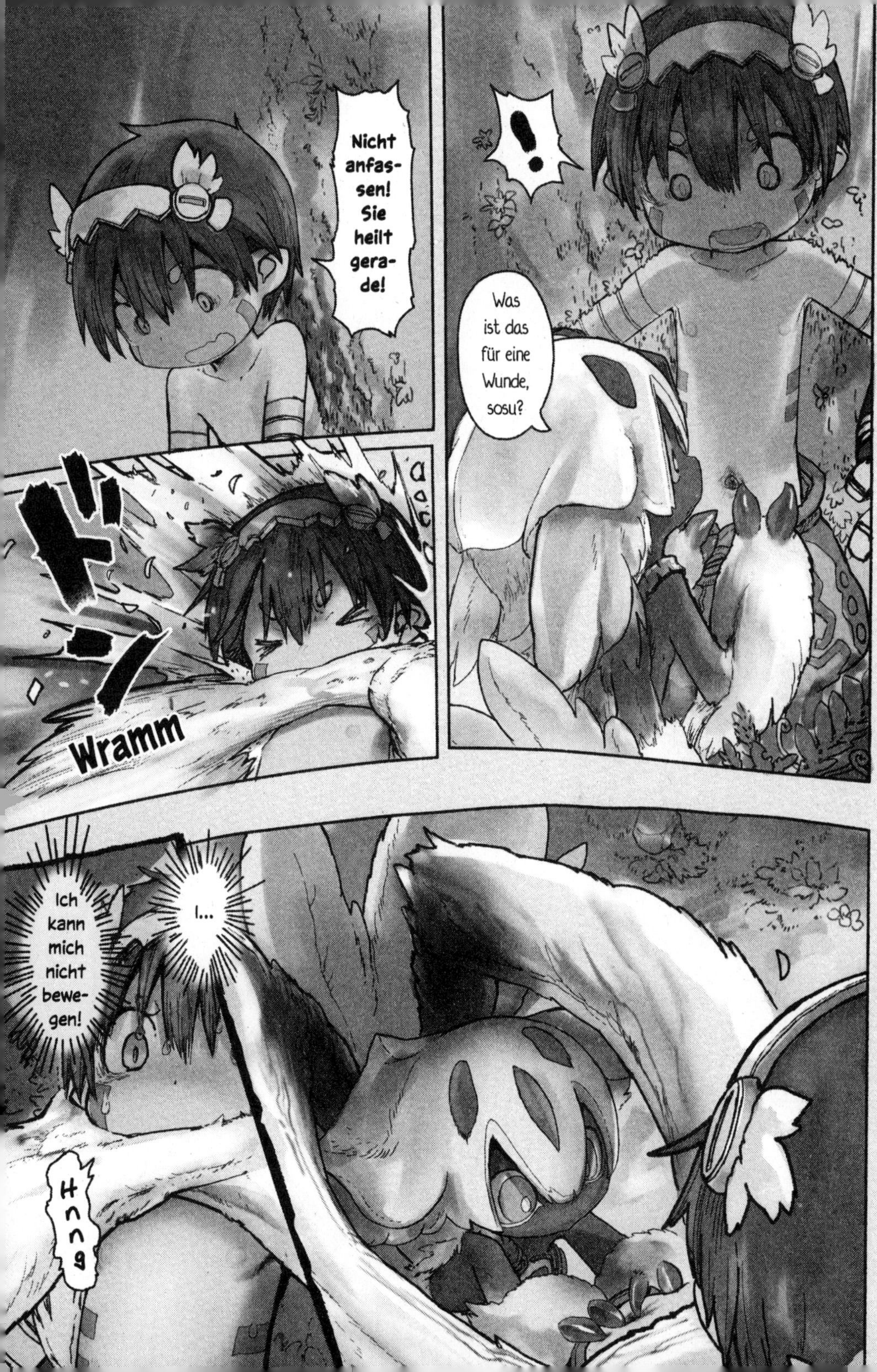
!
Nicht anfassen! Sie heilt gerade!
Was ist das für eine Wunde, sosu?
Wramm
I...
Ich kann mich nicht bewegen!
Hnng

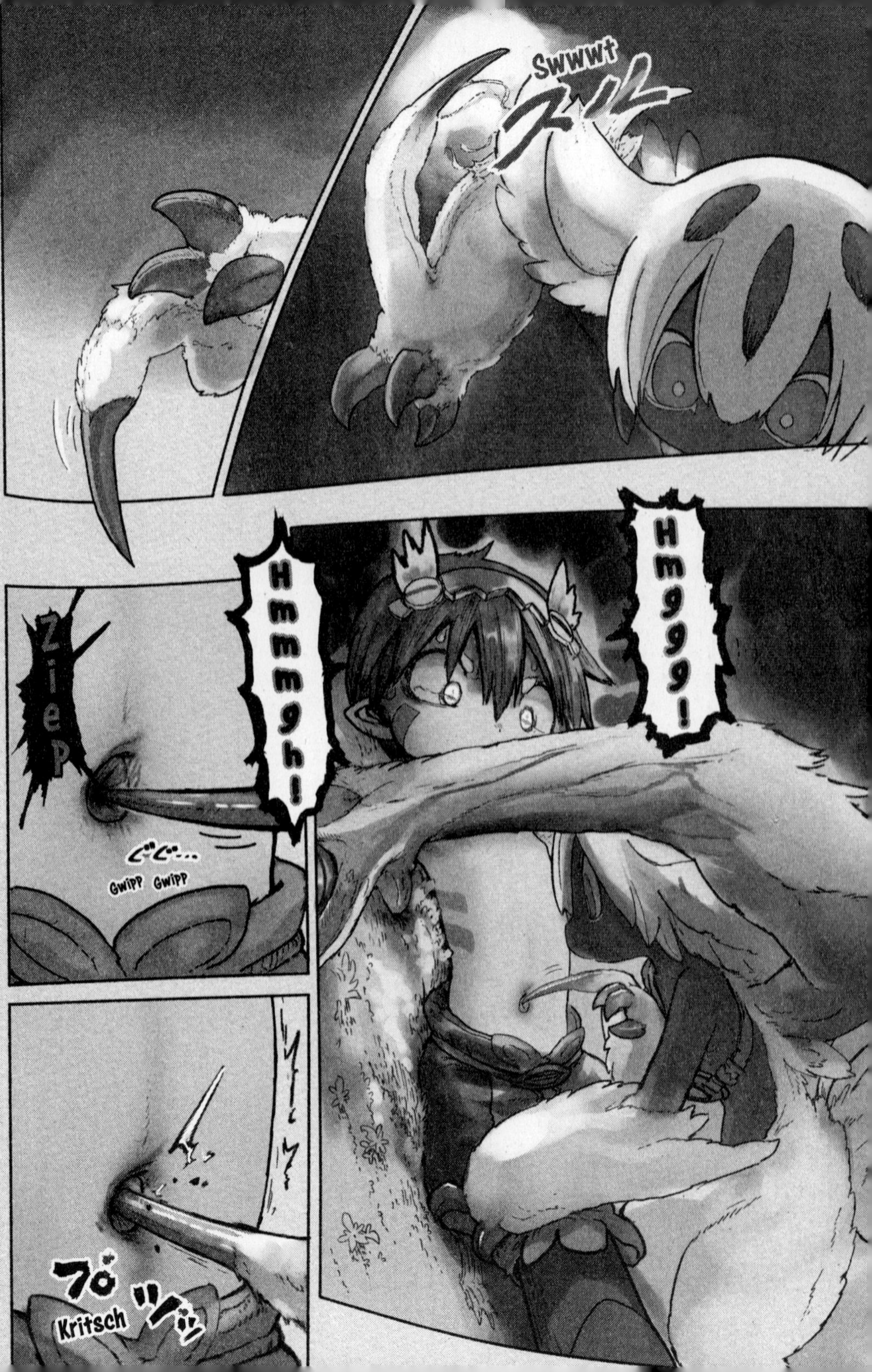

Swwwt
Hmggg!
Hmmmgh!
ZieP
Gwipp Gwipp
Kritsch

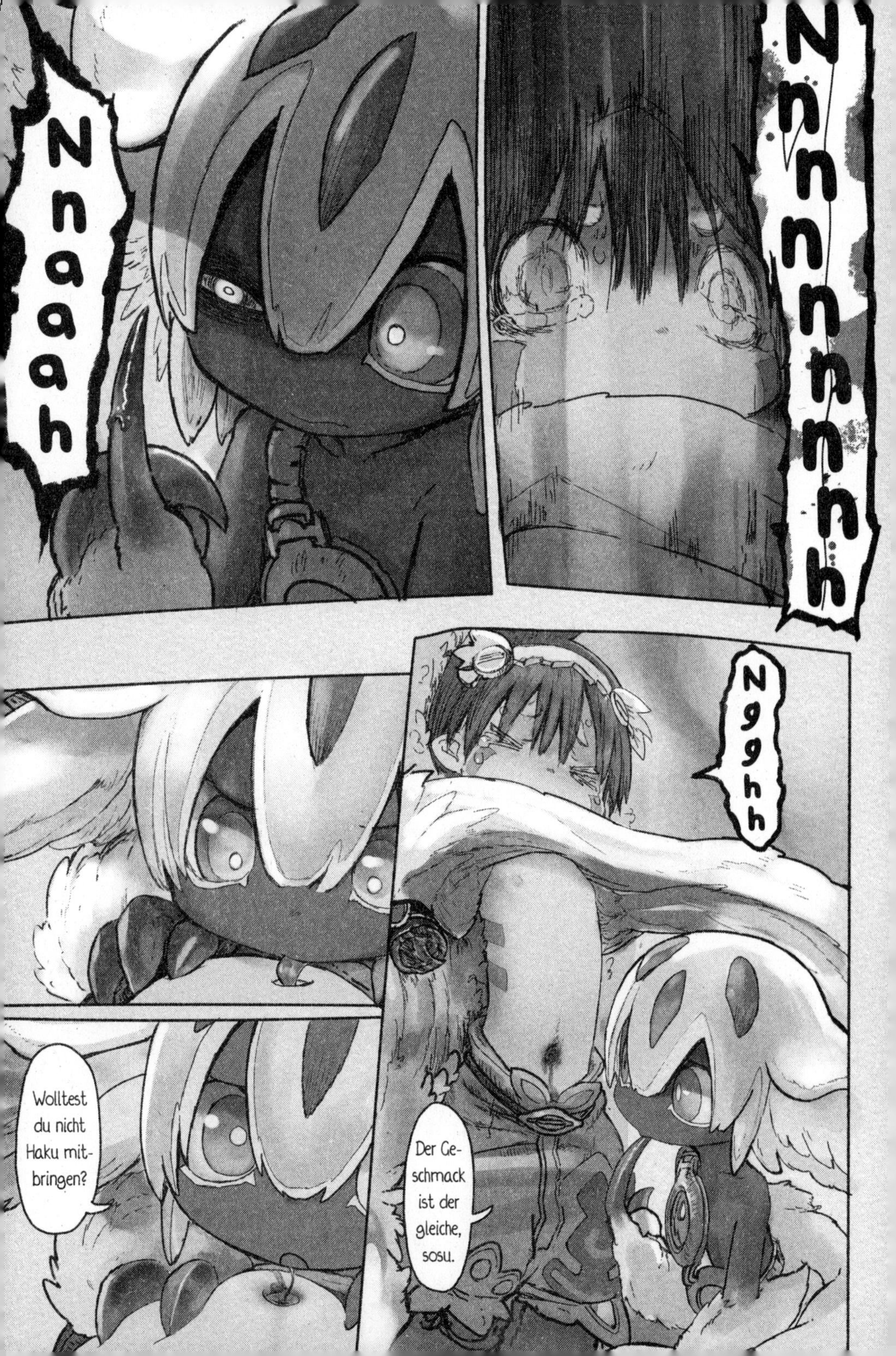
Nnnnnnnnh
Nnaaah
Ngghh
Der Ge-
schmack
ist der
gleiche,
sosu.
Wolltest
du nicht
Haku mit-
bringen?

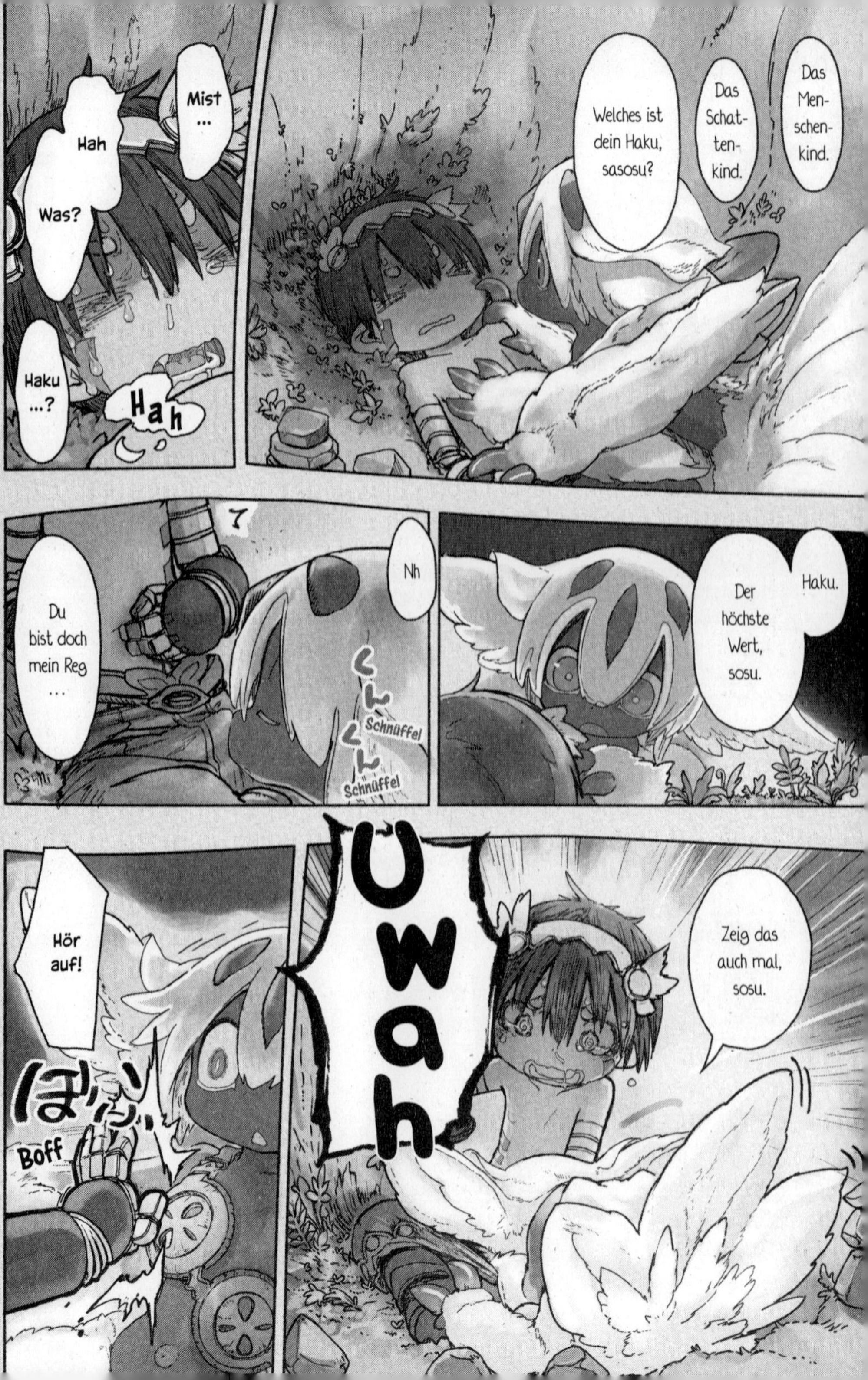
Das Menschenkind.
Das Schattenkind.
Welches ist dein Haku, sasosu?
Mist ...
Hah
Was?
Haku ...?
Hah
Haku.
Der höchste Wert, sosu.
Nh
Schnüffel
Schnüffel
Du bist doch mein Reg ...
Zeig das auch mal, sosu.
Uwah
Hör auf!
Boff

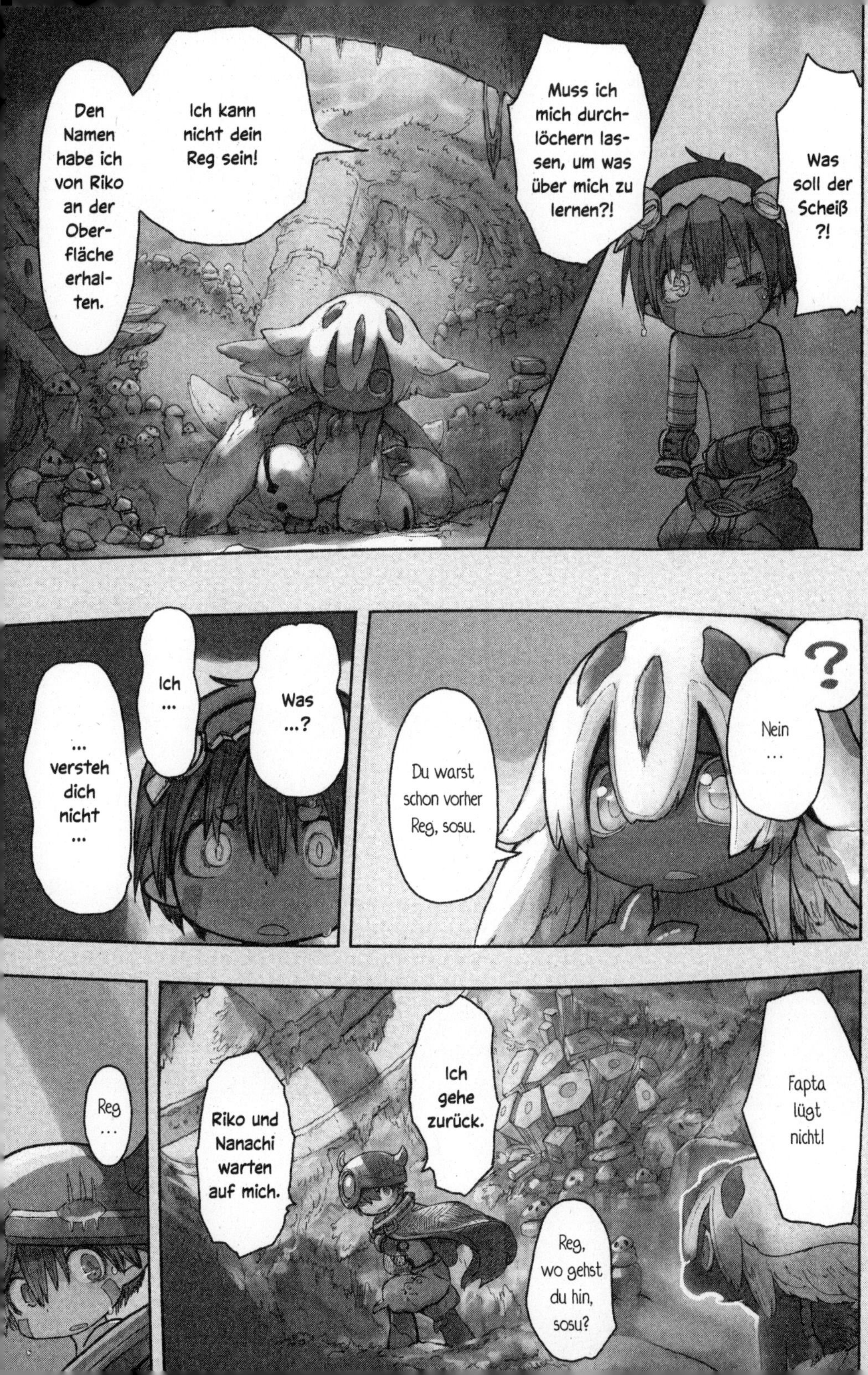
Was soll der Scheiß?!
Muss ich mich durchlöchern lassen, um was über mich zu lernen?!
Ich kann nicht dein Reg sein!
Den Namen habe ich von Riko an der Oberfläche erhalten.
?
Nein …
Du warst schon vorher Reg, sosu.
Was …?
Ich …
… versteh dich nicht …
Fapta lügt nicht!
Reg, wo gehst du hin, sosu?
Ich gehe zurück.
Riko und Nanachi warten auf mich.
Reg …

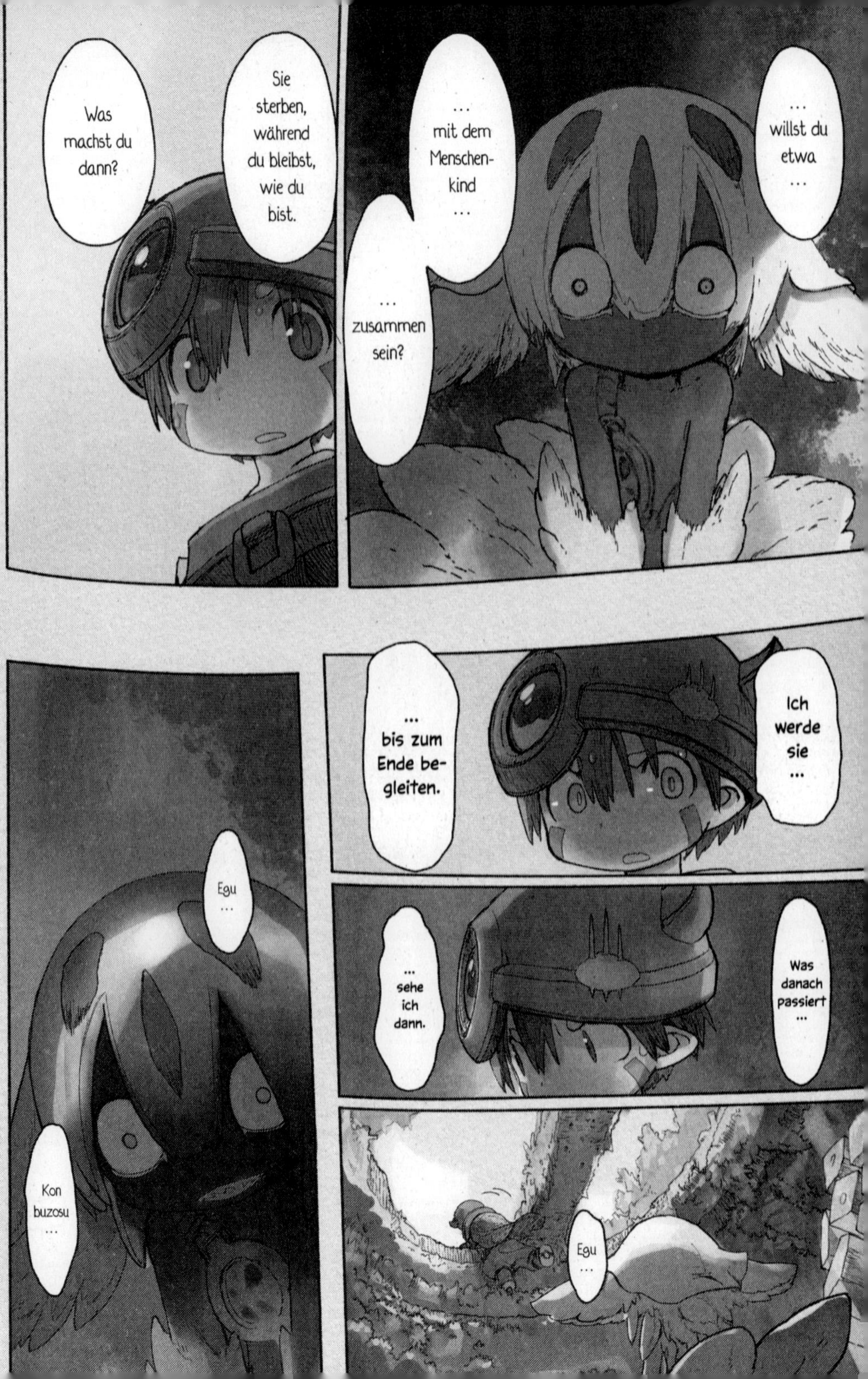
… willst du etwa …
… mit dem Menschen-kind …
… zusammen sein?
Sie sterben, während du bleibst, wie du bist.
Was machst du dann?
Ich werde sie …
… bis zum Ende be-gleiten.
Was danach passiert …
… sehe ich dann.
Egu …
Egu …
Kon buzosu …

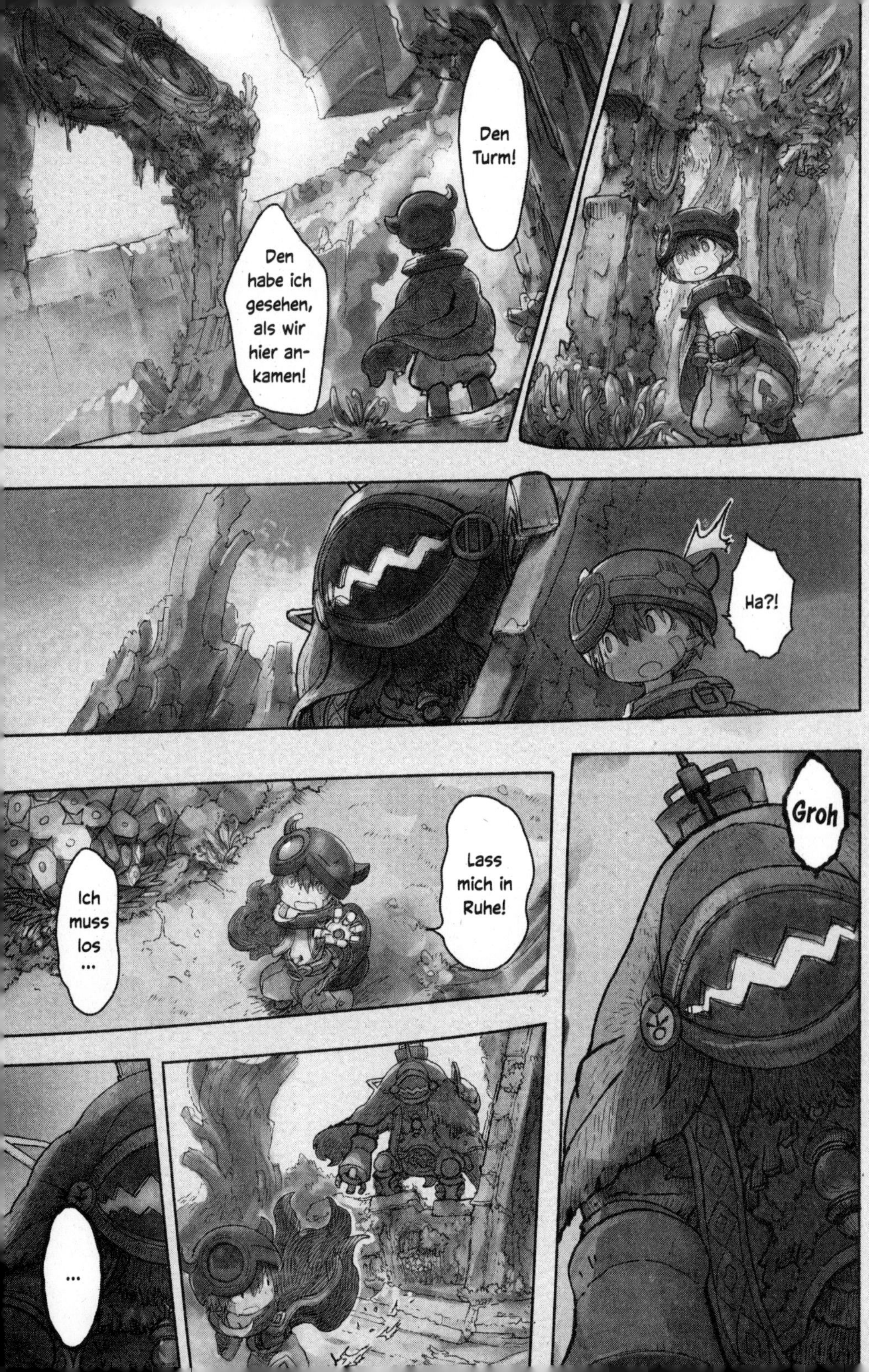
Den Turm!
Den habe ich gesehen, als wir hier ankamen!
Ha?!
Groh
Lass mich in Ruhe!
Ich muss los ...
...

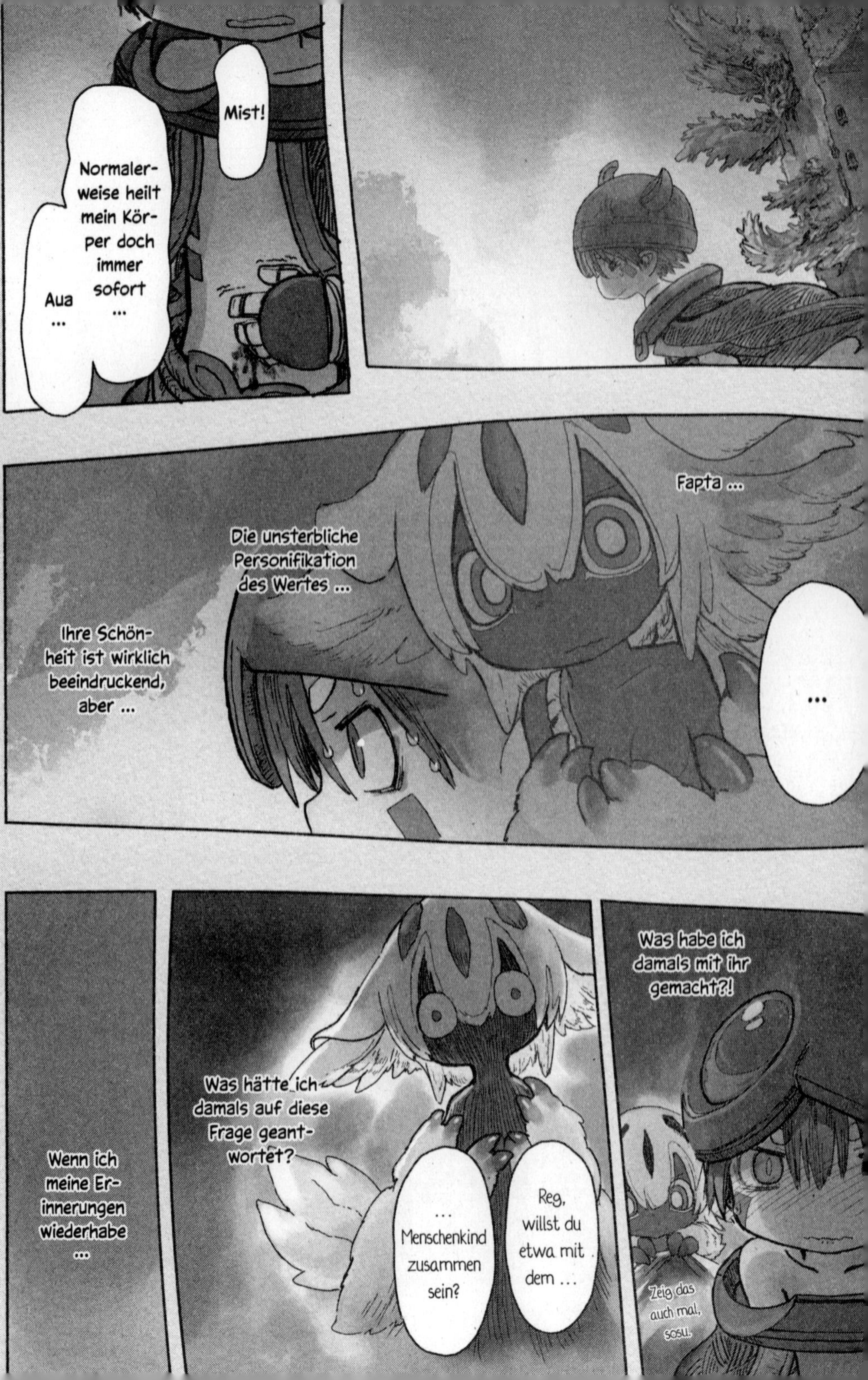
Mist!
Normalerweise heilt mein Körper doch immer sofort ...
Aua ...
Fapta ...
...
Die unsterbliche Personifikation des Wertes ...
Ihre Schönheit ist wirklich beeindruckend, aber ...
Was habe ich damals mit ihr gemacht?!
Zeig das auch mal, sosu.
Reg, willst du etwa mit dem ...
... Menschenkind zusammen sein?
Was hätte ich damals auf diese Frage geantwortet?
Wenn ich meine Erinnerungen wiederhabe ...

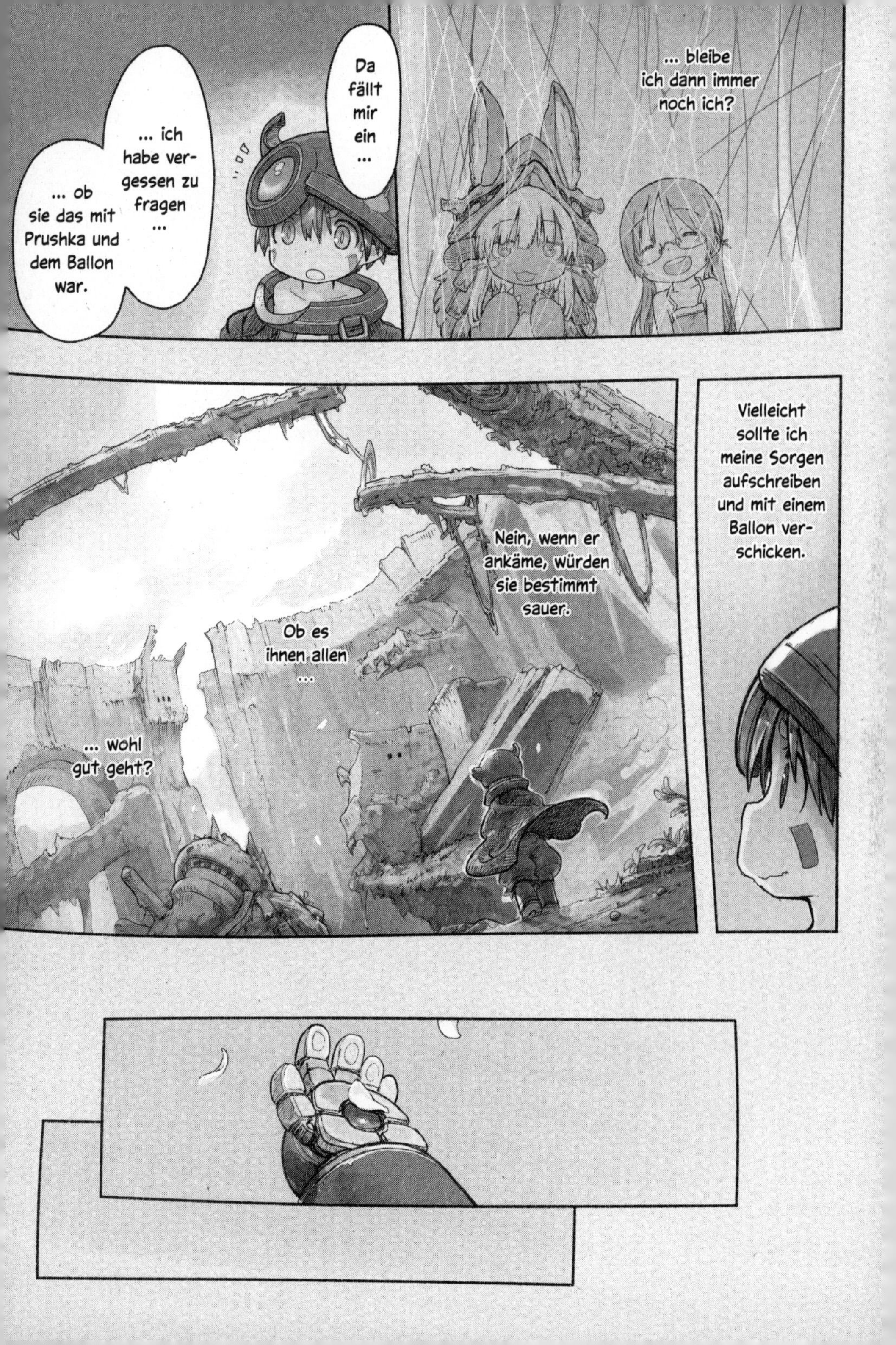
... bleibe ich dann immer noch ich?
Da fällt mir ein ...
... ich habe vergessen zu fragen ...
... ob sie das mit Prushka und dem Ballon war.
Vielleicht sollte ich meine Sorgen aufschreiben und mit einem Ballon verschicken.
Nein, wenn er ankäme, würden sie bestimmt sauer.
Ob es ihnen allen ...
... wohl gut geht?

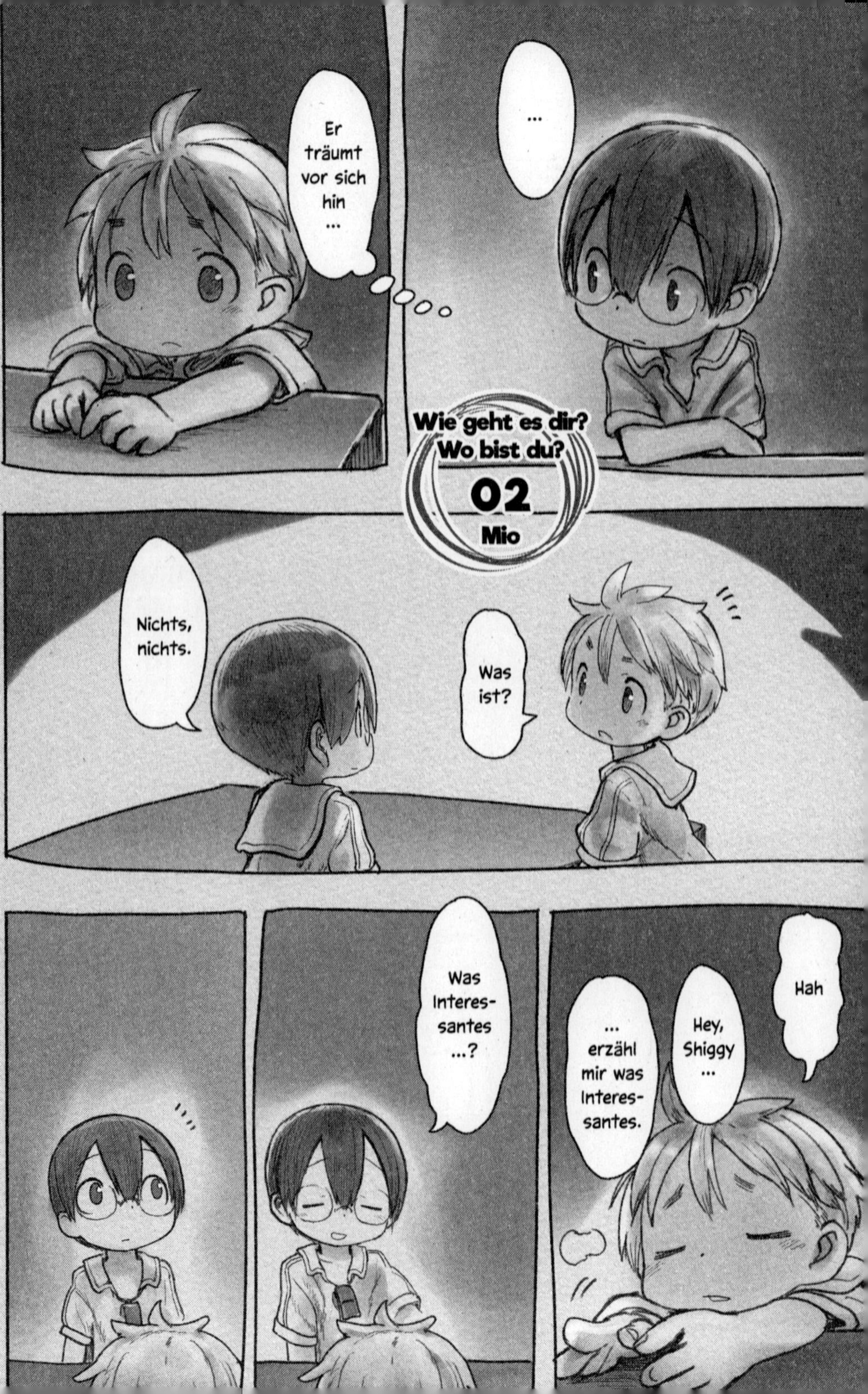
…
Er träumt vor sich hin …
Wie geht es dir? Wo bist du?
02
Mio
Was ist?
Nichts, nichts.
Hah
Hey, Shiggy …
… erzähl mir was Interes-santes.
Was Interes-santes …?

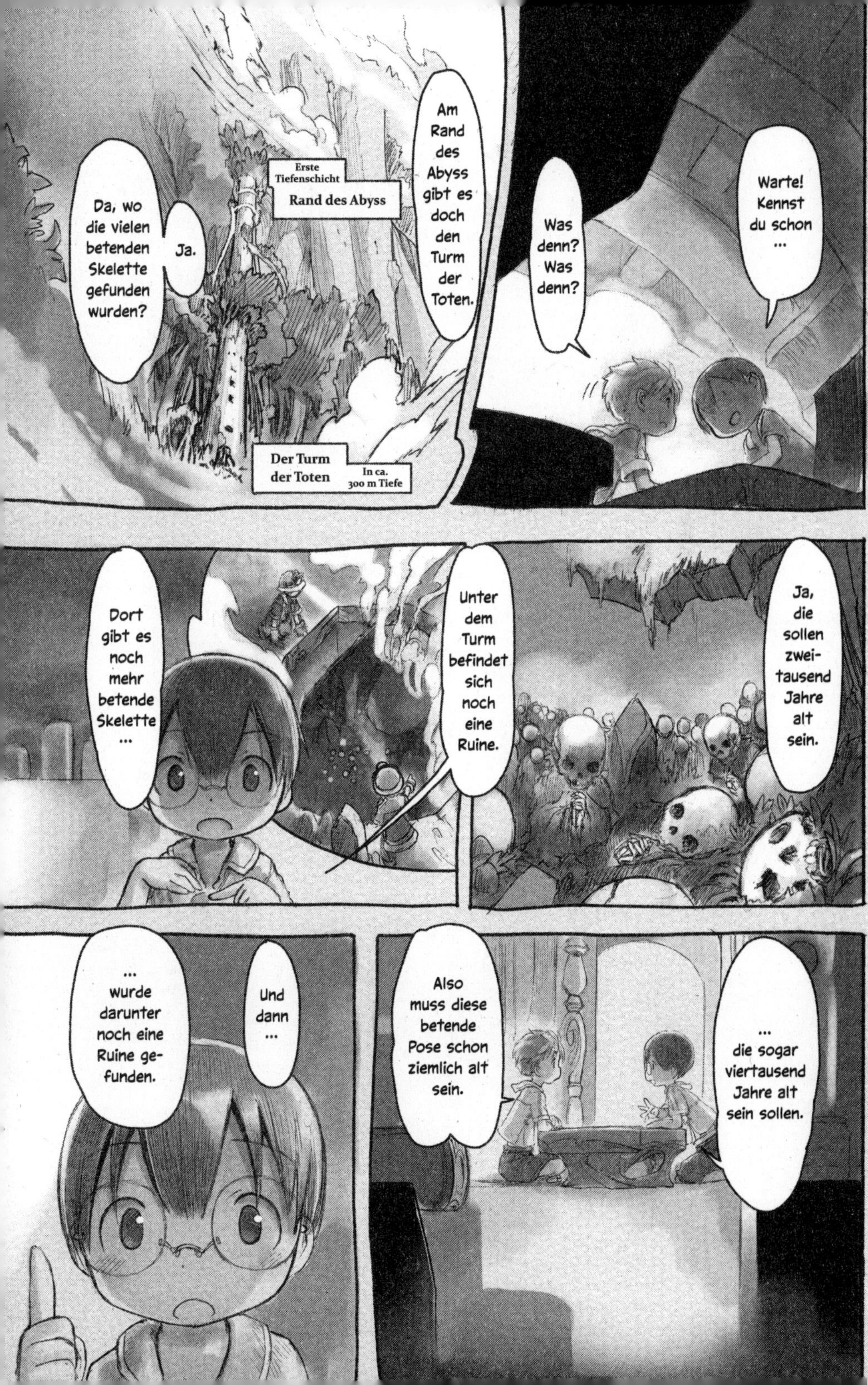
Warte! Kennst du schon ...
Was denn? Was denn?
Am Rand des Abyss gibt es doch den Turm der Toten.
Erste Tiefenschicht
Rand des Abyss
Ja.
Da, wo die vielen betenden Skelette gefunden wurden?
Der Turm der Toten
In ca. 300 m Tiefe
Ja, die sollen zweitausend Jahre alt sein.
Unter dem Turm befindet sich noch eine Ruine.
Dort gibt es noch mehr betende Skelette ...
... die sogar viertausend Jahre alt sein sollen.
Also muss diese betende Pose schon ziemlich alt sein.
Und dann ...
... wurde darunter noch eine Ruine gefunden.

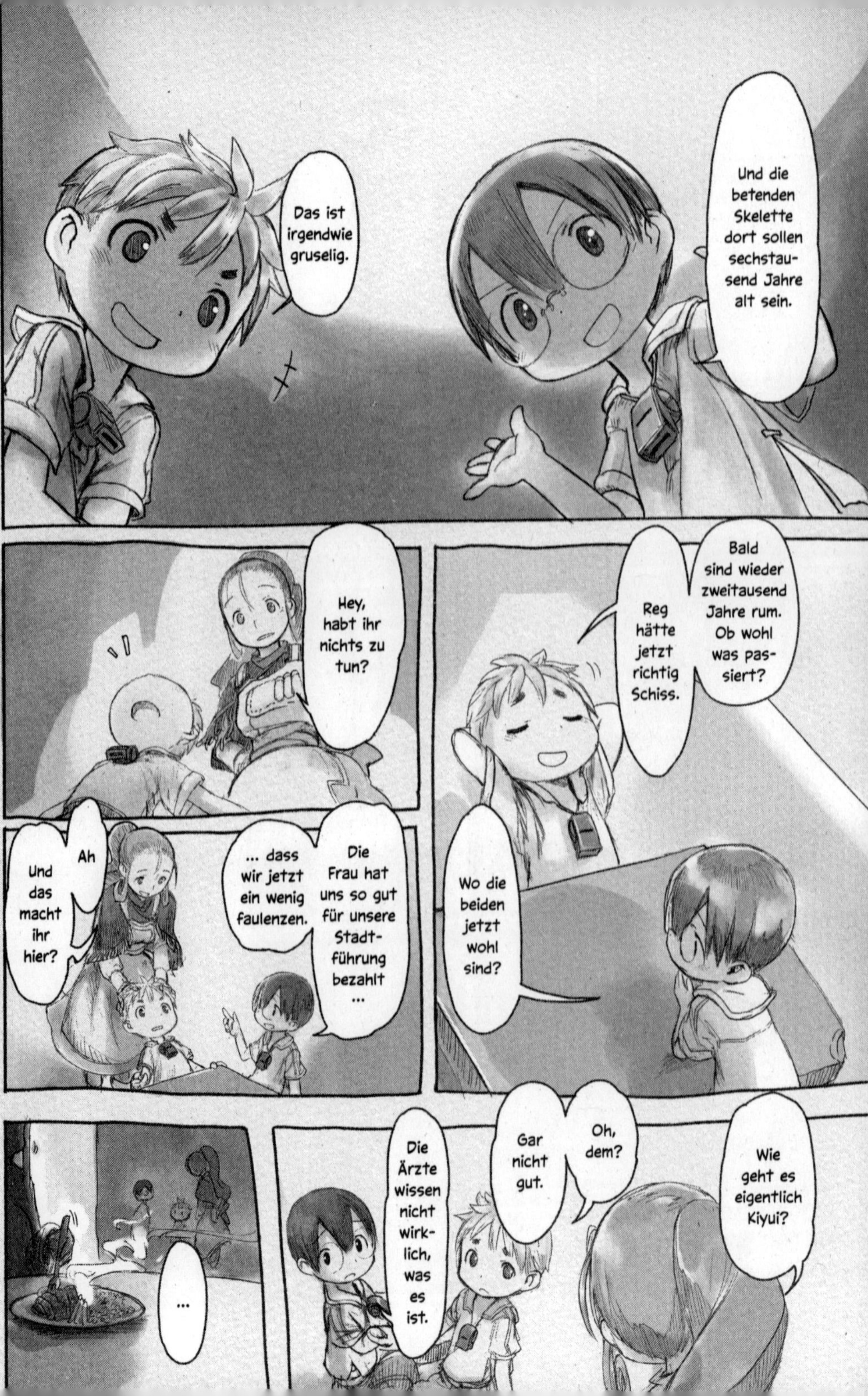

Und die betenden Skelette dort sollen sechstausend Jahre alt sein.
Das ist irgendwie gruselig.
Bald sind wieder zweitausend Jahre rum. Ob wohl was passiert?
Reg hätte jetzt richtig Schiss.
Hey, habt ihr nichts zu tun?
Wo die beiden jetzt wohl sind?
Die Frau hat uns so gut für unsere Stadtführung bezahlt ...
... dass wir jetzt ein wenig faulenzen.
Ah
Und das macht ihr hier?
Wie geht es eigentlich Kiyui?
Oh, dem?
Gar nicht gut.
Die Ärzte wissen nicht wirklich, was es ist.
...

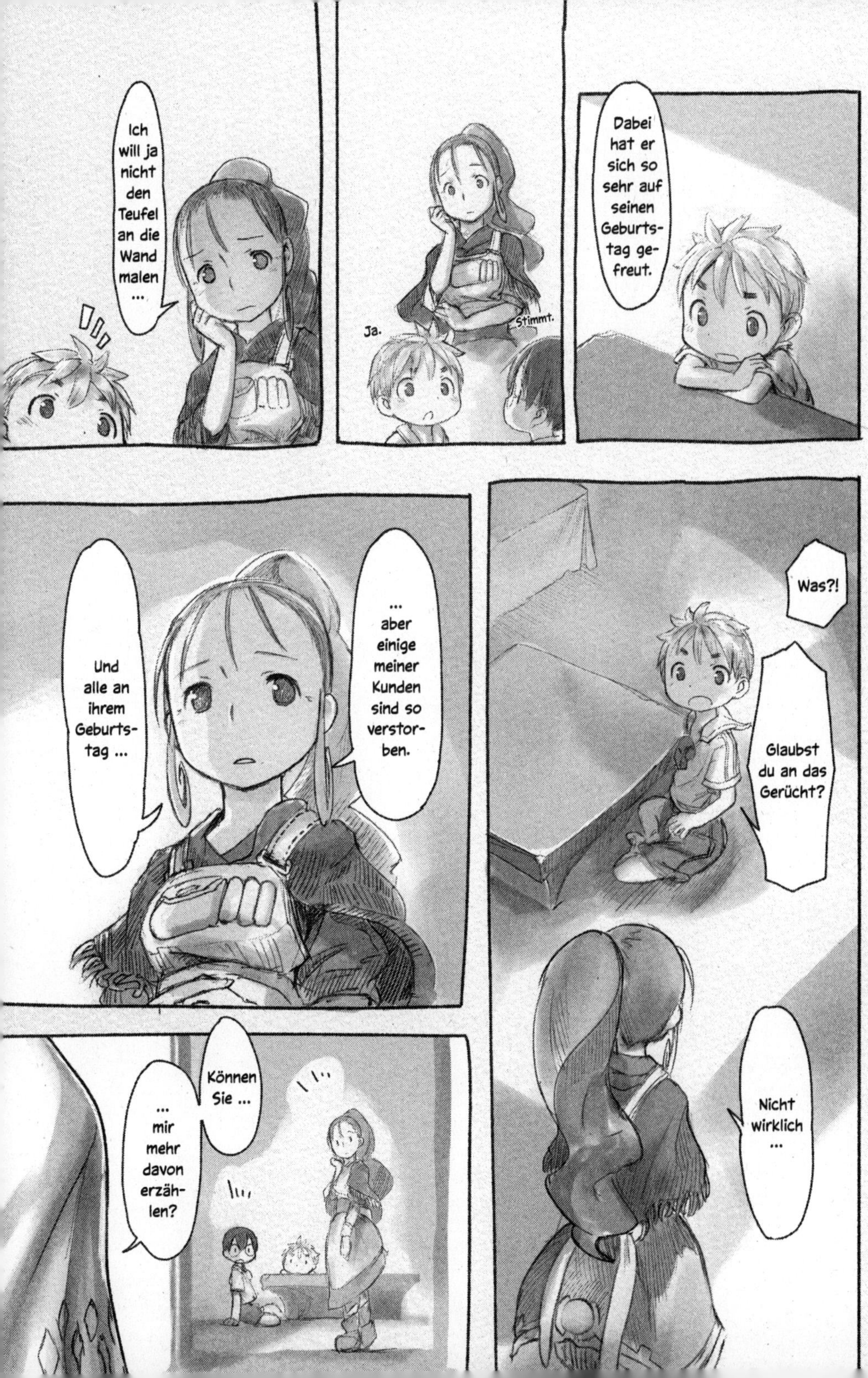

Dabei hat er sich so sehr auf seinen Geburtstag gefreut.
Stimmt.
Ja.
Ich will ja nicht den Teufel an die Wand malen ...
Was?!
Glaubst du an das Gerücht?
Nicht wirklich ...
... aber einige meiner Kunden sind so verstorben.
Und alle an ihrem Geburtstag ...
Können Sie ...
... mir mehr davon erzählen?

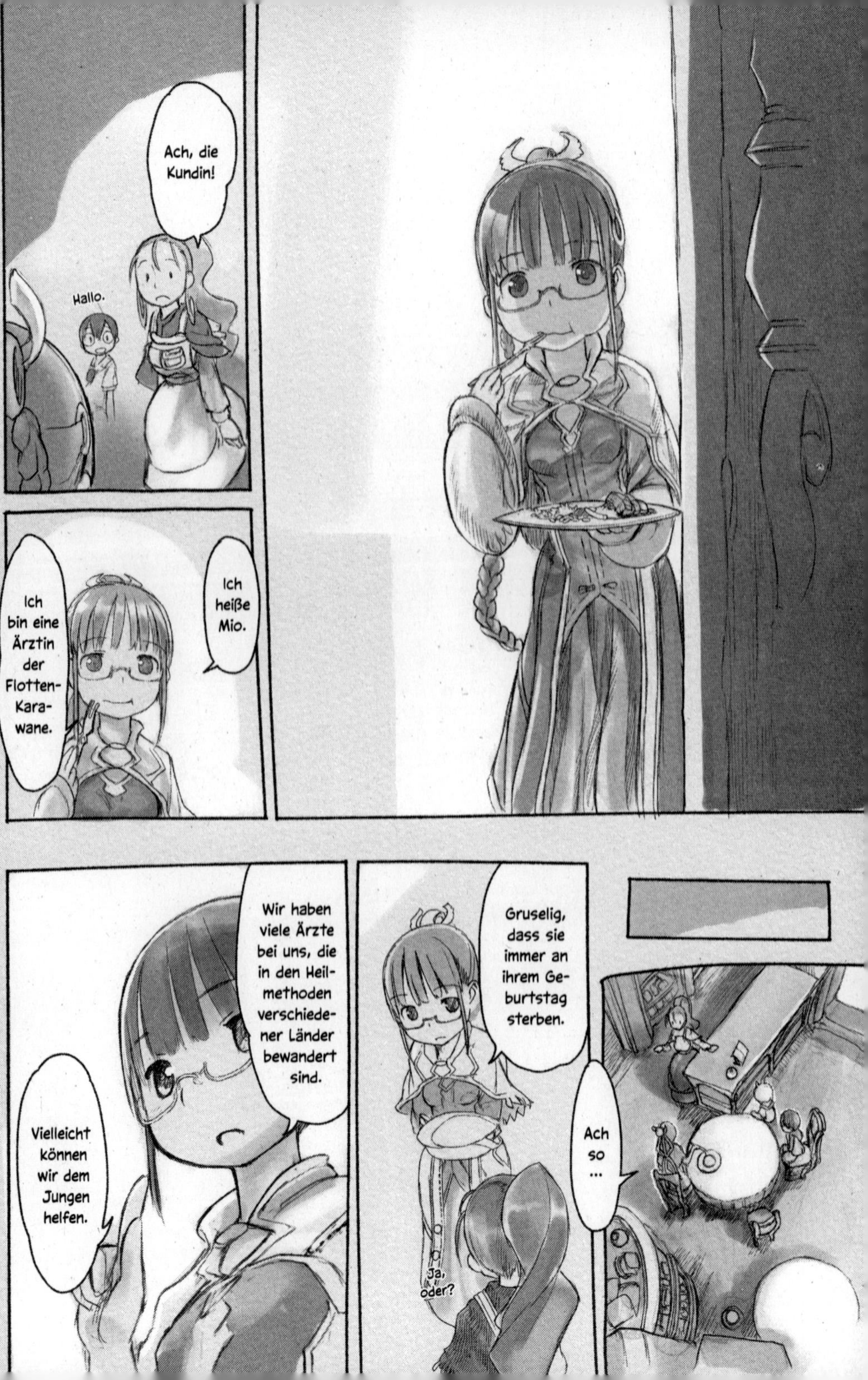
Ach, die Kundin!
Hallo.
Ich heiße Mio.
Ich bin eine Ärztin der Flotten-Karawane.
Ach so ...
Gruselig, dass sie immer an ihrem Geburtstag sterben.
Ja, oder?
Wir haben viele Ärzte bei uns, die in den Heilmethoden verschiedener Länder bewandert sind.
Vielleicht können wir dem Jungen helfen.

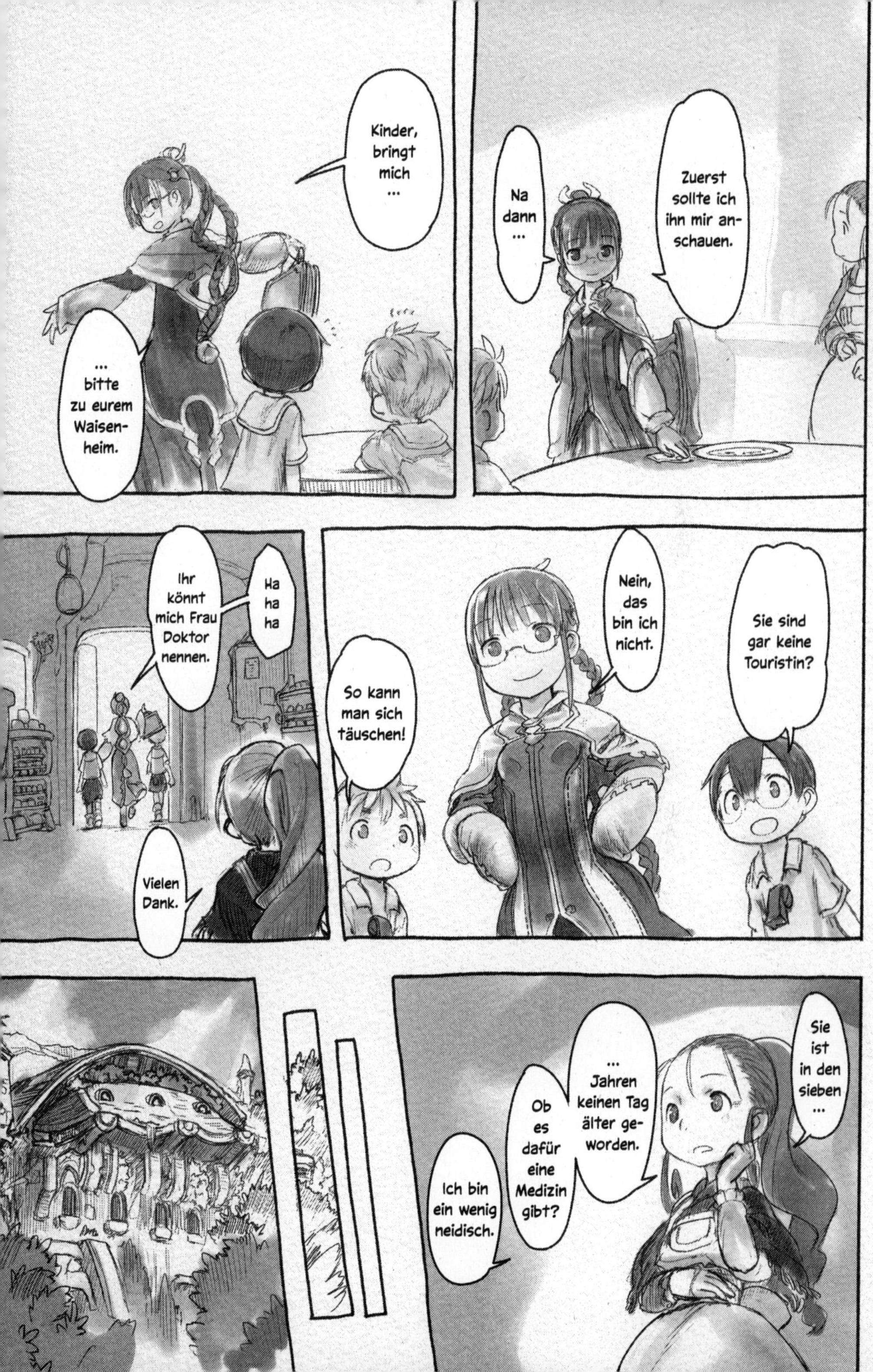
Zuerst sollte ich ihn mir anschauen.
Na dann ...
Kinder, bringt mich ...
... bitte zu eurem Waisenheim.
Sie sind gar keine Touristin?
Nein, das bin ich nicht.
So kann man sich täuschen!
Ihr könnt mich Frau Doktor nennen.
Ha ha ha
Vielen Dank.
Sie ist in den sieben ...
... Jahren keinen Tag älter geworden.
Ob es dafür eine Medizin gibt?
Ich bin ein wenig neidisch.

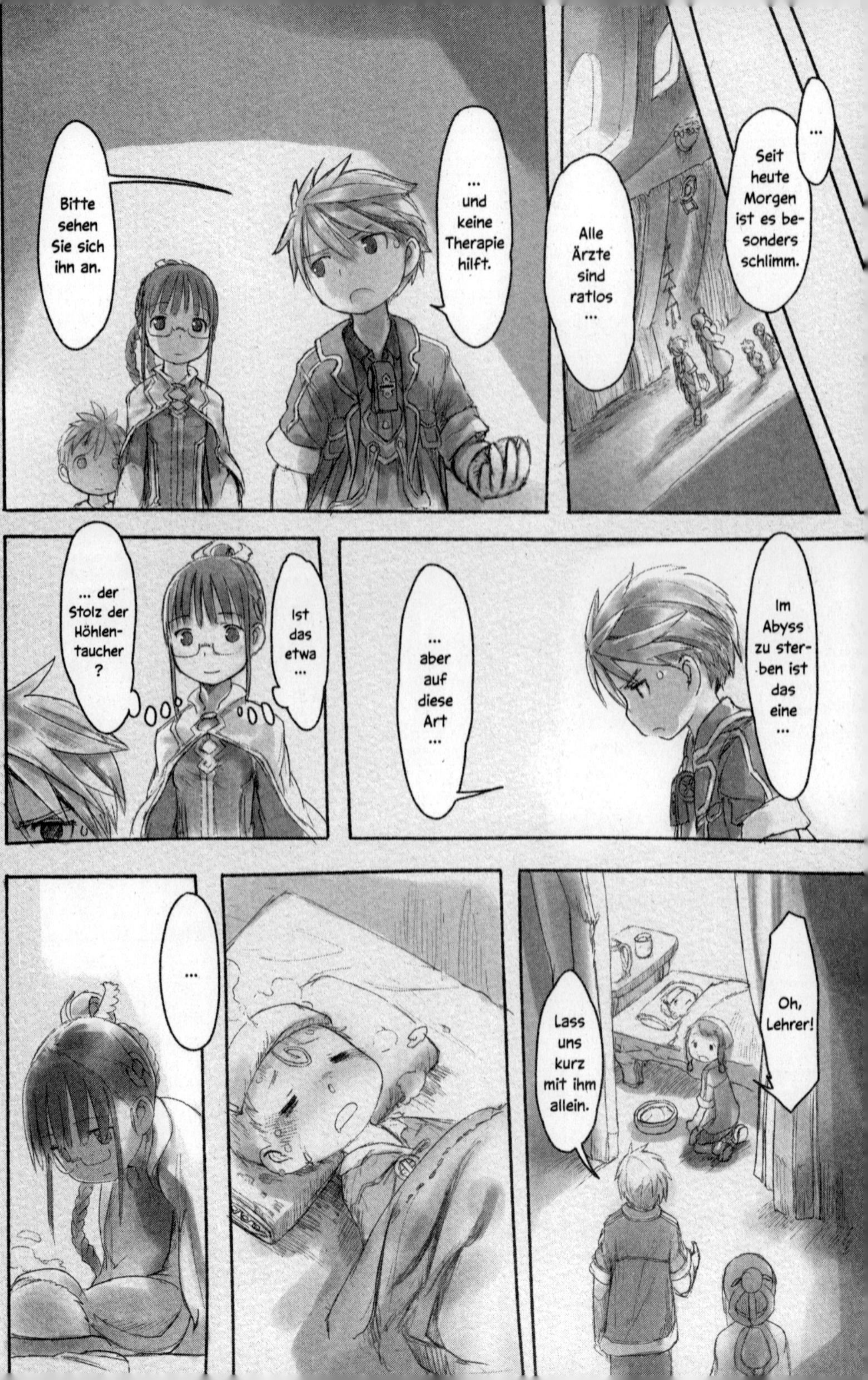
...
Seit heute Morgen ist es besonders schlimm.
Alle Ärzte sind ratlos ...
... und keine Therapie hilft.
Bitte sehen Sie sich ihn an.
Im Abyss zu sterben ist das eine ...
... aber auf diese Art ...
Ist das etwa ...
... der Stolz der Höhlentaucher ?
Oh, Lehrer!
Lass uns kurz mit ihm allein.
...

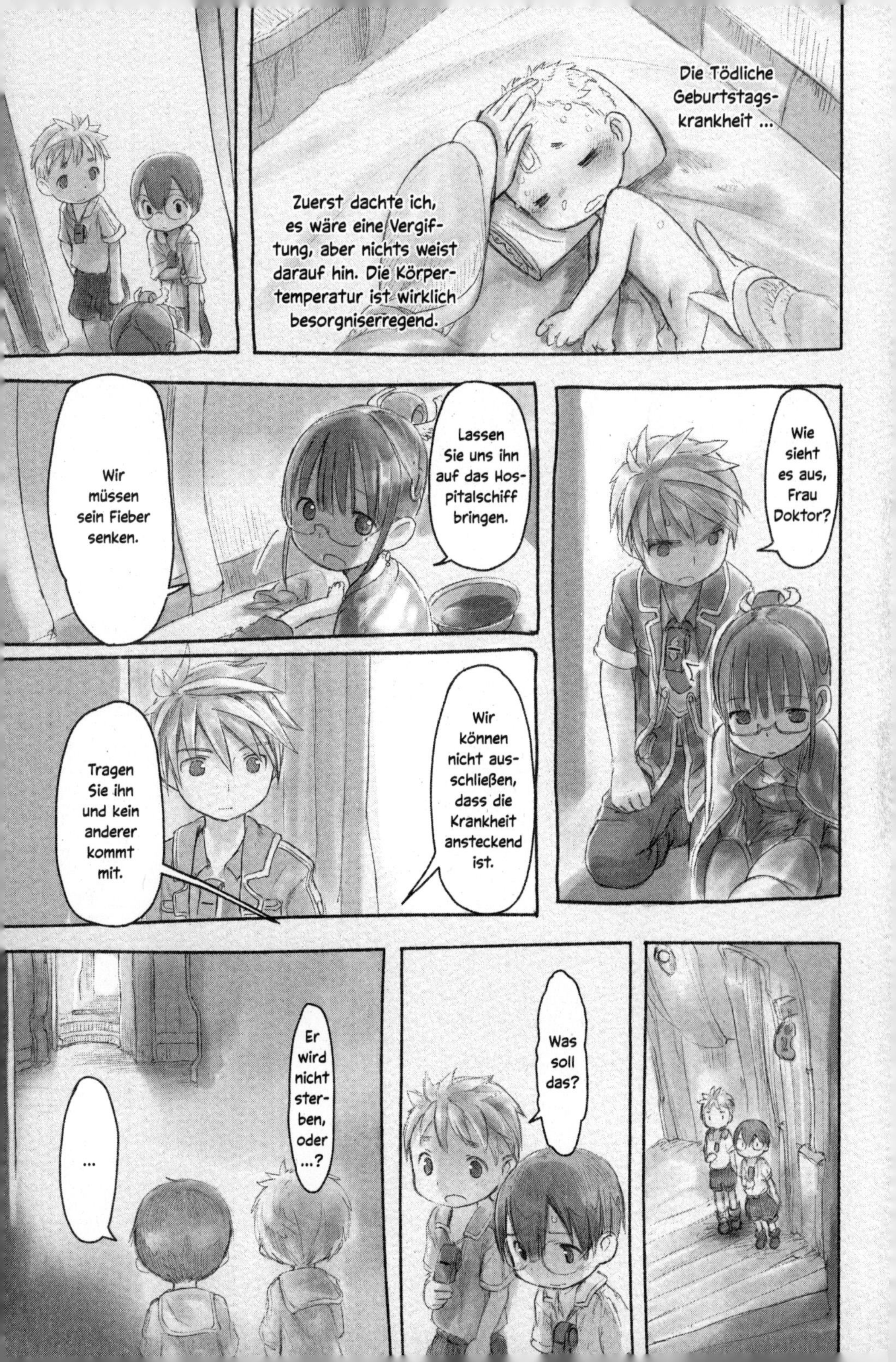
Die Tödliche Geburtstags-krankheit ...
Zuerst dachte ich, es wäre eine Vergif-tung, aber nichts weist darauf hin. Die Körper-temperatur ist wirklich besorgniserregend.
Wie sieht es aus, Frau Doktor?
Lassen Sie uns ihn auf das Hos-pitalschiff bringen.
Wir müssen sein Fieber senken.
Wir können nicht aus-schließen, dass die Krankheit ansteckend ist.
Tragen Sie ihn und kein anderer kommt mit.
Was soll das?
Er wird nicht ster-ben, oder ...?
...

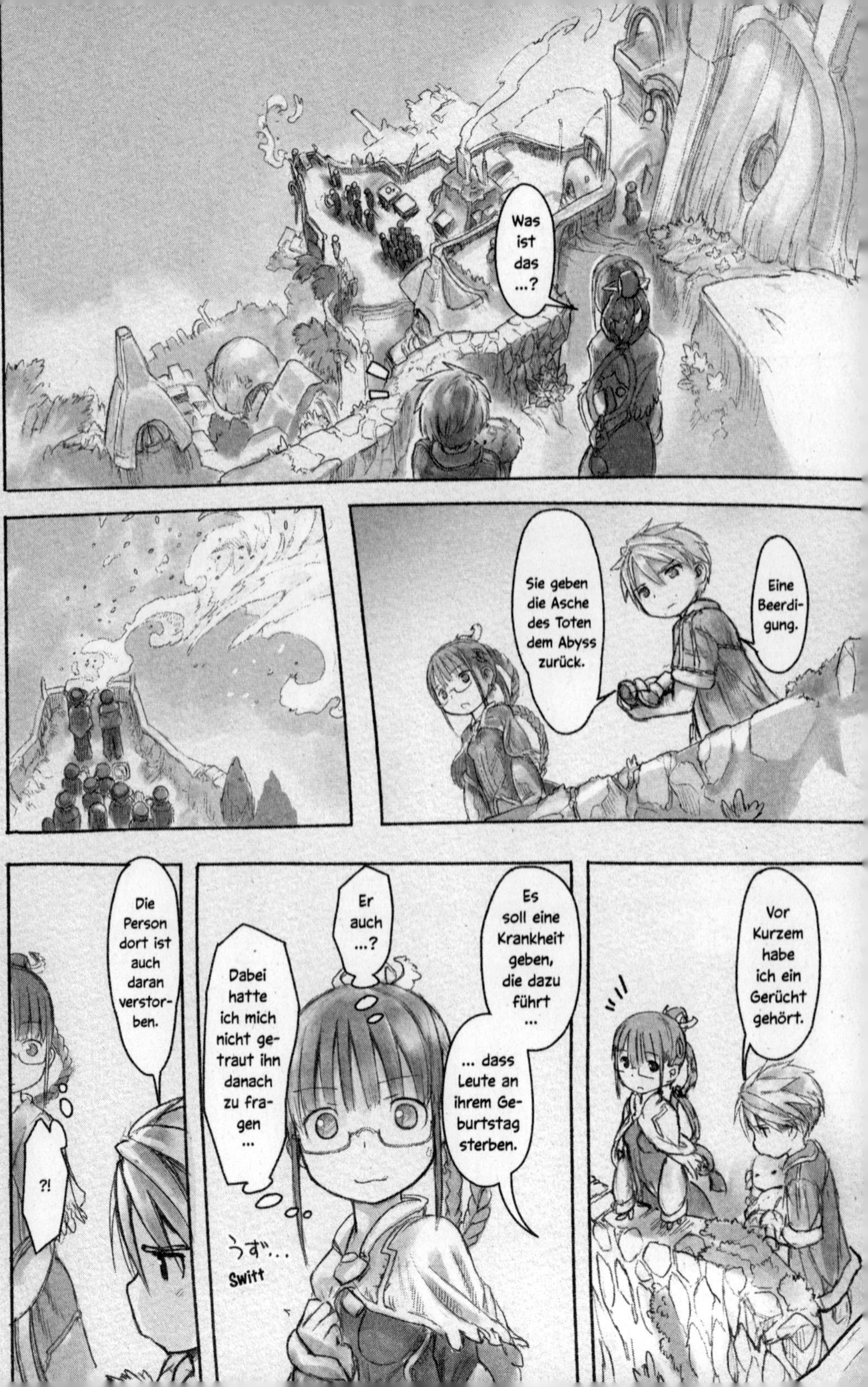

Was ist das ...?
Eine Beerdigung.
Sie geben die Asche des Toten dem Abyss zurück.
Vor Kurzem habe ich ein Gerücht gehört.
Es soll eine Krankheit geben, die dazu führt ...
... dass Leute an ihrem Geburtstag sterben.
Er auch ...?
Dabei hatte ich mich nicht getraut ihn danach zu fragen ...
うず…
Switt
Die Person dort ist auch daran verstorben.
?!

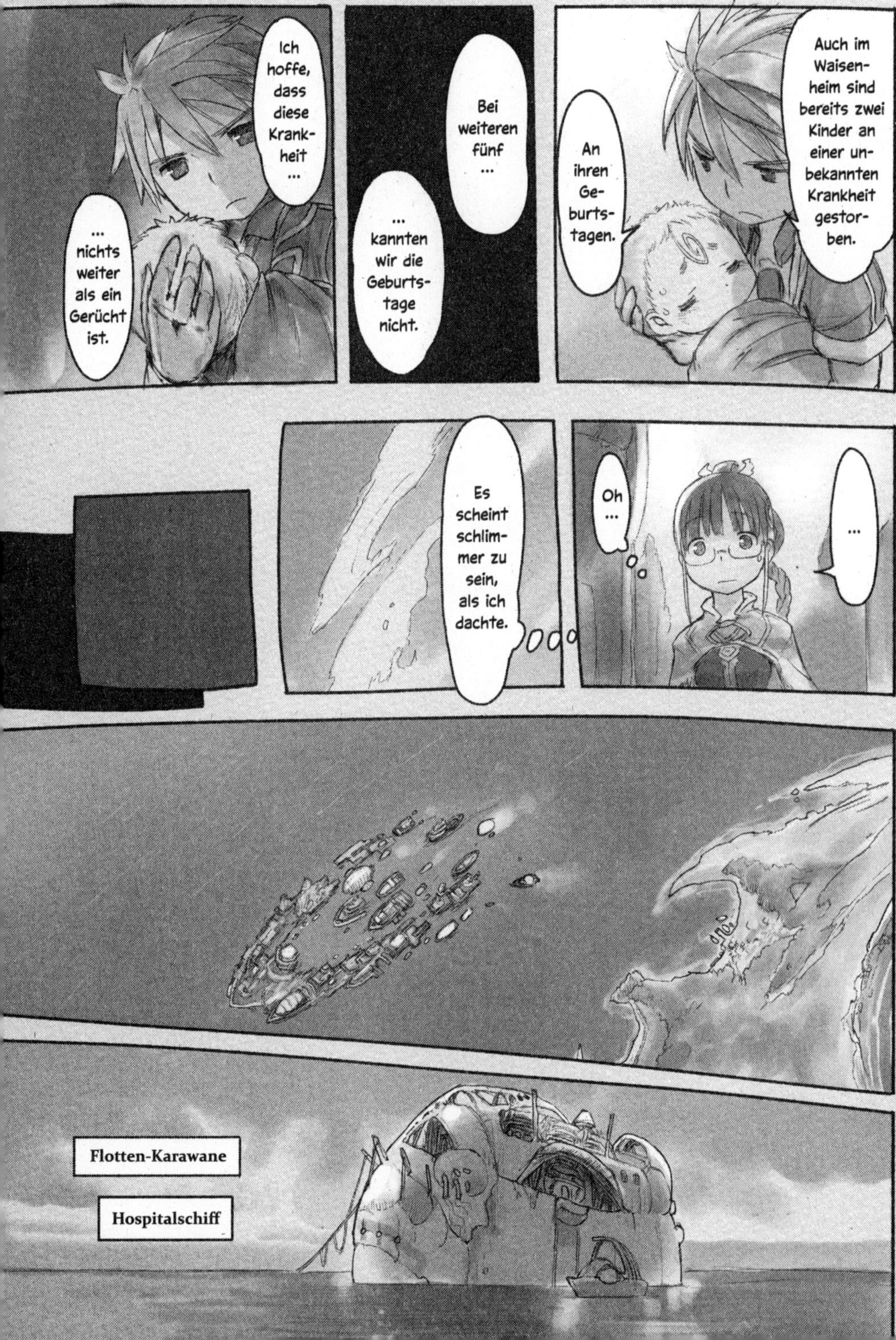
Auch im Waisenheim sind bereits zwei Kinder an einer unbekannten Krankheit gestorben.
An ihren Geburtstagen.
Bei weiteren fünf …
… kannten wir die Geburtstage nicht.
Ich hoffe, dass diese Krankheit …
… nichts weiter als ein Gerücht ist.
…
Oh …
Es scheint schlimmer zu sein, als ich dachte.
Flotten-Karawane
Hospitalschiff

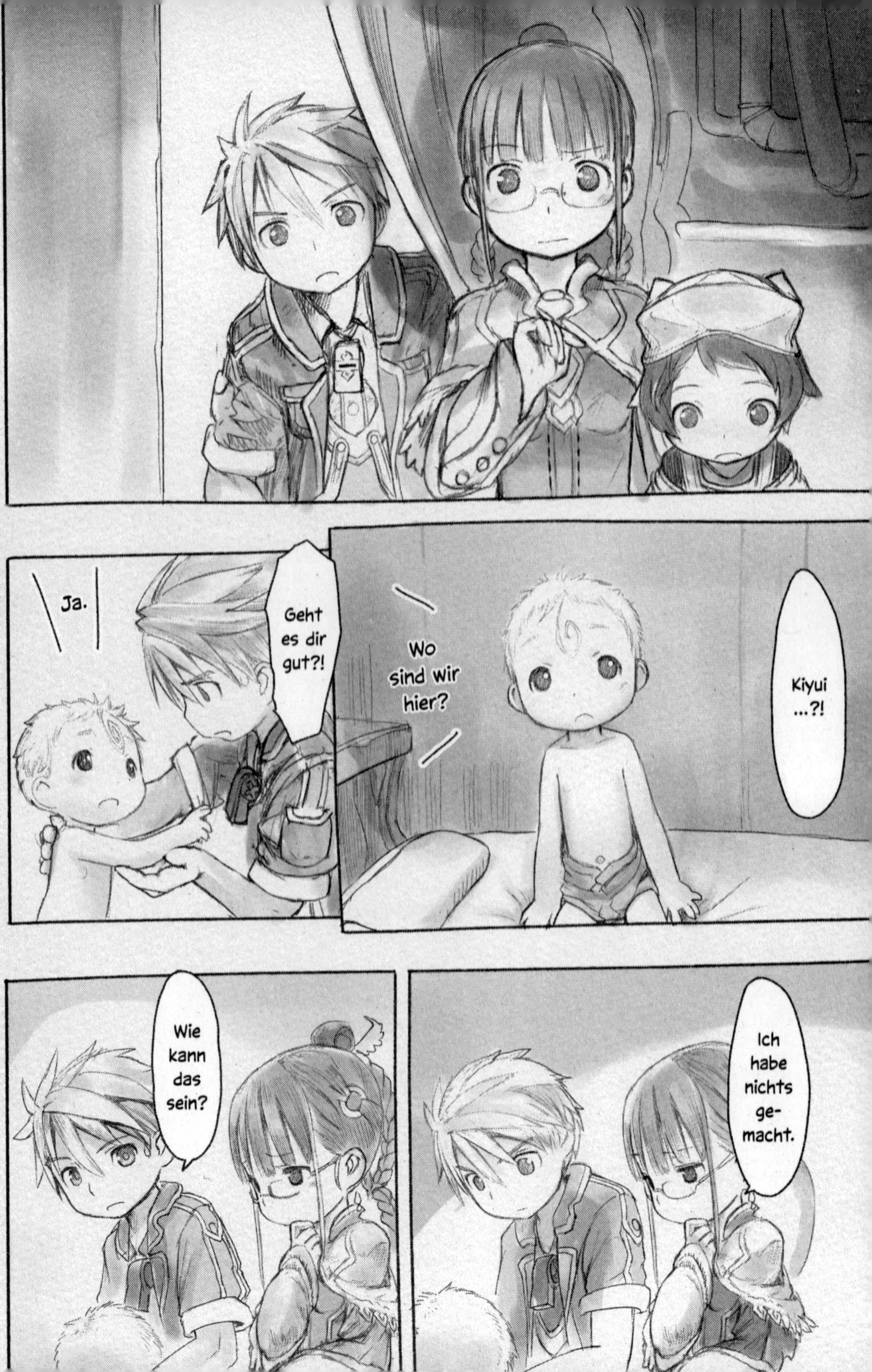
Kiyui ...?!
Wo sind wir hier?
Geht es dir gut?!
Ja.
Ich habe nichts ge-macht.
Wie kann das sein?

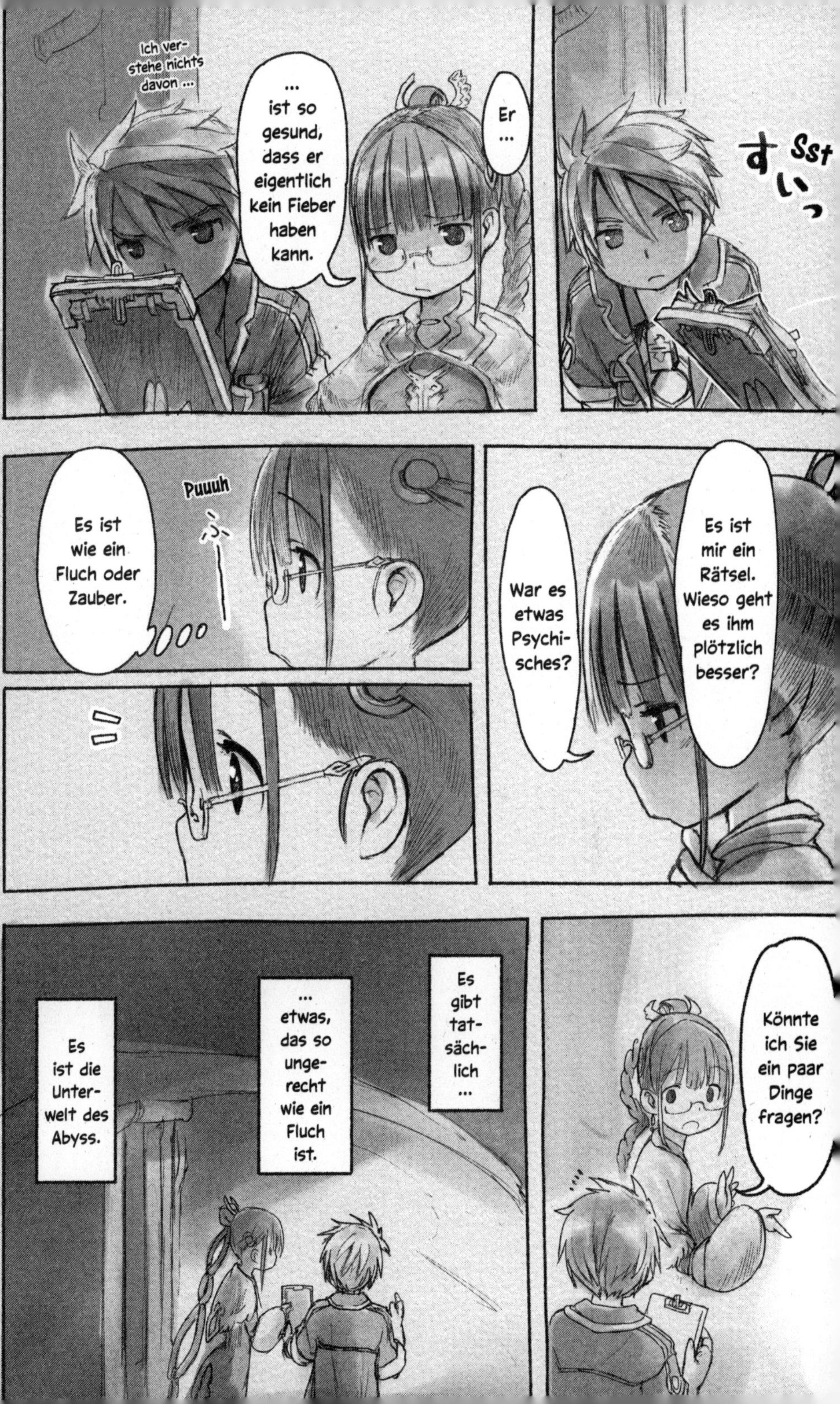
Sst
すいっ
Er ...
... ist so gesund, dass er eigentlich kein Fieber haben kann.
Ich verstehe nichts davon ...
Es ist mir ein Rätsel. Wieso geht es ihm plötzlich besser?
War es etwas Psychisches?
Puuuh
ふー
Es ist wie ein Fluch oder Zauber.
Könnte ich Sie ein paar Dinge fragen?
Es gibt tatsächlich ...
... etwas, das so ungerecht wie ein Fluch ist.
Es ist die Unterwelt des Abyss.

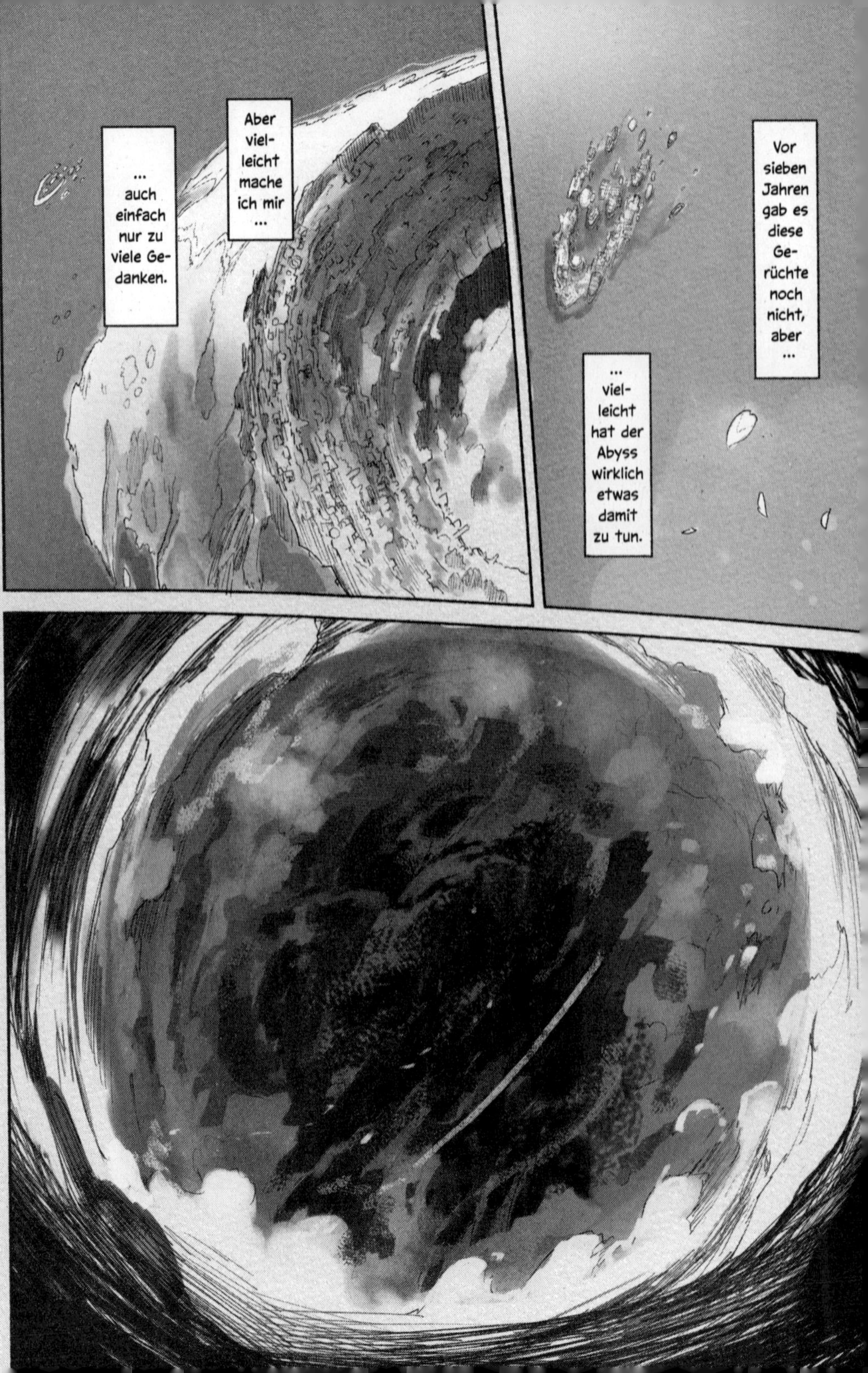
Vor sieben Jahren gab es diese Gerüchte noch nicht, aber ...
... vielleicht hat der Abyss wirklich etwas damit zu tun.
Aber vielleicht mache ich mir ...
... auch einfach nur zu viele Gedanken.

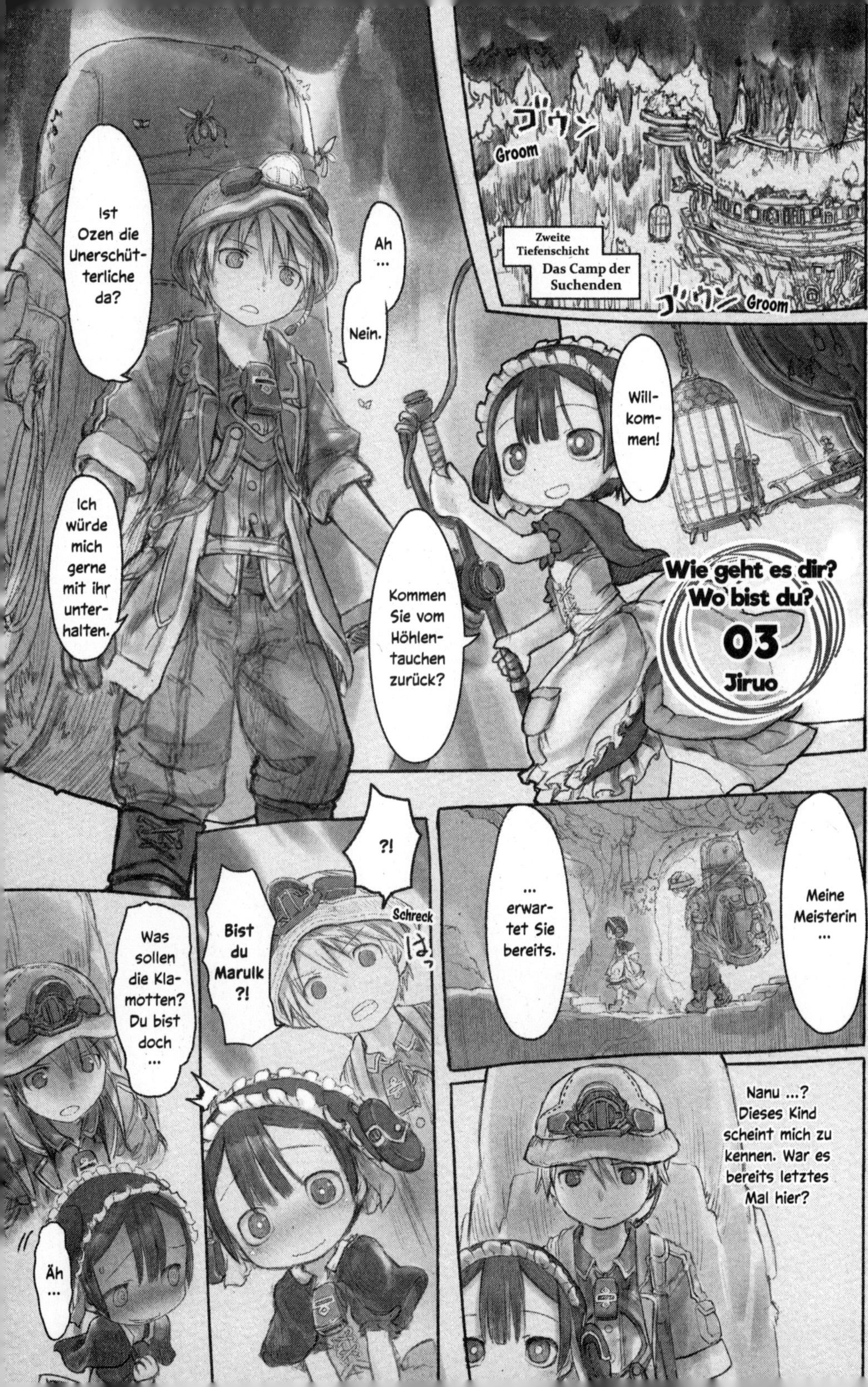

ゴウン
Groom
ゴウン
Groom
Zweite Tiefenschicht
Das Camp der Suchenden
Willkommen!
Kommen Sie vom Höhlentauchen zurück?
Wie geht es dir? Wo bist du?
03
Jiruo
Ah ... Nein.
Ist Ozen die Unerschütterliche da?
Ich würde mich gerne mit ihr unterhalten.
Meine Meisterin ...
... erwartet Sie bereits.
?!
Schreck
Bist du Marulk ?!
Nanu ...? Dieses Kind scheint mich zu kennen. War es bereits letztes Mal hier?
Was sollen die Klamotten? Du bist doch ...
Äh ...

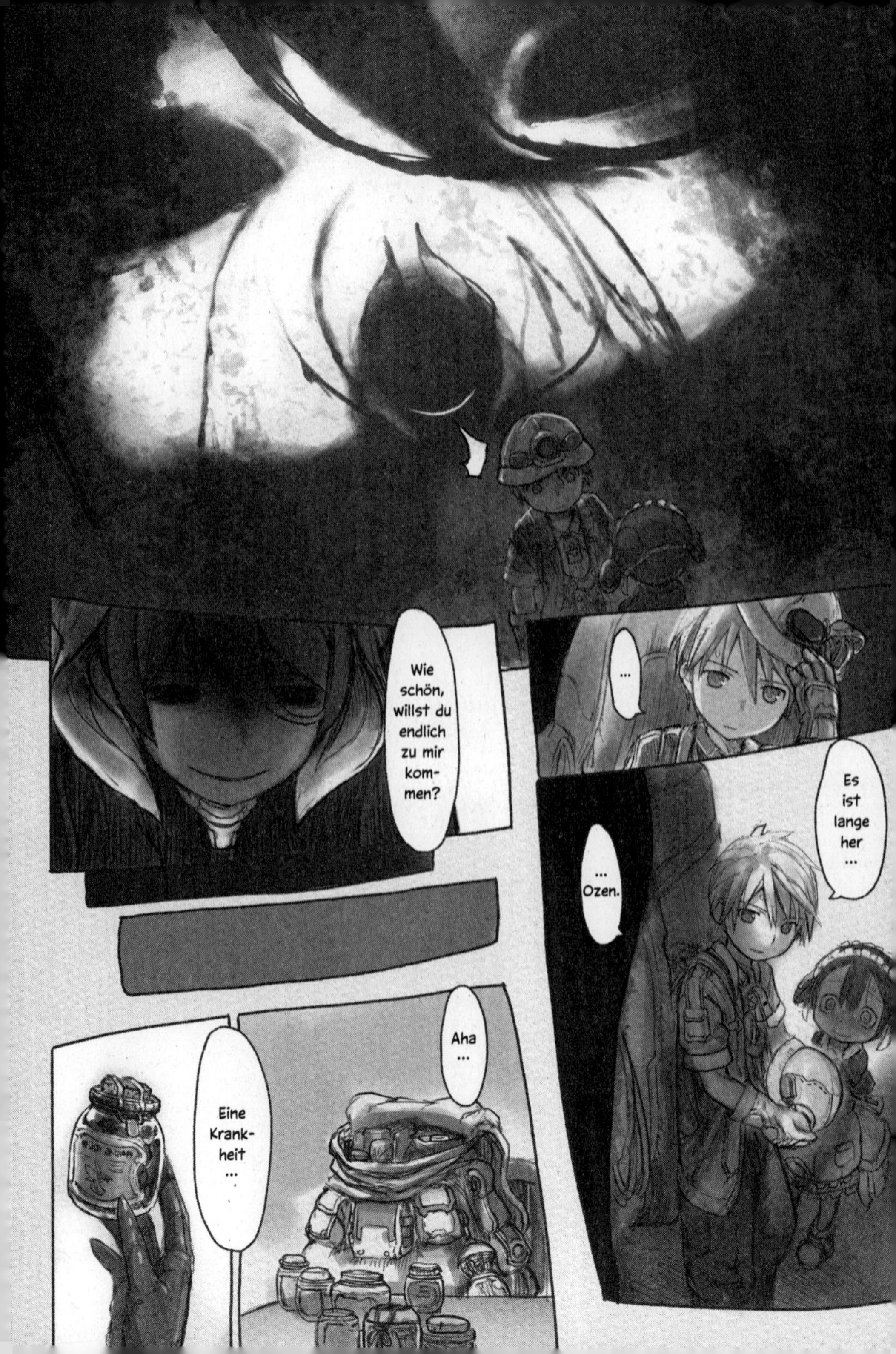
...
Es ist lange her ...
... Ozen.
Wie schön, willst du endlich zu mir kommen?
Aha ...
Eine Krankheit ...

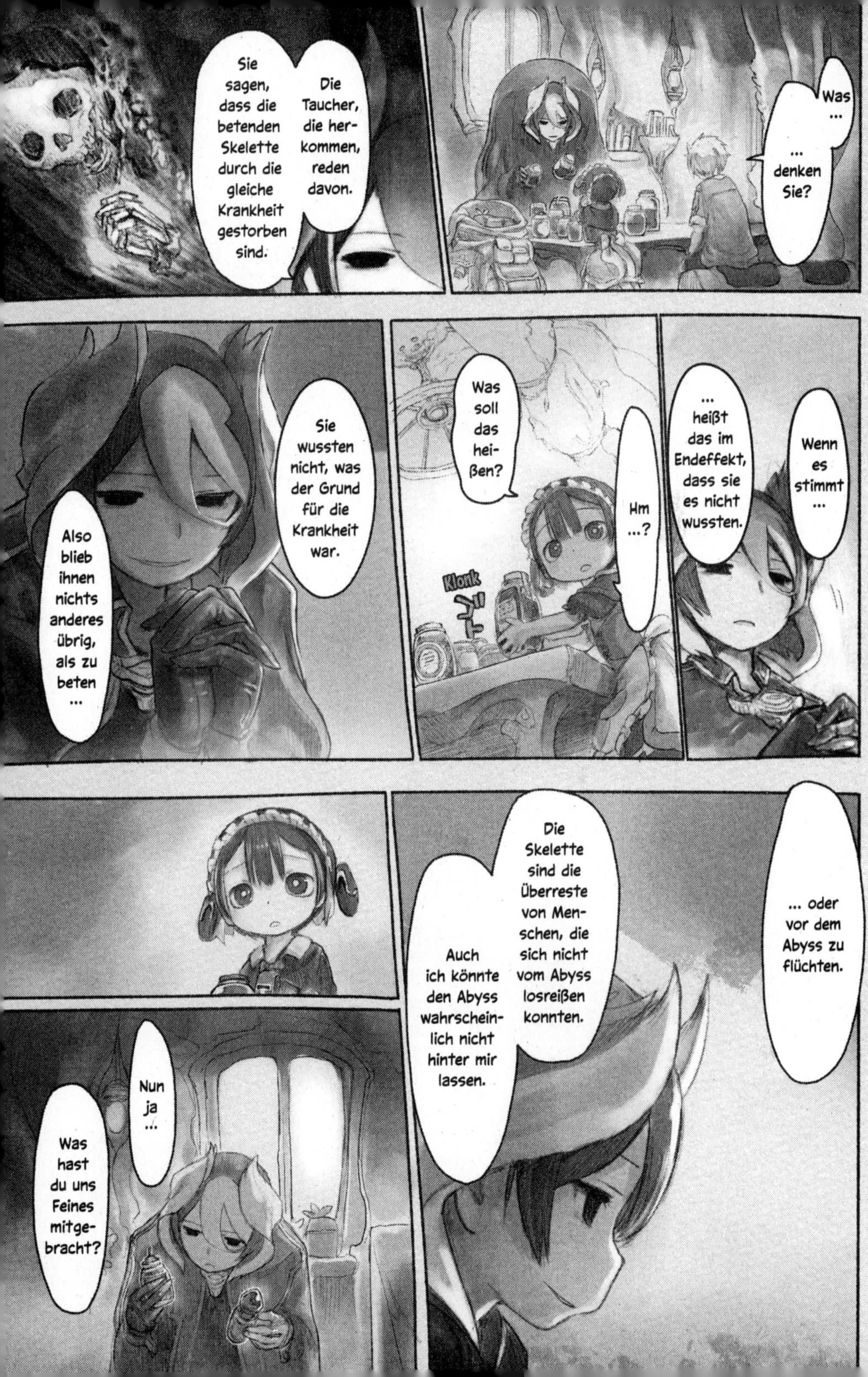
Was ...
... denken Sie?
Die Taucher, die her-kommen, reden davon.
Sie sagen, dass die betenden Skelette durch die gleiche Krankheit gestorben sind.
Wenn es stimmt ...
... heißt das im Endeffekt, dass sie es nicht wussten.
Hm ...?
Klonk
Was soll das hei-ßen?
Sie wussten nicht, was der Grund für die Krankheit war.
Also blieb ihnen nichts anderes übrig, als zu beten ...
... oder vor dem Abyss zu flüchten.
Die Skelette sind die Überreste von Men-schen, die sich nicht vom Abyss losreißen konnten.
Auch ich könnte den Abyss wahrschein-lich nicht hinter mir lassen.
Nun ja ...
Was hast du uns Feines mitge-bracht?

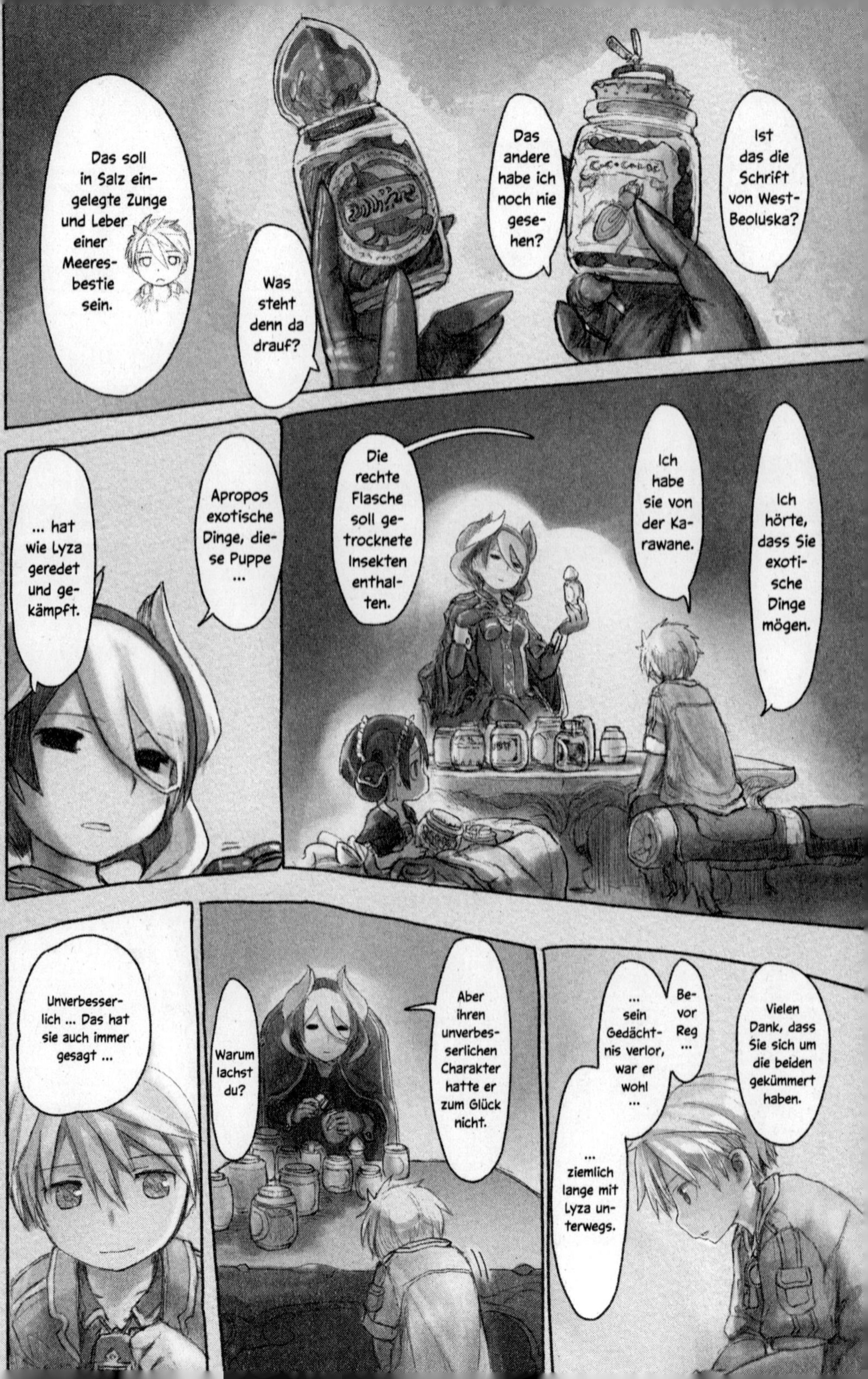

Ist das die Schrift von West-Beoluska?
Das andere habe ich noch nie gesehen?
Was steht denn da drauf?
Das soll in Salz eingelegte Zunge und Leber einer Meeresbestie sein.
Ich hörte, dass Sie exotische Dinge mögen.
Ich habe sie von der Karawane.
Die rechte Flasche soll getrocknete Insekten enthalten.
Apropos exotische Dinge, diese Puppe ...
... hat wie Lyza geredet und gekämpft.
Vielen Dank, dass Sie sich um die beiden gekümmert haben.
Bevor Reg ...
... sein Gedächtnis verlor, war er wohl ...
... ziemlich lange mit Lyza unterwegs.
Aber ihren unverbesserlichen Charakter hatte er zum Glück nicht.
Warum lachst du?
Unverbesserlich ... Das hat sie auch immer gesagt ...

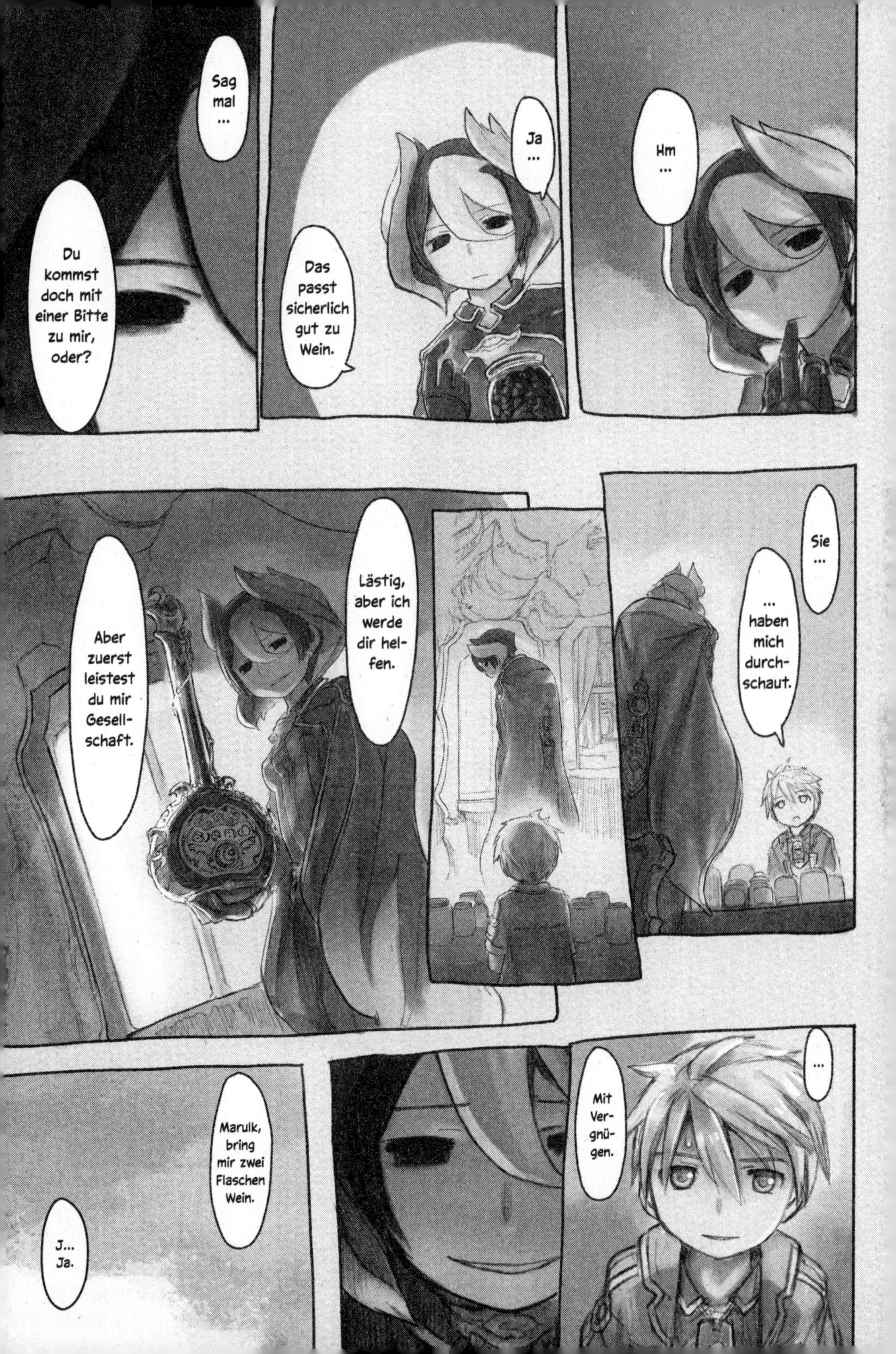
Hm ...
Ja ...
Das passt sicherlich gut zu Wein.
Sag mal ...
Du kommst doch mit einer Bitte zu mir, oder?
Sie ...
... haben mich durchschaut.
Lästig, aber ich werde dir helfen.
Aber zuerst leistest du mir Gesellschaft.
...
Mit Vergnügen.
Marulk, bring mir zwei Flaschen Wein.
J... Ja.

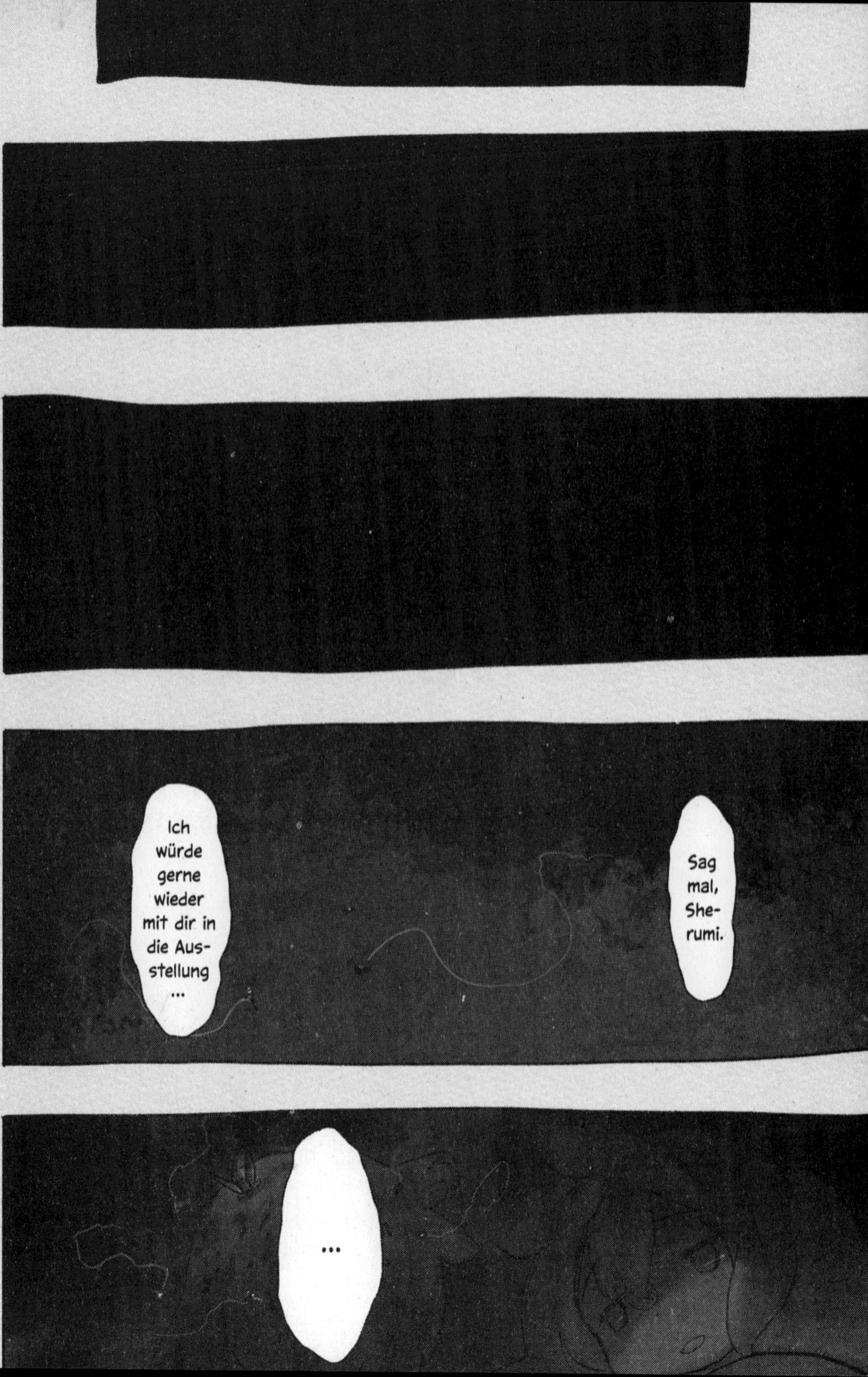
Sag mal, Sherumi.
Ich würde gerne wieder mit dir in die Ausstellung ...
...

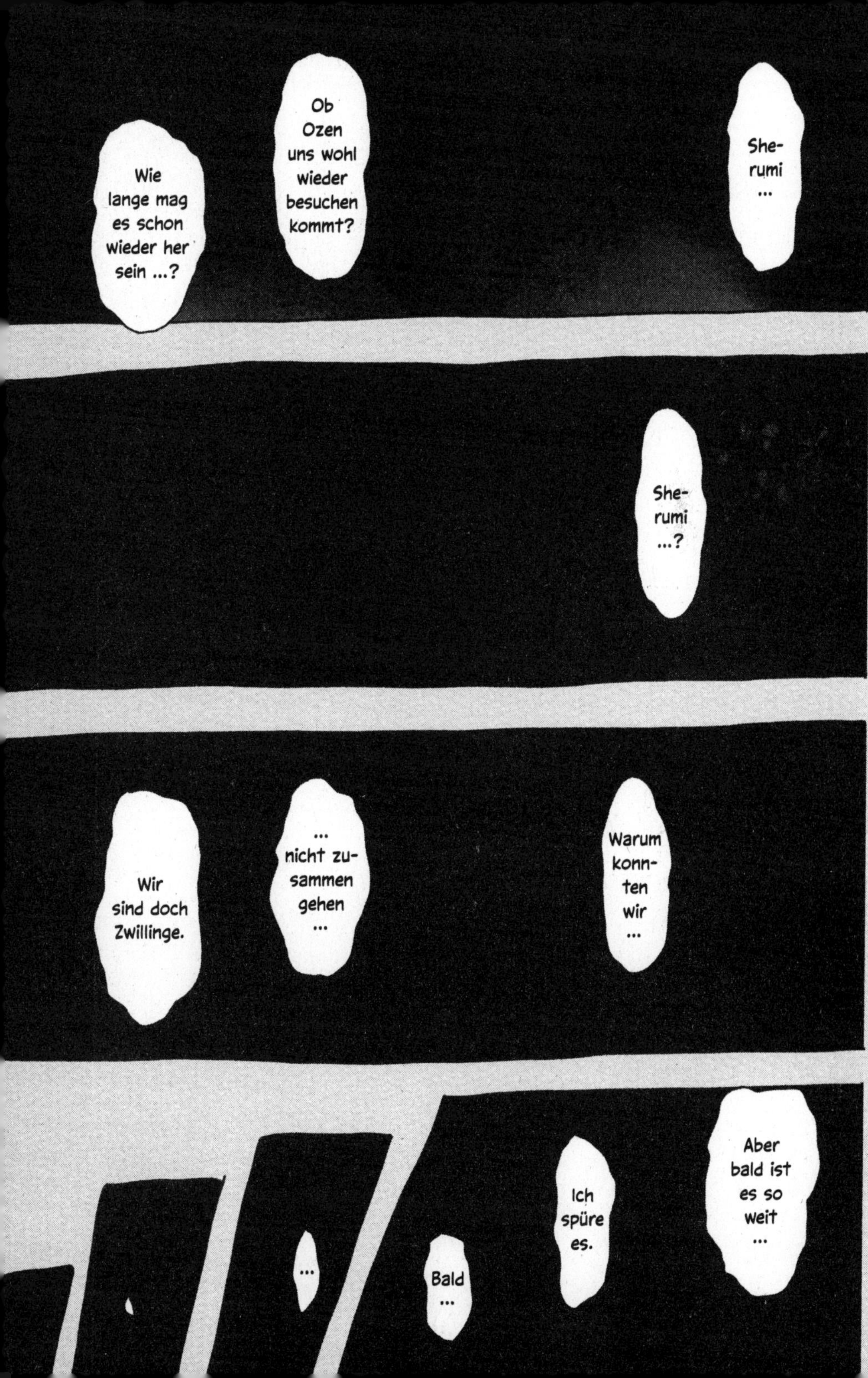
She-rumi ...
Ob Ozen uns wohl wieder besuchen kommt?
Wie lange mag es schon wieder her sein ...?
She-rumi ...?
Warum konn-ten wir ...
... nicht zu-sammen gehen ...
Wir sind doch Zwillinge.
Aber bald ist es so weit ...
Ich spüre es.
Bald ...
...

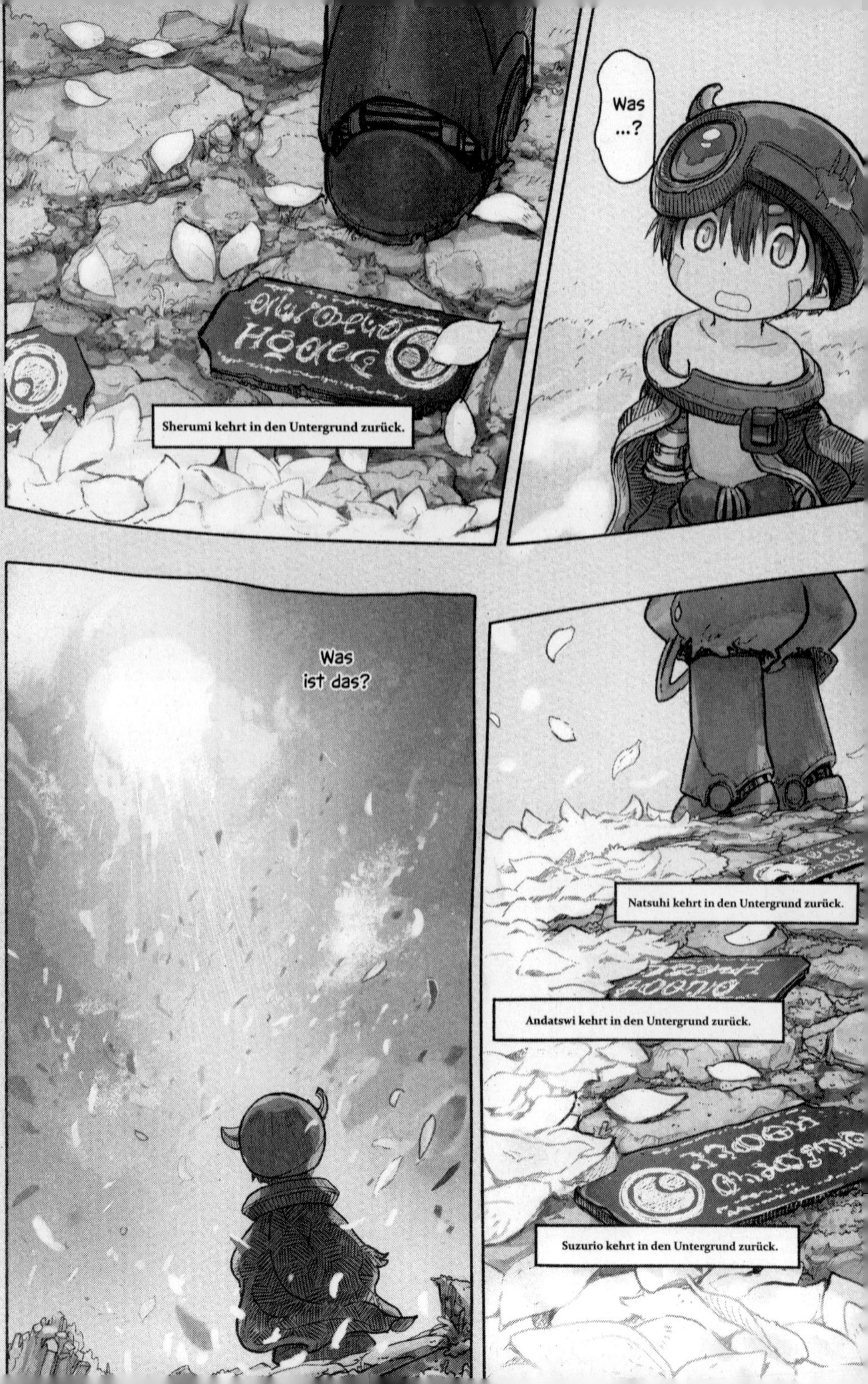
Was ...?
Sherumi kehrt in den Untergrund zurück.
Natsuhi kehrt in den Untergrund zurück.
Andatswi kehrt in den Untergrund zurück.
Suzurio kehrt in den Untergrund zurück.
Was ist das?

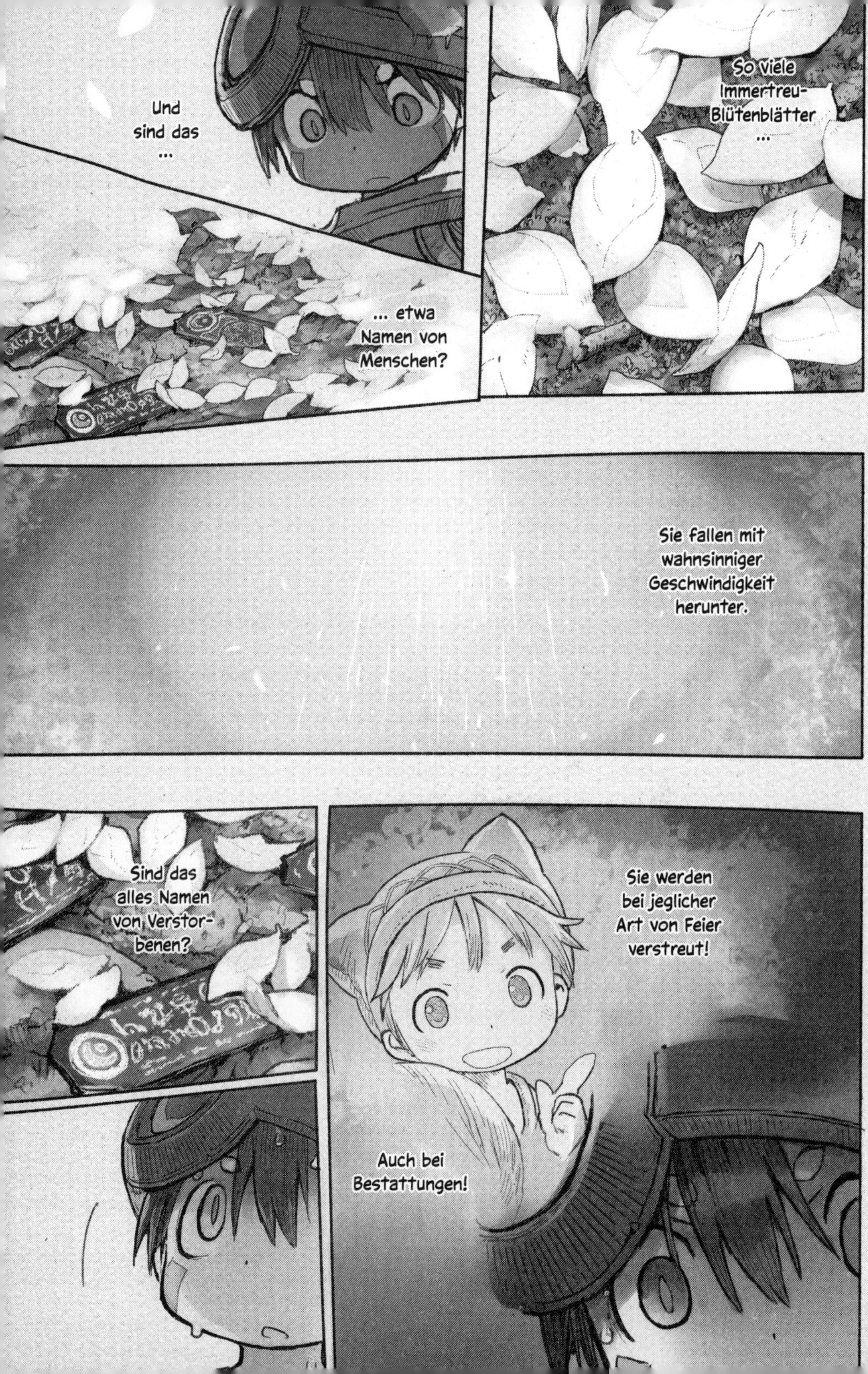

So viele Immertreu-Blütenblätter ...
Und sind das ...
... etwa Namen von Menschen?
Sie fallen mit wahnsinniger Geschwindigkeit herunter.
Sie werden bei jeglicher Art von Feier verstreut!
Sind das alles Namen von Verstor-benen?
Auch bei Bestattungen!

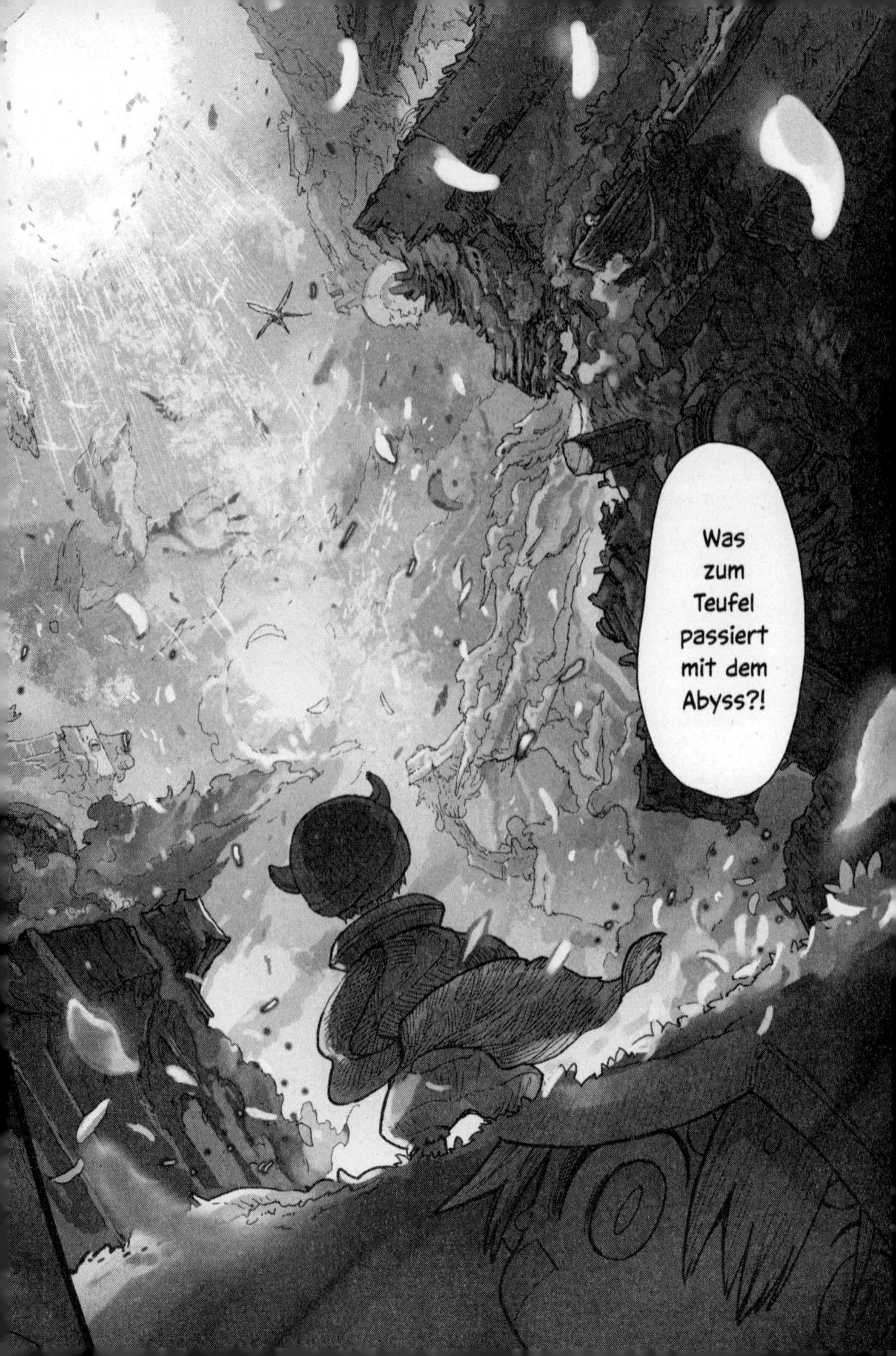
Was zum Teufel passiert mit dem Abyss?!

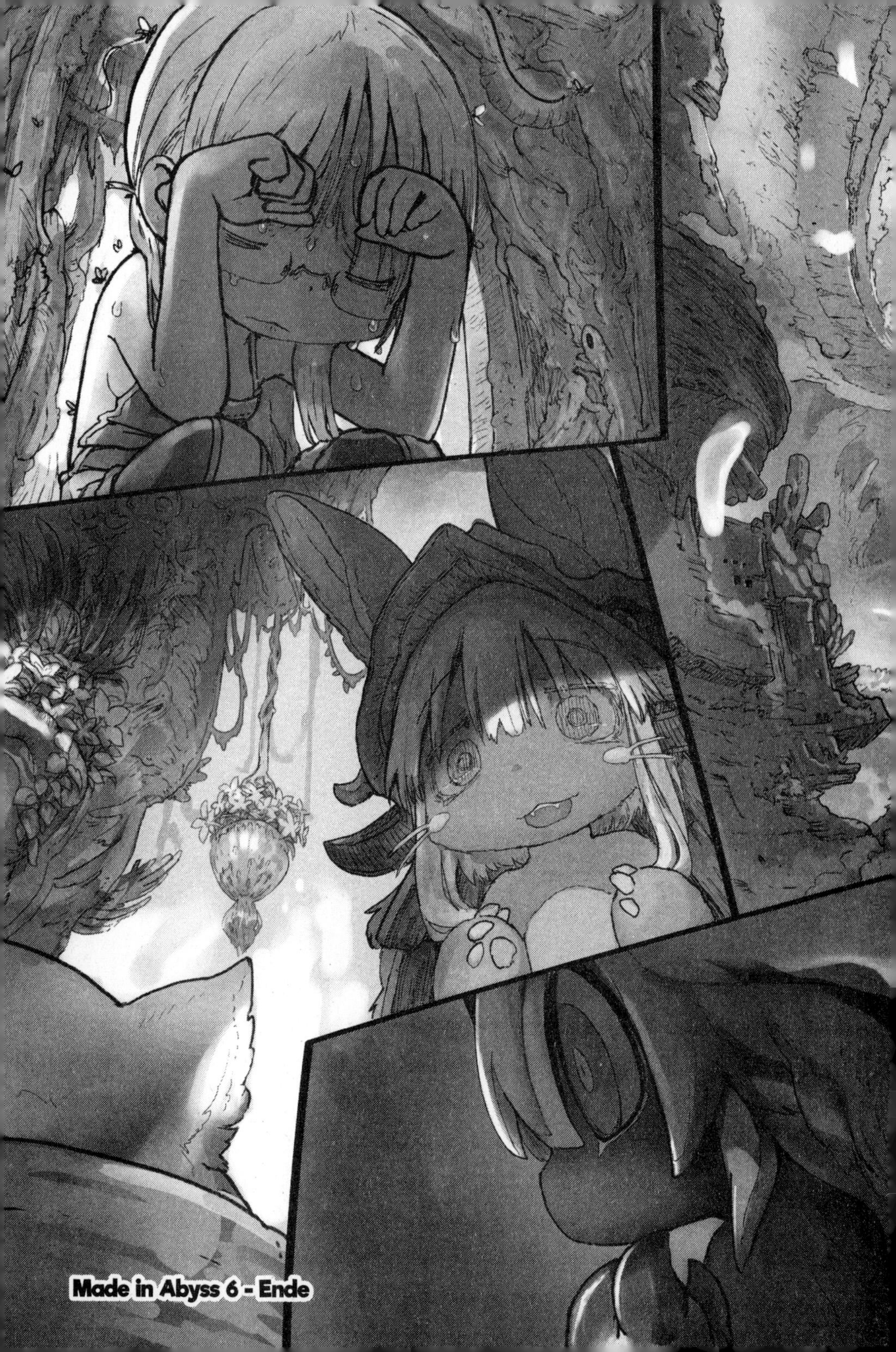
Made in Abyss 6 - Ende

altraverse

Deutsche Ausgabe / German Edition

Altraverse GmbH
Ruhrstr. 11 a
22761 Hamburg
kontakt@altraverse.de

Aus dem Japanischen von Yohana Araki

Redaktion: Johannes Marschallek
Herstellung: Martina Stellbrink
Lettering: Vibrant Publishing Studio

Druck: Nørhaven A/S, Viborg
Printed in Denmark

FSC
www.fsc.org
MIX
Papier | Fördert gute Waldnutzung
FSC® C104608

ISBN 978-3-96358-076-5
5. Auflage 2026

www.altraverse.de